浙江省哲学社会科学规划课题
后期资助 16HQZZ02

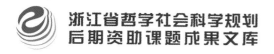
浙江省哲学社会科学规划
后期资助课题成果文库

当代中小学教师专业发展政策研究

Dangdai Zhongxiaoxue Jiaoshi Zhuanye Fazhan Zhengce Yanjiu

吴文胜　著

中国社会科学出版社

图书在版编目（CIP）数据

当代中小学教师专业发展政策研究／吴文胜著 . —北京：中国社会科学出版社，
2017. 11（2018. 5 重印）

（浙江省哲学社会科学规划后期资助课题成果文库）

ISBN 978 – 7 – 5203 – 1762 – 7

Ⅰ. ①当…　Ⅱ. ①吴…　Ⅲ. ①中小学 – 师资培养 – 教育政策 – 研究 – 中国

Ⅳ. ①G635. 12

中国版本图书馆 CIP 数据核字（2017）第 307233 号

出 版 人	赵剑英
责任编辑	宫京蕾
责任校对	闫　萃
责任印制	李寡寡

出　　　版	中国社会科学出版社
社　　　址	北京鼓楼西大街甲 158 号
邮　　　编	100720
网　　　址	http：//www. csspw. cn
发 行 部	010 – 84083685
门 市 部	010 – 84029450
经　　　销	新华书店及其他书店

印刷装订	北京君升印刷有限公司
版　　　次	2017 年 11 月第 1 版
印　　　次	2018 年 5 月第 2 次印刷

开　　　本	710 × 1000　1/16
印　　　张	15. 25
插　　　页	2
字　　　数	254 千字
定　　　价	65. 00 元

目　　录

第一章

绪　论

　　教师自身的专业发展是促进人才培养和国家发展的基础，也是改革成败的关键。我们正处于不可抵挡的专业化时代，如果一种职业是可随意替代、任何人都可以担任的，那么其在社会上必然是没有地位和影响力可言的。毋庸置疑，在很大程度上，一个人专业化程度的高低决定了他的社会地位。应该说，我国自古以来就有尊师重教的历史传统，认为教师素质关乎国家命运。但由于时代的局限性，教师工作很长时间内一直未被视为专门职业。只有到了近现代，教师职业才慢慢得到重视，尤其是新中国成立以后，才逐渐颁布一系列促进教师专业发展的政策文件。

　　作为社会结构中最具影响力的群体之一，教师的专业能力与专业素养不仅决定着教育质量，也影响着国家和社会的未来。教师政策越来越呈现出基于促进教师专业发展的取向，并常体现为"教师专业发展政策"。本书研究的教师专业发展政策，是以提高中小学教师业务素质为目标，从教师专业发展出发，着眼规范有序的职后培训政策，将终身学习理念转化为自觉行动，以保障教师职业生涯的专业成长，促使教师走向专业发展。

　　教师专业发展政策在整个教师政策中占重要地位。如丁钢曾言："有无足够而有效的继续教育和教师培训，也是教师队伍及其素质能否得到保证的重要因素。"[1] "历史本身不会重演，但当今发生的几乎每一个热点问题，都曾经在过去的岁月中以这种或那种形式出现过，人们按照自己所处时代的某种方式极力解决和尝试处理这些问题，或者弃之不顾"。[2] 这是彼尔德（Charles A. Beard）早在1938年就说过的一段话，当我们纵观教师专业发展政策变迁的历史时，更能强烈地体会其意味。正是在这种意义

---

[1] 丁钢：《教师教育的使命》，《当代教师教育》2008年第1期。

[2] 坦纳等：《学校课程史》，崔允漷等译，教育科学出版社2006年版，第1页。

上，每一次教师政策的变迁都是一个连续的过程，反映了教育改革自身文化内涵的历史变迁。事实上，教师专业发展政策的发生发展也不是一蹴而就的，其本身及过程都具有内在的发展轨迹和历程。

当前我国中小学教师队伍建设已进入"后学历"时期，教师专业发展的特征呈现出科学性、标准性和专业性。因此，培训政策应该特别关注基于专业发展规律、基于专业价值导向、基于专业标准规范、基于能力为本的趋向。因此，以提高教师业务素质为目标的教师职后培训政策更适合被称为教师专业发展政策。

第一节 研究缘起和研究价值

一 研究缘起

在当下教育改革中，如何把握住真正的教育问题，一般有三个标准：本体论、认识论和价值论。如笔者研究的教师专业发展政策，也需符合三个目标：第一个是本体论标准。教师专业发展政策是困扰教育发展和教师发展的实践问题，存在于真实的教育情境当中。第二个是认识论标准。所力图解决的问题需要得到明晰的界定，而不是含混不清。第三个是价值论标准。教师专业发展政策的设计和问题的解决要指向良好教育关系和秩序的建立，指向教师真正有价值的发展。

提高教师质量是我国发展所面临的紧迫任务。广大中小学师资队伍的长期培训，必定需要有教师职后培训政策来支持和保障。进入新世纪以来，教师发展日益受到重视，培训领域也进入实质性的关注教师的时代。在政策支持上更是不遗余力，政策日益走向法治化和制度化，用以保障培训的有序进行。但教师专业发展这个观念长期以来并未形成，没有把教师成长与专业素养有效联系起来。这样在培训中会出现一些深层次问题，困扰教师培训的发展。因此，教师专业发展政策的引导非常关键。

从培训现状来看，政策特点不够明显，整个完整框架的研究也亟待改善。因此，需要针对教师专业发展政策的发展轨迹做全貌梳理，试图通过分析相关政策的历史及现状，探讨我国的教师培训政策如何更加有效地促进教师的专业发展，进而提出：

（一）优质教育需求

追求优质教育已成为国际上众多国家教育改革的主题，现在教育的发展趋势已经从量的扩展发展到质的提升。对优质教育的追求已成为毫无争议的教育改革的重要主题。先进的教育理念需要高素质的教师去实施，没有合格的教师、优质的教育，任何好的教育改革也终将成为泡影。更何况任何教育改革都必然需要教师来落实，优质的教师才能支撑优质教育。正因为如此，提升教师专业水平无一例外地成为各国教师政策的优先目标。所以，制定既符合现实发展需要，又具有前瞻性的教师专业发展政策至关重要。

（二）基础教育课程改革的要求

2001 年 6 月 8 日，教育部发布《基础教育课程改革纲要》，提出要大力推进基础教育课程改革。因此，从 2001 年开始，我国各省市、各地区开始积极响应国家和教育部的号召，大力开展基础教育课程改革活动。基础教育课程改革提出要树立新的目标观，基于知识与技能、过程与方法、情感态度价值观这三维目标来开展课程教学。而且明确指出教师上课要摆脱"紧扣教科书"的旧模式，创设具有开放性、创造性的课堂教学模式；摒弃"满堂灌"、"填鸭式教学"等陈旧的教学方法，倡导自主、合作、探究的教学方法；改变以适应应试教育为目的的传统教学评价，树立强调教师成长的新课程评价目标。同时，由于基础教育课程改革推动了中小学各学科教材的重新编订，以利于学生进行探索性学习、教师开展创造性教学。综合而言，基础教育课程改革所提出的新的目标观、教学观、课堂观、教材观、评价观等无不反映了改革对教师专业化的要求，对中小学教师提出了专业发展和提升的要求。具有丰富的专业知识和高尚的职业操守并掌握各类专业能力的教师队伍是基础教育课程改革有效开展的根本保证。

该《纲要》针对教师培训明确规定了中小学教师继续教育应以基础教育课程改革为核心内容。这一规定直接指出了基础教育课程改革和中小学教师继续教育两者之间的关系，即基础教育课程改革是教师继续教育的核心内容，而教师继续教育以为基础教育课程改革服务为活动目标。众所周知，中小学教师继续教育是以加快教师专业化、建设高素质高水平的专业化教师队伍为目标的，因此，该规定也间接地反映了基础教育课程改革对教师专业化的强烈要求，要求教师转变教师角色，树立专业自主发展的意识，提高自身专业化素质。

（三）聚焦中小学教师的专业发展水平偏低

新中国成立初期的很长一段时间内，教师职业一直没有被作为一个专门的职业来对待，虽然 1993 年颁布的《教师法》以法律的形式确认了教师职业是专门化职业，但是，专业化程度和水平都比较低。

目前我国中小学教师的专业化程度与世界发达国家的教师专业化程度相比还有一定的差距，基本还处于探索阶段，具体表现在四个方面①：第一，专业意识比较淡薄。许多教师尚没有将教师职业看成一种专业，教师职业专业化的意识薄弱。他们认为教学就是一种重复的简单劳动，导致许多老师在工作中往往缺乏积极性和创造性。第二，专业能力不足。许多教师教育教学能力欠缺，无法适应社会发展需要，缺乏提高教育实践能力的积极性，个别教师甚至认为是自找麻烦。第三，专业知识更新不够及时。部分教师没有继续学习的愿望和能力，导致专业知识结构的老化，一直停留在大学（中师）毕业时的知识水平。第四，科研能力偏弱。很多老师只重视完成教学任务，也没有时间和精力从事教育科学研究工作，没有以科研提升专业水平的意识，甚至认为科研是与教学对立的。

（四）聚焦教师专业发展的政策视角

社会变革与教育发展有着天然的联系，新中国成立以来，任何重大的社会变革，都必然反映在教育实践上。全球科技发展、终身教育思想的传播、教育改革的兴起以及教师教育体制的变革形势，都要求在整个教师职业生涯中贯穿师资培训。然而，基于长期的培训任务以及庞大的教师队伍，要真正实现依法施教、促教和治教，必须有相应的教育政策作保障，使其有法可循。

随着教师专业发展的不断深入，教师教育改革越来越走向系统化和实践化，有关教师继续教育、培训、专业发展等不应该仅仅停留在领域内的专业探讨上，还需要更多的国家层面的政策安排。因此，更多的研究从政策视角来关注教师成长和教师的专业发展，聚焦教师专业发展政策发展中的种种问题，如教师培训动力不足、教师与政策间的沟通不畅、培训的实效性不强等问题。

总之，从这个意义上说，教师的专业发展既是专业问题，更是政策问题。尽管各地各层面的教师培训广泛开展，但问题依然不少，因此需要聚焦教师的专业发展的政策视角，对之进行有效梳理和分析，以探求完善政策的可能性和必要性。

---

① 乔仁洁：《我国教师专业化的现状及发展策略探析》，《教师教育研究》2007 年第 9 期。

（五）"国培计划"的积极导向

2010年6月11日，教育部、财政部发布《关于实施"中小学教师国家级培训计划"的通知》，决定从2010年起实施"中小学教师国家级培训计划"（以下简称"国培计划"）。"国培计划"主要包括"中小学教师示范性培训项目"和"中西部农村骨干教师培训项目"，通过置换脱产研修、短期集中培训和远程培训等方式来开展中小学教师继续教育活动。2014年4月1日，教育部、财政部再次就"国培计划"发布《关于做好2014年中小学幼儿园教师国家级培训计划实施工作的通知》，强调要通过调研来按需设置项目，推行混合式培训，以此来保障培训的高质量、高水平和高效性。在这期间，教育部相继发布了多个指导"国培计划"的通知文件，就"国培计划"的各方面工作给出了具体的指示和意见，有效地推动了"国培计划"的运行，较好地促使了中小学教师综合素质的提高和专业化水平的提升。

"国培计划"作为我国继续教育改革的标志性政策文件，充分体现了我国当前所倡导的教师专业化发展和专业化管理的改革导向。同时，"国培计划"的实施工作也在其各类政策的导向下取得了不错的成效，兼顾规模与成效，被参加的中小学教师评价为"最好、最有成效的培训"。新疆哈密伊吾县毛湖镇中学教师景艳华在谈及"国培计划"时便指出，"国培计划"让教师在专业化成长的道路上找到了方向。当然，"国培计划"不仅受到中小学教师的欢迎和高度评价，而且也成了各大媒体重点关注和报道的焦点和热点，自然也是收获一片好评。

虽然"国培计划"并不是完美的，仍存在一些需要改进和提高的地方，但不可否认的是它取得了卓越的成效，这在一定程度上要归功于各类指导"国培计划"的政策文件。各类"国培计划"政策的涌现为教师专业化的发展营造了良好的社会氛围，保障了发展所需的经济、资源等条件，给教师提供了自我发展、自我实现专业化的广阔平台。同时，各类政策充分发挥了其应有的导向作用，积极引导我国中小学教师朝着专业化的方向发展。

（六）教师专业发展实践活动热潮的形成

2012年8月20日，国务院颁布《关于加强教师队伍建设的意见》，该《意见》在肯定教师队伍建设目前已取得显著成效的同时，明确指出了当前我国教师队伍的整体素质仍有待发展和提高，强调要以全面加强教师队伍建设为教育工作的重点，并突出师德素养和业务能力的核心作用。

在各类教师专业发展政策的影响下，全国各地区都纷纷开展形式多样的中小学教师专业发展实践活动。如 2011 年山东枣庄的"三百工程"远程培训项目；2011 年甘肃兰州的市属中小学教师师德远程培训；2012 年广东韶关的"511 教师培训工程"；2013 年重庆市的农村义务教育网络研修与校本研修整合培训项目；2014 年湖南常宁的师德培训；2015 年江苏新沂的中小学教师"岗初""三新一德"网络研修培训等。2011 年至2014 年，中央电视台和光明日报社一直都致力于大型公益活动"寻找最美乡村教师"，不仅重点突出了教师的专业情意，而且将活动聚焦于农村教师这一热点。虽然这可能并不能算作正规的教师专业发展实践活动，但不可否认的是该活动对教师专业情意的发展和提高有着潜移默化的积极作用。

在浙江省，"浙派名师"课堂艺术展自 2005 年推出至今不仅得到了全国各地教师的一致好评，更是吸引了一些使用华文的国家，如 2008 年新加坡教育部官员在访问杭州时便提出要派华文教师参加"浙派名师"的教研活动，以便观摩学习。另外，"千课万人"则是另一个知名的全国中小学教师培训品牌，汇聚全国名师来开展面向全国教师的培训活动，致力于提高一线教师的专业化发展。

随着上述不同形式、不同主题的教师培训实践活动的纷纷开展，我国开始形成中小学教师培训实践活动的热潮。该热潮的产生得益于国家教师专业发展政策的大力支持，同时受该热潮的影响，社会上渐渐形成了教师专业发展的热潮，有助于中小学教师以更积极的态度、更饱满的热情投入自我专业提升中去。

（七）教师专业发展政策争议引发的关注

近年来，随着整个社会飞速发展，各项改革呼声风起云涌，幅度很大，教育改革也首当其冲，包括师资培训的目标、内容、形式、机制等，都对教育变革有着至深至远的影响。教师专业发展政策历经多年的改革，各界的评议褒贬不一，改革推动者及部分学者，认为教师观念老化、不能配合是最大的问题；广大教师认为政策不配套、实效性不够。究竟问题何在，引发无数思索。

（八）聚焦专业发展政策的需要与可能

改革不可能仅凭政策一蹴而就，教师专业发展政策的变革也是如此。

在政策的发展历程中，新政策是否一定完全合理，旧政策是否要完全摒弃也同样值得探讨。

教育改革的需要与现实可能，使得我国的现代教育成为仅次于经济部门的文化产业，发展成为日益复杂的社会系统，关涉社会各方的不同利益，使得教育所面临的需要和问题不计其数，从日常运转到变革发展都需要正确的政策，教育发展日益依靠教育政策的支撑。教师专业发展政策对教师专业化发展的重要性如同教育政策对教育改革的重要性。因此，教师专业发展政策的需要与可能是毋庸置疑的。加强相应的专业发展政策研究，将我国的政策活动纳入科学化、民主化和绩效化，必将有利于加强我国教师队伍的建设，推动我国优质教育的发展。

（九）实践导向和教师参与的现实需要

教师专业发展理论研究的缺失，一方面是教师专业发展政策实践随意性的结果；同时也反过来加剧了教师专业发展政策实践中的经验主义弊端，如此便容易形成恶性循环。任何公众对政策的参与都需要以对政策的认识和理解为前提。

对比国外的教育政策研究，我国教育政策在理论研究和实践的许多方面都存在一定的局限性，表现在：1. 没有全面、充分认识到教育政策研究的中介价值。在我国，不少人认为政策必定是决策者们的事，教育理论研究充其量只能是教育政策的解释者，抑或是论证其政策合法性之类的角色。能够真正影响决策的政策研究成果无不具有高度的决策主体与研究主体的趋同特征，这些大多由政府部门或其附属机构组织，缺乏独立的学术角度的政策研究与分析，具有明显的决策主体与研究主体的趋同特征。现有的相关研究，由于获取真实政策过程的资料相当困难，信息的封闭与局限，大多游离于决策之外，提出了问题但尚未形成具有重要影响的研究成果。2. 教育政策研究普遍滞后于客观实际，前瞻性、战略性的研究比较缺乏。据笔者对相关政策研究论文的统计，大部分论文属于对现有政策的解释和说明，表明研究者还是习惯于现存政策问题的研究，什么问题，如何解决成为一种定型的思路。

一般来说，政策的研究源于两种情况：一是遇到困境，制定政策调整教育与社会或教育内部间的关系；二是预见可能存在的问题或发展趋势。显然后者具有前瞻的功能，能更好促进事物的有序发展。

（十）针对"教育文化"与"决策文化"的分离

1. 教育政策研究理论基础较为薄弱

教育政策研究开展的基点是基本理论研究，这也保证了政策研究的实践进步和健康发展，这也是目前我国政策研究的热点。当然从研究内容分析来看，尚不足以支撑我国政策的实践研究。指导政策研究和指导决策的理论同源且具排他性，缩小了分析政策的理论视角。

教师专业发展政策研究一直是教师政策研究中相对薄弱的一个环节。只有在各国政府对教师专业化运动的广泛参与以后，才开始受到关注。而政策研究也仅仅被看作政府行政部门的职能，属于教育行政管理机关的行政活动，没有被纳入专业的研究范畴，这些都导致教师专业发展政策研究缺乏专业性。在我国，许多教师专业发展政策由于长期由中央统一管理，教师们似乎也习惯于服从，尚未有自身自主的专业发展意识，这样，教师、政策研究者和决策管理者都对教师专业发展政策中所涉及的问题并不关心。

2. 教育活动存在着"教育文化"与"决策文化"的两分现象

在很长时间内，教育政策的出台缺乏理论支撑，理论脱离实际，缺乏应用价值，仅仅体现了研究者和决策者的主观意识。随着教师政策研究的不断加强，两种文化不断融合发展，满足了教育发展以及各自发展的迫切需要。新中国成立后颁布的一系列培训政策，促进了我国培训事业的发展，但是建立完善有效的教师职后教育框架需要加强对教师培训政策的研究，唯有如此，方能真正发挥政策的作用。

本研究通过对教师专业发展政策的环境背景的改变进行分析，对我国中小学教师专业发展政策的历史脉络进行全面梳理，分析演进过程的特点，提出今后的政策发展趋势，以期对今后我国中小学教师专业发展政策的制定提供借鉴和参考，以辨明历史和现实。其中研究内部标准的教师专业发展与作为外部标准的教师专业发展政策，两者是紧密相依的。

3. 决策者与研究者的矛盾

研究者和决策者必然存在分歧。原因是：第一，地位不同：研究者要为决策者提供服务，而决策者处理研究成果有某种操纵权。第二，角度不同：研究者喜欢从事自由的学术研究，对成果的实用价值和可行性关注不多，而决策者喜欢用行政手段立竿见影地解决问题，对科研性质不太熟悉，只希望研究成果简洁实用，不太关心长期性的基础理论。

现在，教育决策环境与因素日益复杂，决策难度也随之加大，为使决策更为民主、科学和有效，我们有理由提出决策者是研究者的要求，使决策者成为"研究型决策者"，具备"过程意识、距离意识和代价意识"；同时为使学术成果发挥最佳的社会效益，也应该提出研究者应该是政策参与者的要求，研究者应尽力成为"政策研究者"，具有"当下意识、转化意识和操作意识"。

总而言之，研究者和决策者之间保持适度合理的张力，调和彼此之间的矛盾，彼此接纳，才能进行真诚沟通与合作，因为大家的态度是一致的，那就是对人对事的负责精神。

二 研究价值

政策是基于对现实的判断而付诸现实的规划。作为教师政策的重要组成部分，教师专业发展政策是基础教育师资质量的重要保障，政策的好坏直接影响到教育能否可持续发展。

（一）理论价值

选择以这一类教育政策研究作为发展我国教育政策研究的重点或者突破口，是一种重要策略，反映教师专业发展的时代诉求。

第一，丰富中小学教师专业发展政策研究的内容，为相关教师政策提供研究视角。教师专业发展政策的颁布与实施直接影响教师专业发展，如果政策没有落实到位，没有发挥它应有的作用，那么政策因素不仅没能达到促进教师发展的效果，甚至还会更糟。因此，探讨影响教师专业发展的政策性因素似乎成了一个值得研究的课题，即把教师专业发展政策与政策落实场域中的教师专业发展相结合，把教师的感受直接引向对政策的探索与反思。

第二，发挥教师专业发展政策的中介价值。政策的中介价值即指教师专业发展政策是对教师职后教育实践经验的原则化，它不是简单的直观感觉经验。同时政策一方面可以彰显理论的力量，另一方面政策实施的过程和结果，又可以检验理论反映客观规律的正确与否。

总之，通过结合我国当代教师专业发展政策的发展轨迹来促进我国教师专业发展的研究，既可以更进一步地丰富教师专业发展研究的理论视角——政策视角，也有助于厘清教师专业发展政策的演变特点及其对教师专业发展的影响，进行多元思考并提出政策建议，以此窥见教师专业发的未来走向。

（二）实践价值

第一，有利于引起政府对教师专业发展的重视，以完善教师政策制定的不足。为了促进中小学教师的专业发展，20世纪末，1998年12月《面向21世纪教育振兴行动计划》由教育部颁发，此后又提出创建新的教师教育体系。《2003—2007年教育振兴行动计划》明确提出推进教师教育创新。为了使中小学教师队伍素质得到提高，进一步完善教师终身学习体系，提出要实施"高素质教师队伍建设工程"。

第二，行政历练可以积累政策沟通的经验，以便供教育行政部门参考和借鉴。任何政策都需要贯彻实施，在推动政策及活动时，应多向教师进行宣传和沟通，似乎以往教师都能进行积极配合，意见也不大。随着社会环境的变化和冲突加剧以及师资的多元化，教师价值观的变化明显。尝试从教师背景因素考虑，如教师的直接感知和体验，如教师对政策究竟了解多少，评价和配合程度如何等，并以此作为政策决策的依据，以便给教育行政部门制定新政策提供一种思考。

第三，完善教师专业发展政策。这也是本研究价值重点的体现，完善教师专业发展政策，其核心意义是要把师资队伍建设放在重要战略地位，树立发展教育、师资在先的思想，确立"优先、重点、确保"师资建设的战略思想。

1. 合理调整教师政策的价值取向

"一切公共政策都是为了寻求价值、确认价值、实现价值、创造价值、分配价值"①，所谓教师政策价值取向即制定教师政策的一种价值选择和追求的总倾向，表现为通过教师政策来实现和创造什么样的价值目标。随着社会价值取向的变化，公共政策的价值取向也会随之进行调整，如此方能适应融合，否则会造成政策的无效甚至扭曲。因而教师政策的价值取向的合理与否至关重要，其突出的是支配主体的价值选择。

当代教师政策取向发生过一系列转变。新中国成立以后至改革开放之前，社会价值体系中的主导观点是阶级观点，属于哪个阶级成为根本标准。在新中国建立后近30年的教师政策中，教师政策的价值标准是一种政治化的选择，有关教师的阶级定位问题占了相当大的比重。基本上是一

---

① 张国庆：《现代公共政策导论》，北京大学出版社1997年版，第48页。

种从上而下的单向输出模式，政策主客体完全是主动和被动的关系。政策内容包括对旧社会过来的教师的改造、对未来教师的培养以及给教师的待遇等。因此，当时几乎所有的评价标准都是围绕着时代所处的政治文化展开的，新中国成立后提出的知识分子工作方针是"团结、教育和改造"，这也是教师政策的价值追求。

而改革开放之后教师政策的价值取向则是以十一届三中全会为主导思想。十一届三中全会确立了教育的重要地位和作用，也明确宣布对知识分子不再提团结、教育、改造的方针。这也标志着教师政策价值取向已转至"尊重知识、尊重人才"，这一价值取向的转变也带来了教师政策制定及其内容的变化。

综上所述，可以发现我国教师政策价值取向调整的总方向是从重管理到促发展。促进教师专业发展，具体包含两层含义：一是促进教师职业的专业化，以确保教师的专业地位。制度上，用法律保护教师的权利和义务；组织上，鼓励并支持教师建立自律组织；同时，政府和学校应认可教师拥有更大的自主权，营造尊重教师的氛围。二是促进教师素质的专业化，以赢得社会对教师的专业认同。政府应推进教师专业化，构建较为完善的教师终身教育体系。

教师政策的一个重要且必然的价值追求是促进教育和人的发展。其一，促进教育规模的发展。其二，通过优化教师队伍结构来实现对教育结构的优化。其三，强化教师的主体地位，发挥教师政策促进教育改革的积极作用，调动教师参与教育改革的自觉性。总之，促进教育的发展，就其本质而言即促进人的全面和谐发展，这是教育政策的最高价值追求，自然也是教师政策的最高追求。

2. 改善微观政策制度环境

相对宏观环境，学校的微观环境对教师的影响最为直接和密切，如学校的校园文化，一旦缺少，也会影响教师的合理需求。正如《从对峙到融通教师管理范式的现代转型》中提到的"学校强调权力与服从，是用严格的规章制度进行管理，容易忽视教师的合理需求，使教师得不到精神上的尊重，进而产生抵触情绪和逆反心理，甚至最终与管理者发生冲突"。[①]教师在学校生活中一般没有学校为其设立的咨询室或小诊所，在教学生活

---

① 袁小平：《从对峙到融通教师管理范式的现代转型》，湖南师范大学出版社2004年版。

中也基本属于孤独的单干，缺乏合作的氛围，而学生的成绩仍然是教学质量的评价标准，教师间的过少交流导致教师进步空间狭窄，不利于教师的专业发展；而且，在职业生涯中，教师并没有形成集体荣誉感，没有真正将个人的发展与学校发展联系起来，甚至因为学校没有提供良好的指引，教师没有树立起职业发展目标，如此教师与学校都将陷入恶性循环之中。

从学校管理来看，存在的科层制的管理模式下，大量烦琐性的管理主义倾向造成对教师角色规范和理性化制度的扭曲，造成对教师的消极影响；应试教育背景下，教学的复制性和灌输性也加速了教师的角色异化，限制了教师的自主性。许多老师渐渐迷失自我，不得不屈从于升学压力和各种利益诉求。

众所周知，没有教师的发展，没有教师的幸福感，没有教师的精神解放，就很难有学生的思想解放。诚如杜威所说："民主社会的创建，需要教育制度。道德、智力在该制度中的发展过程无论在实践还是理论上都是自由的，是个体从事独立探索又相互作用的过程，同时把过往继承的东西，从量和质上都作为进一步丰富生活的方法和手段，并运用已有的智慧来发现和创造更美好的东西。"[1]

因此，需要新的学校政策与制度，让教师能够自由、自主地工作、学习和把握自己的命运。简而言之，便是以创新管理机制扩大教师的主动领域。创设有利于教师主动发展的工作机制，在各种规约中渗透教师个性化主动追求的目标及愿望，实现教师职业生涯自主、主动实现的价值。建立参政制度，畅通教师发表意见的渠道，让教师感受到自己在学校的价值。坚持三个制度不能缺，一是教代会制度，让代表参与到学校管理之中；二是议事制度，教师如有不同的意见一般以年级组为单位向上反映，有关部门必须有意见反馈；三是个别重大决策的发布需要进行"教师听证"，以充分听取相关教师的意见。

3. 尊重教师的专业化要求

教师专业化的实质是要求教师在专业发展中体现主体地位，突破纯粹学科的知识界限，展示教师追求知识的自为性，从学科知识的发展中探求教师职业的真正意义。显然，广义的知识未必是量的扩充能达到的。当

---

① ［美］杜威：《教育论著选》，赵祥麟、王承绪编译，华东师范大学出版社1981年版，第435页。

然，在现实情境中，教师专业化还要受到价值观的导向，教师的管理问题涉及教师管理的理念、方法与机制。教师专业化是动态的，要求教师管理以教师发展为本，坚持民主、开放的管理理念，便于教师流动。原因有三：其一是受计划体制的影响。教师由人事部门或学校统一管理，教师的职称、流动都受严格控制。现在随着聘任制的实施，情况有所改观。其二是受数理主义思想影响。用数字作为管理的机制和目标，教师在这些数字的调节下，忘记工作的精神追求和对学生的价值关怀。其三是教师管理公平机制的缺失。管理者没能从教师需求角度出发，而是着眼于自身的需要，在这两者的冲突中增强的是管理者而不是教师的权力，"以行政理性主导的管理制度排拒了教师有效地参与校政的决策，教师被行政程序牵制，集体参与校政不再复见"。①

同时，还需要为教师的专业意愿提供法律支持。所谓教师专业意愿是指教师公开表达自己的观点或信仰。近代西方哲学家怀特海认为，专业是一种行为，其活动有理论的依据、有科学的研究，可以检验并能从理论分析与科学验证中积累知识以促进行业本身的发展。② 马克思在谈到职业选择时，曾有这样一段名言"从业者是在自己领域内进行独立地创造而非作为奴隶般的工具，只有这样才是能给人以尊严的职业"。

要使教师能够充分发挥出他的创造才能，首先，应该提供制度上的保证。在我国的《教师法》中，对作为专业人员的教师的权利和义务都做了相关规定。变化比较明显的是《教师法》突破了历来仅仅把传授已有知识视为教师专业活动的局限，如其中特别提到了教师必须拥有参与教育改革、专业活动及科学研究等权利，显示了对教师劳动特殊性的质的认识的发展。其次，为教师提供法律的支持，如依照教师的职业性质确定相应的规范；建立与《教师法》相配套的各项实施细则；建立教师社会安全保障体系；为教师提供法律援助和支持。

第四，从实践层面进行反思

（1）教师层面：有助于教师对自身形成一个正确定位，培养教师专业自主发展的能力，促进教师自我价值的实现。

（2）社会层面：对新中国成立以来教师专业发展政策的演变轨迹进

---

① ［美］华勒斯坦等：《学科·知识·权力》，生活·读书·新知三联书店1999年版，第131页。

② 陈永明：《现代教师论》，上海教育出版社1999年版，第171页。

行脉络清晰的梳理，有助于培养全社会的政策意识，提高政策解读能力。同时，针对教师专业发展的研究有助于从政策上保障专业化教师队伍的建设，推动教育事业的发展。

（3）政策层面：对于教师专业发展政策的梳理和分析有利于政策信息的准确传递，避免政策误读导致的政策失真，提高政策执行力。另外，力求在教师专业发展政策和教师专业化之间建构一种相辅相成、相互促进、共同发展的关系。

第二节　文献综述

全面准确的文献综述对保证论文的前沿性和价值性有关键作用。就范围而言，本研究综述秉承围绕研究主题展开的原则，将国别主要限定在中国，内容主要限定为教师专业发展政策及历史演进两方面。就来源而言，笔者主要通过图书馆、相关网站、电子期刊、学术 Google 搜索引擎等渠道展开资料搜集，并筛选代表性强、质量较高的文献进行综述。

一　国外关于教师专业发展政策的研究

国外教师专业发展研究，可追溯到 20 世纪初。从联合国教科文组织和国际教育局的诸多文献来看，早在 1935 年，国际教育大会就提出了《小学教师的专业培训》和《中学教师的专业培训》两份建议书，对教师的专业素质以及保障教师专业素质的条件提出了原则性的建议。虽然这两份建议书主要是针对教师职前教育的，但是《小学教师的专业培训》中的"希望要为积极从事教学的教师制定出进修课程，并使其成为一种永久性的制度"和《中学教师的专业培训》中的"要求学校当局特别注意对已任职的教师提供各种便利的需要，以提高他们的专业地位"等内容，已经涉及了教师职后专业发展的问题。①

1953 年，国际教育大会提出了《小学教师的培训》的建议书，把"继续培训和进修课程"列为专门部分，提出了包括"在小学教师的整个职业生涯中都应有继续培训的机会，从而使之能跟上思想和方法的新进

---

① 赵中建：《全球教育发展的历史轨迹——国际教育大会 60 年建议书》，教育科学出版社1999 年版，第 25—29 页。

展"在内的 10 条建议。翌年,国际教育大会又提出《中学教师的培训》建议书,其中也包括了"继续培训"的部分和六条专门的建议。

之后,国际教育大会还提出过《小学师资培训人员的培训》(1957)、《在职小学教师的再培训》(1962)、《教师作用的变化及其对专业准备和在职培训的影响》(1975)等有关教师专业发展的建议书。这些建议书加上联合国教科文组织与国际劳工组织的《关于教师地位的建议》(1966)的发表,都表达了国际社会对教师专业发展的关注,促进了各国对教师专业发展问题的重视。1972 年英国的《师范教育和师资培训调查委员会的报告》(詹姆斯报告),为教师专业发展事业做了全面的思想铺垫。之后,美国的《明日之教师》(1986)、《准备就绪的国家》(1986)、《新世界的教师》(1989)、《明日之学校》(1990)、《明日之教育学院》(1995)等一系列报告,则对教师专业发展提出了全面的制度构想和实质性的政策建议,并由此带动了西方教育界的教师专业发展研究热情。[①]

1996 年,美国"教学与美国未来全国委员会"发表了指向美国学校质量改进的 10 年行动计划《至关重要:美国未来的教学》。其主旨是将教师、教学质量和教师专业化的改进置于教育改革的核心地位,同时也将教师职业生涯的全程专业发展作为改进教育质量的中心战略。该计划与此前的其他同类报告相比,表现出了四个较明显的转变[②]:

第一,基点立场的转变。视教师为解决问题的依靠而不是把教师看成问题,是因为要依靠教师来解决教育质量上的问题,从而推进教师专业发展,而不是要解决问题教师而推进教师专业发展。

第二,政策视野的转变。既然教师已从问题变成了依靠,就不能仅限于提高要求、建立淘汰机制、加强考核等政策考虑,而应该把学校工作环境、校长领导水平等更多的关联因素纳入教师专业发展的政策视野之中。教师既然从问题变成了依靠,就应该把学校环境、行政领导的沟通水平等相关因素纳入到教师专业发展政策的视野之中,而不能仅仅考虑提高入职要求、加强过程考核等政策因素。

---

① 赵中建:《全球教育发展的历史轨迹——国际教育大会 60 年建议书》,教育科学出版社 1999 年版,第 122—145 页。

② National Commission on Teaching & America's Future. What matters most:Teaching for America's future [R]. New York:National Commission on Teaching & America's Future. 1996.

　　第三，关注侧重的转变。更多关注教师专业发展的实践和细节，与学生学习改进的关联度等。更关注"做什么""如何做"和"怎样做到"等问题，而不再进行更多的理论论证。

　　第四，期望基调的转变。政策建议采用更平和、实际的表达：要让每一个学生都接触到"有关怀心、有能力、专业合格的教师"，确保"教师拥有教学所需的知识与技能，以便所有儿童都能学习"。

　　此外，学者 Manhong Lai 在其论文 *Teacher development under curriculum reform: a case study of a secondary school in mainland China* 中选取广东省 B 市的一所高中为案例学校，运用质性研究的方式，就教师对课程改革带来的挑战的态度、校本教师发展如何帮助教师适应课程改革、教学研究人员如何帮助教师实施课程改革等问题开展了深入研究。

　　学者胡文斌（Hu Wenbin）在论文 *Thirty Years of Education in China Between Change and No Change—A Comparative Analysis of Four Key Documents on Education Policy* 中通过分析四个重要的教育政策文件回顾了过去 30 年里中国教育改革与发展的足迹。这四个教育政策文件包括 1985 年的《关于教育体制改革的决定》、1993 年的《中国教育改革与发展纲要》、1999 年的《关于深化教育改革、全面推进素质教育的决定》和 2010 年的《国家中长期教育改革和发展规划纲要》。Hu Wenbin 采用内容分析法，即通过统计常用名词来呈现教育改革发展过程中最突出的问题，统计常用动词来呈现政府的基本决策和行动。

　　学者卢乃桂（Leslie Nai—Kwai Lo）、黎万红（Manhong Lai）和黄丽佳（Lijia Wang）在 *The impact of reform policies on teachers' work and professionalism in the Chinese Mainland* 中考察了教育改革政策对中国大陆的教师职业和教师专业化的影响。通过对上海一所初中的全体成员进行半结构式的深入访谈，对访谈所搜集到的数据进行分析，同时基于上述分析开展质性研究，从而揭示教育改革政策给教师带来的困境和挑战，并探究教育改革政策是如何影响学校和教师的。

　　学者李军（Jun Li）在其学位论文 *Analysis of the implementation of teacher education policy in China since the 1990S: a case study* 中明确指出中国不仅需要庞大的教师队伍，更需要建设一支高素质的、专业的教师队伍。该论文通过探讨 20 世纪 90 年代以来中国教师教育改革政策的复杂的实施过程，同时结合案例研究的方法，从而了解中国教师教育改革政策的内容，探索教师教育政策在高校师范教育机构的实施现状，最后，从政策实施的实践操作和未来的理论研究两个方面提出了建设性的意见。

二 国内关于教师专业发展政策的研究

在研究教师专业发展政策之前，我们首先要清楚何为教师专业发展，因此，该部分的文献综述以国内学者关于教师专业发展的研究为切入点，最后进一步延伸到关于教师专业发展政策的研究。从研究的发展进程看，自改革开放以来，虽然一直存在关于教师是"准专业"还是"专业"的争论，但是到目前为止，我们可以说教师从事的是专业性职业已属共识。

"教师的专业发展"从其发展的历程来看，经历了"由被忽视到逐渐关注、由关注教师专业群体专业化到关注教师个体、由关注教师专业发展的外部情境和对专业地位的认可转移至关注教师内部专业素质提高的过程"。[①] 因此，教师专业发展逐渐成为教育研究的热点问题，研究主要包括关于教师专业发展阶段、内涵、影响因素等方面的研究。处于专业发展中的教师是一种焕发个体主体性的教师，是通过主动的学习、主动探究、主动创新从而自觉地提升自己，使自己得到全面发展的人。在教师养成主体性的学习的习惯，为自己专业成长奠定内在的、持续进步的基础的过程中，教师政策作为国家重视教育、关注教师发展的宏观政策，对我国教师队伍的专业发展具有举足轻重的影响。从历史的角度审视教师发展，我们不难发现，国家出台的相关教师政策对当时教师的职业生涯的发展起着直接或间接的促进或制约的作用。

从已有的关于教师专业发展的研究中我们可以看出：

首先，随着教师专业发展领域的研究成果日益丰硕，我国学者在大量引介国外教师专业发展理论的基础上创造性地提出了自己的理论观点，为实践中促进教师专业发展提供了可供借鉴的大量依据。在教育实践中应根据教师所处的不同发展阶段和需要，提供不同的支持和帮助。教师专业发展内涵包括了知识、能力、情意、自主意识等，更加强调教师的参与、研究等成为实践反思模式的特点。其次，在教师专业发展理论研究开展的同时，相对忽略了对教师专业发展现状的调查，致使理论和实践有所脱节。下面我们将主要进行关于国内学者对教师专业发展政策的研究的总结和分

---

① 刘秀江、韩杰：《对教师专业发展内涵的诠释》，《教育科学研究》2003 年第 4 期。

析，并力求做到尽可能详细的阐述。

正如前面我国的教师专业发展政策的历史演进中所论述的，我国学者关于教师专业发展政策的研究也兴起较晚。直到 20 世纪 90 年代初，学术界才开始出现较多有关教师专业发展的研究。如瞿葆奎主编的《教育学文集》、成有信主编的《十国师范教育和教师》等，不过当时的研究主要是国外文献的译介和综述。

其中史料类的研究主要包括三类，一是何东昌组织编写的系列文献《中华人民共和国重要教育文献》，其中包括四个分册，起止年份分别为1976—1990、1991—1997、1998—2002、2003—2008，包括"国家领导人的重要讲话、指示，由中共中央、国务院、教育部等中央和国家部委制定的教育政策、法规等历史文献，以及产生过重大历史影响的会议文件、报刊资料等"①，都是研究教师在职培训的史实类工具书。二是由各个省市各自编写的教育年鉴、教师培训工作文件汇编等文献。三是通过网络搜集到的相关重要文件全文。

值得注意的是，在 20 世纪 90 年代之前的政策文件和关于教师专业发展的研究文献中，主要使用的是"培训"或"继续教育"，"专业发展"一词出现的频率并不高。这是因为当时关注的重点是如何建立教师职后教育制度以及如何通过政策来推动教师参加职后培训的问题。这一时期的研究较多的是围绕几项重要政策展开的，包括原国家教委发布的《关于加强在职中小学教师培训工作的意见》（1986）、《全国中小学教师继续教育工作座谈会会议纪要》（1990）、《关于开展小学教师继续教育的意见》（1991）等。当时，以邹时炎主编的《中小学教师队伍建设》（东北师范大学出版社 1993 年版）为代表的一批研究成果更像是教师继续教育的经验总结，其科学研究含量稍嫌不足。该书汇编了教师继续教育的法规文件、数据统计、教师培训等的理论探讨、国内外教师培训政策制度研究等，满足了当时教师培训机构的需要，也发挥了引领各地教师培训计划和教材编制工作的作用。此后，有关国外教师专业发展政策实践的资料较之前更多地被译介到国内，"教师专业发展"的概念也频繁地出现在研究文献中。其中，颇具代表性的文献有：叶澜主编的《教师角色与教师发展新探》（教育科学出版社 2001 年版）和教育部师范教育司组织编写的《教

---

① 教师史研究网站：http://www.cnier.ac.cn/jysyj/xinshu/9885.html。

师专业化的理论与实践》（人民教育出版社 2003 年版）。《教师角色与教师发展新探》包含了教师德性、审美和发展三个角度的研究成果。《教师专业化的理论与实践》分别从理论、政策和实践三个角度，以相对开阔的视野对国际教师专业发展的理论和实践加以整理和研究，为研究界提供了较为全面完整的教师专业发展的基础研究资料。当然，由于这两项研究均基本采取了宏观研究视角，对一些基于国情的教师专业发展现实问题研究还未深入。不过，已出现了一些更多关注中国国情的研究文献，例如叶澜的《"新基础教育论"——关于当代中国学校变革的探究与认识》（教育科学出版社 2006 年版），在对社会转型期教育大环境深刻分析的背景下，从起点、目标和路径三个角度阐释了创建新型教师队伍的基本思路，对我国教师专业发展的未来研究产生了深刻影响。此外，徐辉主编的由浙江大学 2006 年出版的《教师教育研究与评论》（第一辑），涵盖了较多研究教师专业发展的研究报告和论文，其中，不少研究报告大量探究了我国教师专业发展中的诸多现实问题。叶文梓的论文《教师专业化制度建设的进展、问题与策略》探究了教师的现实发展困惑，整理了教师专业发展制度建设中的问题，并提出了若干举措。① 全文虽对《教师角色与教师发展新探》等先前研究有不少借鉴，但该文将"教师个体专业发展是教师专业化的重心""教师专业态度胜于专业技能"等新理念与教师专业发展的现实密切相关，仍颇具价值。类似相关研究的理论文章尚有很多，其中较具代表性的有毛晋平的《教师继续教育中的异化现象及其现代性的反思》等。

通过对所搜集到的文献进行归纳分析，可以发现我国学者关于教师专业发展政策的研究基本集中在对教师培训政策的研究上。尤其是在 1999 年 9 月 13 日《中小学教师继续教育规定》颁布以后，教师培训政策越来越受到研究者的关注。通过对相关文献的检索，笔者发现当前我国对教师专业发展政策的研究主要集中在如下三个方面：

第一，政策内容的研究。比如徐今雅的《转型期间中国教师培训政策分析》②，通过对转型时期中国教师培训政策的梳理和分析，同时结合存在的问题与原因分析，最后从目标、途径和条件政策三方面来建构新时期

---

① 叶文梓：《教师专业化制度建设的进展、问题与策略》，《教育研究》2006 年第 8 期。

② 徐今雅：《转型期间中国教师培训政策分析》，硕士学位论文，浙江师范大学，2004 年。

我国教师培训体系；论文《论新时期中国教师培训政策体系的构建》则从教师的培训条件、体制和质量三个方面深入详细地研究了教师培训政策体系的内容。①

第二，政策的价值取向研究。论文《1978 年以来我国中小学教师培训政策研究——价值观念的变迁及其启示》中，作者蒋媛媛全面梳理了改革开放以来直至本世纪初的中小学教师培训政策文本，并归纳和总结了培训政策的价值取向变迁。包括"一是由重视知识掌握转向能力提高；二是由关注培训义务到关注培训权利；三是由单一化培训转向多样化培训；四是培训权力下移；五是教师培养培训二元化转向教师教育一体化"。②

还有一篇基于文本比较的研究，即单志艳的《中小学教师培训政策的价值取向变迁——基于 1986 年和 2011 年国家关于中下学教师培训〈意见〉的文本分析》。该文作者通过比较不同历史背景下的两份政策文本，运用文本分析法，通过对变化特点的分析，指出教师培训政策的价值取向变化表现在四方面，包括：从关注社会价值转向关注人的价值；从重效率到重公平；从关注外在需求到关注教师内在需求；从重知识培训到重能力和素质的提升。

第三，政策的演变阶段研究。这种研究更接近历史研究，如史俊龙的《我国中小学教师培训政策的演进及趋势分析》，作者根据自身对历史变迁的驾驭，将新中国成立以来的教师培训政策演变分成四个历史阶段，分别是新中国成立初期到"文化大革命"结束、改革开放到 80 年代末、90 年代到 20 世纪末、本世纪初至今四个阶段。另一篇《我国中小学教师培训政策研究及创新趋势》是由文章作者史俊龙与其导师李瑾瑜共同完成的，文章基于前面的历史研究，剖析了这四个阶段的特征，分别是重在职学历补偿；教法过关与学历提升并重；建立制度性教师培训；构建专业化教师培训。

另有一篇类似历史研究的论文《改革开放以来我国教师培训政策演变的回顾与反思》，作者郭飞君和杨清溪把改革开放以来的教师培训政策划分为三个阶段，分别是 1977 年到 1985 年的全面恢复培训工作时期、1986

---

① 徐今雅：《论新时期中国教师培训政策体系的构建》，《教育探索》2005 年第 5 期。

② 蒋媛媛：《1978 年以来我国中小学教师培训政策研究——价值观念的变迁及其启示》，硕士学位论文，山东师范大学，2004 年。

年到 1998 年的教师补偿教育时期、1999 年以来的教师综合素质提高时期。文章同时对这三个阶段的教师培训政策进行了历史回顾和反思，得出了教师培训的三点结论：促进教育改革与发展的重要手段；培训成为教师专业发展的常态；以人为本是其价值引导。

第三节　研究设计

一　研究目标

通过对新中国成立至今中小学教师专业发展政策进行多视角的研究，透视其演进的主要脉络和教师发展理念的不断跃迁。

为了更好地诠释与理解教师专业发展政策发展思路，努力找寻其中具有阶段性意义的转折点，本研究以新中国成立、"文化大革命"十年、改革开放、经济体制改革、基础教育新课程改革以及构建和谐社会作为背景及界分标志，通过对这些时间节点的分析，将其划分为如下三大时期：过渡时期（政策萌芽初创期 1949—1956 年、政策发展期 1956—1966 年、政策滑坡期 1966—1976 年），恢复发展时期（拨乱反正阶段 1977—1985 年、体制改革阶段 1985—1992 年、体制转型期 1992—2001 年），剧变时期（体制转型后期 2001—2003 年、创新和发展时期 2003 年至今）。

在整个政策文本演进的过程中，努力返回到当时的社会背景中，勾勒出政策文本变迁的主要特征，并对这些特征进行理论分析。在总体归纳出教师专业发展政策基本特征的基础上，着力描述与分析国家政治、经济、文化以及新课程改革等特征与教师专业发展政策之间的互动。同时，政策的文本内容更多将从专业理念、专业知识和专业能力等方面进行分析。

同时，鉴于中国政治体制改革的进展相对缓慢，导致决策体制变化不甚明显，难以概括出阶段性的不同特征，因此本研究将在打通整个时间段后对政策过程进行分析。教师专业发展政策过程分析由政策制定、政策实施、政策评价三部分组成。在文献研究和调查研究基础上，在对整个社会政治与经济发展的观照下，以一线教师的视角描述与反思当下中小学教师的专业发展政策的政策感知，以及中小学教师专业发展政策的评价，力求把教师专业发展政策过程的具体现象呈现出来。

本研究基于教师专业发展政策文本梳理、政策分析以及教师教育理论研究之上，无意于构建宏大政策发展范式，而是从反思政策合理性的研究主旨出发，在对教师专业发展政策回溯和检讨过程中，抽取和检索相对关键的问题进行思考，得出若干结论并对相关研究问题进行探讨与展望，以此促进教师专业发展模式创新。研究尝试以政策建议为中小学教师专业发展政策提供可能的切入点和改进要素，继而为探索和开辟相关政策的实践范式和发展方向提供借鉴。

二　研究对象

政策研究的对象是教师专业发展政策本身，为了便于具体操作，本研究对研究对象的边界进行了限定。首先，把时间段限定在 1949 年以后，即新中国成立后直至当今。这段时间新中国诞生，教育逐渐步入正常的发展轨道，并沿着良好的方向发展。因此，研究这段时间内的教师专业发展政策变迁具有重要的理论意义和现实价值，可为将来中小学教师专业发展政策创新提供重要依据。

第一，作为当时那个阶段的重要政策文件。

第二，这些政策主要应该是专门针对教师专业发展的，这是为了避免把研究范围扩大，增加本研究的负担，使研究内容变得更庞杂。不过，由于纯粹的专业化政策不是太多，相关教育政策及文件仍然作为重要的支撑背景进入研究视野。

第三，被选政策等重要文件也可以是对整个教育系统而言，与中小学教师专业发展息息相关，其内容必须包括教师发展。同时教师专业发展的重要背景和依据虽然不是教师专业发展政策分析的重点所在，但作为政策产生的背景也受到应有的理解与观照。

三　研究方法

从教育学、历史学、政策学、哲学等多学科视角，全面梳理政策文本，并从我国教师专业发展政策发展变迁的重要阶段、关键节点和重大变革之中，明辨历史、展望未来，结合浙江省教师专业发展政策的个案分析，总结我国教师专业发展政策的发展规律。当然，主要还是从教育学的视角来展开对教师专业发展政策的探究。

本研究既坚持抽象的理性思考，又注重经验性的直觉判断，既强调量的研究，又重视质的探讨。由于涉及六十多年较长时期的专业化政策发展变迁，还需要在社会经济与政治发展的进程中，努力坚持历史与逻辑的统一，较为整体性地对新中国中小学教师专业发展政策的变迁进行梳理与分析，同时对以教师为视角的政策知觉与沟通进行实证分析，进而对政策实施做出合理的理解与诠释。

本研究在追溯文本变迁时始终贯穿政策研究的方法，一是在政策文本研究的同时厘清政策文本的背景与框架；二是"文本互联性"分析。前者为文本的内部分析，而后者文本互联性分析则是外在背景与文本的脉络分析。根据费尔考对文本互联性分析的解说，一般可将此细分为三个层次：一是各种相关文本的互联性；二是文本与所处社会背景与脉络的互联性；三是文本与历史脉络变迁的互联性。

从方法论意义上说，所谓的教师政策研究事实上是研究教师政策在教育领域中的应用，所以本研究在论述的过程中需要把政策研究和教师专业发展研究结合起来。研究采用了多种研究方法。这些方法并不是孤立的，而是相辅相成、交织在一起的。主要采用如下一些研究方法：

（一）文献法

因为牵涉六十五年教师专业发展政策的发展史，必然要对所产生的背景进行梳理，需要返回到当时的时代背景来了解政策产生缘由，这些都离不开最基础的文献梳理。同时，为了使研究有一定的创新性，还必须通过文献研究对相关研究成果进行比较和分析，以求全面反映研究现状，尤其是近年来的发展动态和最新成果，并在此基础上发现问题，如此方能更好地阐明本研究的价值，同时为本研究组织素材、产生新观点、提出对策奠定基础。

（二）历史研究法

全文以教师专业发展政策的文本为焦点，以此透视新中国成立以来教师专业发展政策变迁的历史图景。全文提出的主要观点及基本结论都是建立在文本研究之上的，既包括对历史上教师专业发展政策的搜集、整理和辨析，也包括对这些文本材料的分析和解读。因此，在本研究中，基于文本分析的历史研究法是最基础的研究工作。

（三）比较法

由于本研究涉及发展历程，如果要将教师专业发展政策的阶段性特征展示出来，研究需要以时间作为维度，对不同阶段和背景下的不同发展水平的政策进行分析比较，借助不同阶段的纵向比较研究，把握不同时期内研究对象的独特性，并感知不同阶段的教师专业发展政策间的异同，从而认识相关政策的发展演变过程，揭示政策发展的脉络与特征，并在对比过程中，了解政策演进的特点与规律，以期获得对教师专业发展政策的本质及规律的透彻把握。

另外，把我国的专业发展政策与别国的专业发展政策进行比较，从中发现我国教师专业发展政策的优势与不足，借鉴学习他国的政策经验，寻找适合我国的教师专业发展政策模式。

（四）问卷调查法

笔者通过编制针对教师专业发展及相关政策的政策知觉的调查问卷，以网络或是面对面的方式，向作为研究对象的教师发放。通过对回收到的调查问卷的数据进行统计并分析其中呈现出的问题，为课题的研究提供一定的数据支持。

（五）政策分析法

包括政策分析的含义、政策分析的价值倾斜与操作。政策分析不仅是研究政策文本本身，还应该充分考虑到三个要素——背景影响、文本定义和实施之间的交互的非线性的关系。

总之，除了上述方法之外，我们力求以唯物史观为指导，做到历史与逻辑的辩证统一，同时借鉴定量研究方法，力求做到质性研究和定量研究、总体分析与个案分析的有机统一。

四 分析框架与研究工具编制

文本分析框架如图 1-1 所示：

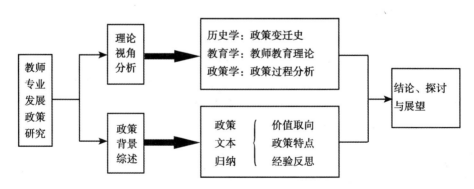

图 1-1 文本分析框架

本研究的研究工具如图 1 - 2 所示：

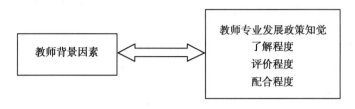

教师背景因素 ⟷ 教师专业发展政策知觉
了解程度
评价程度
配合程度

图 1 - 2　研究工具

第四节　历史分期与陈述框架

一　历史分期

分期是本研究在研究当代中小学教师专业发展政策的变迁中所运用的一个基本方法，也是历史研究中首先要碰到的问题。作为一个重要的研究切入点，历史分期应该如何划分是值得我们用心探讨的，这既是为了叙述和认识这段历史，也是为了使研究对象获得更为清晰的脉络感。我们选择基于中共党史的历史分期，并结合关键性的教师专业发展政策的出台时间，对中共党史的历史分期进行微调，建构一个新的相对科学、客观、合理的教师专业发展政策的历史分期。

中国共产党自 1921 年成立至今的 90 多年的历史，一般被划分为三大时期：民主革命时期（1921—1949 年）、社会主义革命和建设时期（1949—1978 年）、改革开放新时期（1978 年至今）。由于本研究探讨的是新中国成立以来中小学教师专业发展政策的变迁，因此，下文中对第一个时期将不再进行过多的阐述，主要针对后面两大时期的内部阶段划分进行分析。

1981 年，中共中央通过了《关于建国以来党的若干历史问题的决议》，该"决议"全面总结了中共党史，首次将新中国成立 30 多年的党史明确划分为：1949 年至 1956 年的"基本完成社会主义改造的七年"、1956 年至 1966 年的"开始全面建设社会主义的十年"、1966 年至 1976年的"'文化大革命'十年"、1976 年以后的"历史转折"共四个阶段。1976 年以前的社会主义时期的中共党史划分一直延续"决议"中传统的"三个阶段"划分法，直到 2011 年，在纪念中国共产党成立 90 周年之际，中央党史研究室推出了反映社会主义时期中共党史前 29 年的新作《中国共产党历史》第二卷。其中，出现了一个较为关键的新调整：在"1981年决议"中被放置于"历史的伟大转折"（1976 年以后）阶段的"在徘徊中前进"的两年，被单独列为一个发展阶段，题为"在徘徊中前进和实现伟大的历史转折"时期（1976 年 10 月—1978 年 12 月）。也就是说，社会主义时期的中共党史的前 29 年第一次被明确划分为"四个阶段"："基本完成社会主义改造的七年"（1949—1956 年）、"开始全面建设社会主义的十年"（1956—1966 年）、"'文化大革命'的十年"（1966—1976年）、"在徘徊中前进和实现伟大的历史转折"时期（1976—1978 年）。①

对于改革开放新时期（1978 年—至今）的内部阶段划分，目前国内学界存在着一些不同的认识和见解，包括"两个阶段"说、"三个阶段"说、"四个阶段"说等。在这里，我们主张"四个阶段"说，即为中共中央党史研究室第三研究部所编撰的《中国改革开放 20 年史》《中国改革开放史》《中国改革开放 30 年》中所概括的：

1. 拨乱反正和伟大的历史转折时期：1978 年 12 月中共十一届三中全会—1982 年 9 月中共十二大；

2. 改革开放和社会主义现代化建设的全面展开时期：1982 年 9 月中共十二大—1992 年春邓小平南方谈话；

3. 中国特色社会主义市场经济体制的建立和建设时期：1992 年春邓小平南方谈话和十四大—20 世纪末；

4. 全面建设小康社会与和谐社会时期：2000 年的江泽民三个代表思想提出至今。

这是以中国共产党领导的中国特色社会主义事业之主题、主线的发展变化为分界点的阶段划分法。这种划分法，为目前国内学界的大多数学者所认同和接受。

教师专业发展政策即对在职教师进行旨在提高业务能力的培训活动作出的准则性、战略性规定，从制度层面对提升在职教师的专业化水平有着激励和控制作用。教师专业发展政策主要包括培训目标、对象、形式、内容等方面的规定。

---

① 光明网：《90 年来关于"党史分期"问题的探讨和阐释》，http：//theory. gmw. cn/2011 - 09/28/content_ 2708523_ 2. htm. 2011 - 09 - 28。

总之，本研究在对我国当代教师专业发展政策的内容进行全面梳理和考察的基础上，对我国教师政策在不同历史时期表现出来的特点进行分析和探讨的基础上，指出了我国教师专业发展政策的历史分期和发展走向。

各个阶段的培训大概包括：新中国成立至"文化大革命"结束后的"使用—改造"期；改革开放至2000年兼有"能力补偿与学历达标并举"及"学历提升与继续教育并举"两个阶段；新课程改革之后教师培训全面展开的剧变期。

结合教师专业发展政策体系的阶段特性以及政策所处的宏观制度环境的变化，分别以新中国成立至"文化大革命"结束，1978年至2000年，2001年至今，以这些时间节点为界论述当代教师专业发展政策紧密相依的近70年之变迁节奏，最终将其分成三个时期：一是新中国成立到"文化大革命"结束的近30年，二是1978年改革开放之后到2000年的23年，三是2001年至今。这里所述的几个时间分界点，都是综合参考了政治学、社会学、教育学的观点。教育政策在这些分界点变化较大，就教师专业发展政策而言亦是如此。

需要进一步指出的是，结合相关的关键性政策的出台时间，本研究对这三个大时期进行了内部阶段划分。值得注意的是，1985年5月27日颁布的《中共中央关于教育体制改革的决定》是我国教育改革发展历程中的纲领性文件，在我国教育体制改革历史上具有里程碑的意义。同时，其对发展师范教育和培训在职教师的强调突出了其在我国教师专业发展政策体系中的决定性地位。因此，在阶段划分过程中，1985年必将作为一个重要的历史分界点。

另外，2001年5月29日国务院发布的《关于基础教育改革与发展的决定》不仅充分肯定了基础教育的地位，同时还对我国基础教育之中存在的问题提出了有针对性的建议和对策。而且，该文件强调要加强中小学教师继续教育工作，健全教师培训制度，在我国教师专业发展政策体系中是极具代表性的，其地位的重要性决定了2001年也必将作为重要的历史分界点之一。

综上所述，结合中共党史的历史分期和关键性政策的出台时间，我们把当代中小学教师专业发展政策的历史分期划分如下：

1. 过渡时期

（1）社会主义改造时期：萌芽初创期（1949—1956年）

（2）社会主义建设时期：发展期（1956—1966年）

（3）"文化大革命"时期：滑坡期（1966—1976 年）

2. 恢复发展时期

（1）拨乱反正阶段（1977—1985 年）

（2）体制改革阶段（1985—1992 年）

（3）体制转型阶段（1992—2001 年）

3. 剧变时期

（1）体制转型后期（2001—2003 年）

（2）创新和发展时期（2003—至今）

二　陈述框架

本研究将以新中国成立以来中小学教师专业发展政策的变迁为线索，围绕教师专业发展政策的文本内容这一主题进行静态分析和动态分析，结合政策制定、实施和评价等共同探求优化并完善政策的可能性和必要性，同时从教育理论视域完善政策指南，充实教师教育理论。鉴于此，本研究的框架可以分解为下述几部分：

第一章"绪论"。介绍研究缘起和研究价值，述评已有的相关研究成果，阐述本研究的相关设计，阐明历史分期，介绍研究框架等。同时，通过政治文化学、哲学、心理学、生态学、历史学等五个研究视角以及教育政策研究的局限与相关理论研究对教师专业发展政策的启示。

第二章"教师专业发展政策的理论探讨"。本章界定相关核心概念，教师专业发展政策的理论基础：教师是专业人员、体现公共政策的理论。同时在探讨教师教育相关理论如教师职业发展阶段理论、教师知识基础理论、学科法知识的教师知识基础理论、教育精神文化基本理论和教师成为反思者、研究者理论等的基础上，对教师专业发展的保障，即教师专业发展权进行详细的阐述，并对期望中的教师专业性作出一定的解读。

第三章"过渡时期的教师专业发展政策分析（1949—1976）"。

第四章"恢复及发展时期的教师专业发展政策分析（1977—2000）"。

第五章"快速发展时期的教师专业发展政策分析（2001 年至今）"。

上述三章的内容为不同时期内的教师专业发展政策分析，因此其陈述框架大致相似，均是从背景、演变、特点、反思这四个角度来展开。通过分析不同社会背景下的教师专业发展政策的演变过程，分析不同时期内的教师专业发展政策的特点，并进一步对该时期内的发展演变进行反思。

第六章"教师专业发展政策制定、实施、评价过程分析"。众所周知，政策的高效需要政策的制定、实施、评价等各环节的共同配合。因此，为了真正实现政策优化和完善的目的，不仅需要对政策文本进行全方位解读，还需要对政策的制定、实施、评价进行探讨和研究。本章分别对这三个环节进行较为详细的阐述，并在最后就这些环节进行深刻的反思，以期充分保障教师专业发展政策的高效性。

第七章"新近教师专业发展政策的走向——浙江省的案例分析"。通过对新近重要的教师专业发展政策进行研究，既可解剖麻雀又能反映走向，同时为研究提供案例。

第八章"研究结论、问题探讨与展望"。本章基于历史学、教育学、政策学的分析视角，在对中小学教师专业发展政策变迁内因外缘的挖掘和分析基础上得出结论，并对完善教师专业发展政策的改革与创新进行进一步的探讨与展望。

总之，笔者力求将教育基本理论、历史研究基本方法与政治文化学、哲学、心理学、生态学等研究视角结合起来，就新中国成立以来中小学教师专业发展政策的变迁进行深入的研究，从中探索相关政策的发展演变的特点和轨迹，并力求提出科学的结论与切实可行的政策建议。

第五节　历史演进与理论视角

一　历史演进

从已经收集到的国内外相关文献来看，在我国，教师专业发展这一理念的推广和倡导是相对滞后的。从现代意义而言，我国教师专业的真正发展始于 20 世纪 80 年代。从世界范围来看，有关教师专业发展政策最早可以追溯至 20 世纪初，从搜集到的联合国教科文组织等相关文献来看，早在 1935 年，国际教育大会就提出了两份建议书，分别是《小学教师的专业培训》和《中学教师的专业培训》，对保障教师专业发展素质以及条件提出了原则性的建议。

20 世纪 60 年代，美国开始真正最早致力于教师专业发展研究，并在上世纪 70 到 90 年代在欧美兴盛。同时在 20 世纪 90 年代，如何开发并实施教师专业实践标准渐渐成为发达国家教师专业发展的新趋势。比如在英国，教师专业发展进程步伐不断加快，旨在促进教师专业发展的校本培训模式终于在 20 世纪 80 年代建立，同时新的教师教育专业认可标准"教师教育课程要求"也于 1998 年由教育与就业部门颁布。其他如澳大利亚的相关政策也从 1996 年开始陆续出台，其新的教师专业发展标准也在 2003 年正式公布。在亚洲，日本的教师专业化进程一直与欧盟几乎同步。所有这些改革举措无不凸显了这样一个基本理念：教师专业发展除了需要得到社会认同外，亟须相关政策制度的保障。

受到国外教师专业发展理念热潮的影响，同时结合我国实际，为实现建设一支高素质高水平的教师队伍的目标，我国于 20 世纪 80 年代开始大力倡导教师专业发展，并以政策辅之。1986 年 9 月 6 日，国家教委颁布的《中、小学教师考核合格证书试行办法》的正式实施可以说是教师专业发展的起点、关键点更是转折点，因为随着《中、小学教师考核合格证书试行办法》的实施，教师不再是人人都可以从事的职业。这在一定程度上为教师专业发展奠定了强有力的基础。随着《中华人民共和国教师法》（1993）和之后的《中小学教师继续教育规定》（1999）的颁布，学术界才真正开始兴起结合本土实践的教师专业发展研究热潮。

随着《中华人民共和国教师法》（1993）颁布，以及后来的《中小学教师继续教育规定》（1999）和《面向 21 世纪教育振兴行动计划》（1999）的发布，我国的教师职后教育进入了法制轨道。同时，这也标志着"我国教师教育已摆脱单纯的学历达标的局限，而转向教师内在的专业素质的提高"[1]，由此便对教师的职后教育提出了更高的专业要求。

至 2000 年，《〈教师资格条例〉实施办法》的颁布，标志了教师资格制度的法律法规体系的形成和完善，为教师资格制度的全面实施和教师队伍建设的规范化、法制化、专业化奠定了坚实的基础。2012 年 1 月，教育部党组正式颁布了《幼儿园教师专业标准（试行）》《小学教师专业标准（试行）》《中学教师专业标准（试行）》，这三个标准较为精细而又具有针对性地明确了一名合格教师的道德坐标、知识坐标与能力坐标，是我国教师教育的重要推进力量和规范手段，是我国教师专业化发展进程中里程碑式的一步。

---

① 叶澜：《教师角色与教师发展新探》，教育科学出版社 2001 年版，第 207 页。

二 理论视角

(一) 政治学视角：政策与政治文化之关联

影响教师的教育价值观建构的因素主要是现实外部因素和教师自身发展状况。而现实外部因素主要包括国家和地方教育政策、课程改革理念、教育管理部门和学校的评价等。其实，对于这种影响的结果来说，重要的不是这种影响源自何方，而在于这种影响的性质。现实外部因素的影响有两种：与教育主导价值取向相符的称为"同向影响"；与教育主导价值取向相异的称为"异向影响"。教师自身发展状况的影响也有两种：一是易于接受性的，称为"同层影响"；二是不易接受性的，称为"异层影响"。①

1. 教育与政治文化的联系

由于有文字记载的古代中国没有制定能促进教育发展的现代意义上的教育政策或教师政策，没有成形的教育政策文本或教师政策文本可以借鉴，从各种社会类型的政治和文化的发展中探究教师发展和社会的政治文化的和谐进步，可以洞悉教育系统及教师与某一时代政治文化之间互动关系的理论问题。

政治与教育的联系，自古以来就密不可分。在古代社会，国家的政治文化是当时学校教育的指挥棒和风向标，不仅教学内容、教学方法、教学目的和政治紧密相关，而且学校教育的直接实施者——教师更是随着政治文化的变化而起落沉浮。到了现代社会，国家的政治、经济、文化等与教育发展的互动关系更是日益紧密、不可分割。当社会发展井然有序、持续推进时，教育的发展也会蒸蒸日上而成为人类文明及社会发展的助推器。但当社会发展严重受阻时，教育的发展也会陷于危机并可能走向反面，教育主体的教师就可能成为牺牲品和替罪羊。因此，梳理60年来的伴随中国政治、经济取得长足发展的教育，并进一步通过梳理与教育政策紧密关联的教师政策演变的历史，对于研究教师发展和政治文化之间的相互关系，探讨两者之间和谐发展的契合点具有十分重要的意义和独特的价值。

---

① 李小方、薛卫平：《新课程改革背景下教师教育价值观的解析与建构》，《镇江高专学报》2011年第24期。

2. 政策的价值取向

教育政策虽然是一个理性的论证和决策过程，但并非是一种完全客观的技术性工作，而是涉入了一定的价值色彩。这种价值涉入不仅是难以避免的，而且是完全应该和必要的。因为，政策主体及其所确立的政策目标和政策手段，本身就是一个主观的价值判断、寻求和选择过程。这种过程如果缺乏一定的价值基础和价值标准，就会陷入混乱和偏差之中。其客观性受现实政治、经济、文化的制约；主观性受人群、个体的利益需求、观念的影响。

教育政策的制定和执行，总是通过对价值主体、客体及价值关系的把握，形成一定的价值取向和原则，这就是教育政策的价值基础。促进教育公平成为中国社会政策的重要价值取向。实践活动是教育政策价值的源泉，其政治价值是经济基础和社会基础的巩固；社会价值是兼顾公平和效率；教育价值是整合各个层面，保证教育平衡有序发展；个体价值是和谐、统一人格的形成。

教育政策的价值关系及其取向，受制于主观与客观两类因素。在主观上，受制于特定的政策理论、意识形态、政策价值主体的需要、态度等。客观因素包括政策价值主体相互作用所构成的基本关系，这些关系涉及三种不同而又相互关联的价值主体，即国家、社会组织和个人。价值主体及其所构成的各种价值关系，由于利益追求的不同而表现出价值取向和选择的冲突与差异。教育政策的制定与实施，正是基于某种特定的价值取向来对这些价值关系进行处理和配置。换言之，教育政策文本背后总是基于特定的价值取向和对有关利益、资源的一种分配和协调，建立在一定的价值基础之上。

(二) 哲学视角：教师发展的哲学思考

总体而言，行为主义、主观因素及人的观念都会对教师政策产生影响。当今社会所发生的变化反映在教育中，就是《学会生存》一书中所提出的崭新的概念：学习化社会。它要求教育既能突破狭隘的学校教育的界限，扩展到整个社会，又要求教育突破局限于人生某一个阶段的界限，扩展到人的一生。

哲学是一门分析、思辨的爱智之学，与教育的关系颇为密切。教师发展研究有赖于哲学的理论基础，方可确定发展的目的，明确如何在政治文化的规约下支配教育活动。一个时代哲学基础的变化必然带来教育理论的革新，从而间接而有力地影响着教育实践。教育也总是不断地随着哲学的思潮而变迁。如学校教育体制的改革在最基本的方面涉及国家、社会和个体教育资源的重要配置，这也就必然涉及制度文化、社会公正等问题，涉及政治哲学相关问题的研究。同样，如果缺乏此类政治哲学的考虑，那么教师政策的发展也无法得到充分的理论辩护。正如哲学家兼教育家杜威曾言，"哲学是教育的普遍原理""教育是哲学的实验室"。因此哲学是一切教育理论与实践不可或缺的理论源泉，教育领域的各种活动无不需要哲学的智慧。

虽然教育活动是由一些看似不相干的琐碎活动组成的，但是如果把这些活动看成是教育活动的系统要素，那么它们之间不仅不孤立，而且存在着密切的联系，它们彼此之间的关联程度，是受教育目的支配的。要回答这些问题，社会学、经济学、文化学、心理学等可以提供知识基础，所有这些都是制定教育政策时不可或缺的。而这些知识只有在哲学领域才能得到研究和发展，缺乏这些知识领域的支持和帮助，无论是教育理论工作者还是实践工作者都无法对教育问题进行进一步的深思熟虑，也无法寻觅到真正的教育意义。因而哲学的知识和思考，对于教师发展都是不可或缺的。正如奈勒（Kneller G. F.）所说，"哲学在解放了教师想象力的同时又指导着他的理智。追溯各种教育问题的哲学根源，可以获得更为广阔的眼界。通过哲理的思考，教师开始致力于系统解决通过提炼得出的各种问题。那些不能用哲学进行思考的教育工作者注定是肤浅的，当然也有可能是好的教育工作者——但是好也许好得很有限，而坏则每况愈下"。①

教师政策关乎总体的教育活动，与哲学紧密相依。众所周知，教育改革的核心是教师发展，教师专业发展政策的好坏在教育改革中起着关键的作用，还有影响教师专业发展政策的任何因素，都将归结到最基本的哲学问题之上。任何教育改革若想取得实质性的进展，就不能只在表面寻求些实质性的进展，必须进行深入的哲学思考。

1. 现代哲学视野里的教师发展

从哲学意义上来说，发展是指旧质到新质、低级到高级的事物变化过程。教师发展核心是教师的专业发展，这是一个不断解决问题的终身学习过程，同时也是一个教师职业情感不断发展的过程。哲学发展意义上的一

---

① 陈友松主编：《当代西方教育哲学》，教育科学出版社 1982 年版，第 135 页。

个矢量显示发展具有方向性。社会对教师的要求体现了教师发展的方向性。要反映当代复合性的主流教师观，是教师发展的矢量特征，与此同时，必须在把握我国教育方针政策对教师的具体要求上明确我国中小学教师发展的方向。

回顾历史，我国古代思想家都注重教师发展。随着工业革命的不断推进，众多哲学家对教育开始了另类描述，教师的职责也悄然变化，教师的生命价值受到忽视，俨然成了培养人才的工具。教师专业发展的角色被固化，教师的生活世界被阻隔，教师专业发展中的情感因素遭到忽视。哲学视野下教师专业发展有其自身的意蕴，其一，社会性是教师专业发展的基础，既满足教师的基本物质需求又关注教师心理需求是教师专业发展的基础；其二，主体性是教师专业发展的保障，除了获取专业知识技能，还有教师自我价值的实现及其自我的内在建构；其三，独特性显示了教师专业发展的个体差异；其四，教师专业发展的主线是其个体的主动发展；其五，教师专业发展需要实现自身的超越。

2. 学习化社会对教师发展的意义

教师发展的中心是教师的专业成长。这是一个终身学习和不断解决问题的过程，也是一个教师的信念、道德、审美能力不断发展和创新的过程。

学习化社会的出现，是因为：第一，教育在空间上扩展突出了学习者的主体地位。教育不再是学校的特权而扩展到社会的各个部分。第二，教育在时间上向全人生的延续强化了学习者的生命意义，这也是在哲学视野中极其重视的生命价值。当前教育发展的一项重要任务是构建学习型社会，促进终身学习，这也是走向教育创新、保证终身教育实施的重要条件。同时任何个人的学习都需要社会为之提供的各种教育机会和条件，同样离不开社会的支持，这就需要有适于学习之用的相应的教育。

3. 从认知理性到反思理性

跟人类文明的发展一样，教师的专业发展也是在经过了信仰理性和认知理性的支配阶段后，进入一个自主反思理性的阶段。教师专业发展是外在和内在因素共同作用的结果，其内在动力从理性认知出发，教育毕竟是一项理性的事业，理性精神贯穿在平时的教育教学工作中，由理性规范和引导。教师在发展过程中，通过理性审视改进教学行为，同时教师作为自主的个体其发展的自我诉求经由信仰理性发展至认知理性，再进入反思理性。只有经过如此的循环累积，才能形成日益成熟的理论和实践能力，教师的教学理性具体表现在日常教育行为中的思维方式及工作态度上。根据教育教学这种实践活动的特殊性，信任理性成为教师专业成长中的动力，就首先具备了良好的精神支持，同时也有助于认知理性的产生。

认知理性在教师的专业发展中即通过专业的理论知识和相应的实践训练，至少使得教师在理论上具备改进教学行为、提升教学水平的能力，因此系统的理论知识是教师专业发展的基本保障。教师只有不断积累和增长知识，拓宽知识面，才能为自身的专业发展提供有力的保障。当然，教师的教学智慧只有通过理性的反思才能形成，从而真正成为智慧的学者型教师。

(三) 心理学视角：从人性的满足到教师工作满意度

教师的专业成长有待其个体内在的专业提升，从心理学角度来说，教师的专业成长过程是从教师自为认识的形成到产生自我专业发展意识，再到自我效能感产生的发展过程。教师不仅仅是专业发展的对象，也是其自身专业发展的主导者，因此教师的努力在其专业发展中至关重要，是由专业理想到专业自我的不断奋进的职业体验的实践过程。

"拥有自我实现"是教师专业发展的基本人性假设。自我实现的需要是马斯洛需要层次理论的最高层次的需要，是指通过努力，发挥个人潜能，以实现个人理想，感受到生活和工作的重要意义和价值。按照马斯洛的概括是"成为你能成为的那个人"。教师是一个不断追求自我完善的终身学习者，一直享有各种美誉。具有更为强烈的自我实现需要，不仅表现为适应岗位需要，更表现为通过自身的专业学习和自主实践，实现自身的专业成长。因此，两者是相互匹配的。

作为教育者，一直有感于社会的发展变化太快，学生受外界因素的影响太过强烈，深感学校教育的无奈。同时，许多一线教师，也一直迫于学生学习成绩的压力，以至于在教育教学中对学生情感态度、价值观的关注度降低了。事实上，教师受外界影响也太过强烈，教师政策有时候也苍白无力，需要反思我们的政策关注了多少教师的情感和态度。价值彰显是教师专业发展的心理诠释，教师专业发展是其自我成长过程，如认同自身职业的专业性，了解专业标准，自觉规划自己的专业发展目标，努力成为完全意义上的自我发展主宰。作为社会人，教师专业发展也是实现自身价值，同时不断实现心理期许的过程。

1. 通过对人的本性的阐述

第一，被人尊重是人的高级心理需要。

要想真正实现教师的专业发展，首先要了解一个作为普通人所具有的一切特性。马斯洛提出的人的需要理论阐述了人的自我实现需要是人的最高需要。当其他需要得到满足之后，自我实现便上升为人的高级需要，其中尊重和理解的需要也显得非常重要。尊重和理解的需要是每个人都具有的一种人性特征，这不仅仅是生理上的，而且更重要的是心理上的，教师也不例外，教师职业情感会影响教师专业发展轨迹。这一层次的需要理论包括自尊和他人的尊重，自尊包括对获得的能力、成就和独立等的愿望。来自他人的尊重包括接受、承认、地位和赏识等。满足了尊重需要将产生自信、有能力的感受。反之，一旦这一需要受挫，就会产生弱小及无能的感觉。同时最健康和稳定的健康不是建立在外在的声望及无根据的奉承之上，而是建立在当之无愧的他人的尊重之上。

第二，无私需要情感的浇铸。

有关人性的自私与无私的争论已经许久了，认为"自私"是贬义词，而"无私"是褒义词。在马斯洛那里，则有不同的观点，他认为自私与无私都是一种中性的词，在某种情况下自私可能是有益的，而在某些情况下无私也可能是有害的。而作为人来说，是一种自私与无私的混合体，每一个人都有自私和无私的本性，除了精神变态的人以外再没有完全自私的人了。马斯洛认为，自私常常与情感不安全有关，无私则意味着心理健康和自我实现，意味着情感上的安全感。无私是内心充实或基本满足的表现，而自私说明不满足或内心的贫乏，在此马斯洛将其同人的情感相联系。据此要让每一位老师在其专业发展过程中真正奉献于教育，必定需要用情感来浇铸。

2. 关于教师工作满意度与相关教师政策

教师作为一种职业，既是教师从业者谋生的一种手段，又是他们实现自我价值的途径。教师的工作满意度直接关系到教师的身心健康、工作积极性、工作绩效，影响到他们是否认同本职工作、是否具有离职倾向。而且从管理心理学的角度看，员工对工作的满意度是影响其工作积极性的离职倾向的重要因素。

教师专业发展政策不仅可能成为提高教师工作满意度的制度保障，也可能成为影响教师工作满意度的制度隐患。如果一项教师政策不能保证教师的主体性和创造性，不能为教师的灵魂保留基本空间，教师就会因不满意工作现状而抗争，当然这种抗争有正向的，也有负向的。当一项教师政策颁布之后没有被践行，那么这项政策无疑是需要打问号的。显然，教师工作满意度与教师政策之间存在着密不可分的关系。

这些教师政策在落实的过程中给教师的日常生活世界带来了很大的困扰，它要求教师在日常生活中，务必把教师政策落实到每一个角落。在这种制度性的生存场域中，教师的话语权不仅受到抑制，生存空间（指实践场域）也在不断地萎缩，从而影响了教师的工作满意度。[①]

3. 教师政策知觉与满意度的关系调研

教师政策对教师专业发展具有重要的影响。教师对国家制定的教师政策的理解与对教师政策的满意度存在密切关系。我们采用问卷调查方法，通过收集基层教师对教师政策的理解以及对教师政策的总体满意度资料，探究各自的特征并分析二者之间的关系。结果表明，教师对政策的熟知度、认可度和配合度均为"一般"。在教师个人背景因素对教师知觉的影响上：性格与知觉差异没有显著差异；不同教龄教师政策知觉有差异，在熟知度和总体知觉上有显著差异；不同学历教师政策知觉程度有差异，学历高的优于学历低的。教师个人背景因素只有教龄对教师满意度有显著差异。从四大政策维度对教师满意度的影响程度上看，教师对准入政策的满意度最高，其次是自我预期和待遇政策，满意度最低的是任用政策，教师满意度与四大维度的 16 个因素之间都存在显著正相关关系，教师政策知觉和满意度存在正相关，熟知度与满意度呈弱相关，认可度与满意度呈高度相关，配合度与满意度呈中度相关。最后从政策熟知度、认可度、配合度和总体满意度的提升上提出了若干策略。

国家制定合理的教师政策，对于培养教师队伍、提高教育质量具有重要的意义。教师是与国家制定的教师政策关系最为密切的群体，考察教师对于教师政策的知觉以及它与教师对政策满意度的关系，是教育制度研究的重要内容。

所谓教师政策知觉，是指教师对国家制定的教师政策信息进行的个人

---

① 常亚慧：《权力移置的策略——以学校日常教研活动为例》，吴康宁、贺晓星、马维娜：《教育与社会：实践、反思、建构——博士沙龙百期集萃》，广西师范大学出版社 2008 年版，第 97、101 页。

理解和解释，包括认知过程、情感过程和意志过程。从宏观上讲，教师政策指党和国家根据教育基本制度，为解决教师教育问题制定的具体政策的总和，主要包括教师人才培养政策、教师资格认证和教师的培训政策，以及一些相关的配套政策。教师政策一般指教育政策和人力资源政策的一部分，是政党、政府等政治实体在一定历史时期，为了实现一定的教育和人力资源目标任务而协调教师内外关系所规定的行为依据和准则，其政策表述形式主要有法律、法规、规章、政策性文件以及口头声明。进一步细分，教师政策涵盖教师培训政策、教师评聘政策、教师激励政策、教师考核政策和教师资格制度等，制定教师政策主要的目的是提升教师的专业知识、能力和专业地位。

工作满意度是在职从业人员对个体工作环境和工作内容的满意程度，它对个体的工作绩效和生活满意度具有重要的影响。朱从书提出，工作满意度是指从业者对所从事的工作的满意程度，它对从业者的工作绩效、身心健康以及其他工作行为如缺勤离职等有重要影响。陈云英、孙绍邦认为，教师工作满意度是指教师对所从事的职业以及工作条件与状况的一种总体的、带有感情色彩的感受与看法。丁钢（2010）提出，教师工作满意度指教师对工作的整体态度、感受和反应。从这些界定上，我们可以看出，教师工作满意度涵盖了员工在心理与生理两方面对环境因素的感知，它既包括认知因素，也包括情感方面的满意程度，是个体对工作情境的主观反应。[1] 由此可见，教师满意度是一个比较复杂的、在教育领域具有独特价值的概念，而且它带有一定的不确定性，会随着个人认知和情境变化而变化。

丁钢在《中国中小学教师专业发展状况调查与政策分析报告》中指出，我国中小学教师的整体工作满意度有日益提高的趋势。[2] 不同个人背景（如性别、教龄、婚姻状况、学历、职称等）下的教师在工作满意度上是否存在差异、差异程度如何，没有非常严格的统一的定论，大部分研究一般认为教师对工作性质、工作条件、职业投入、人际关系最满意，而

---

① ［美］Hoppock R. Job Satisfaction, New York: Harper & Brothers Publishers, 1935: 8 – 21。

② 丁钢:《中国中小学教师专业发展状况调查与政策分析报告》, 华东师范大学出版社 2010 年版, 第 217 页。

对教师的薪酬福利、领导与管理、进修提升等最不满意。① 也有学者考察
了影响教师工作满意度的因素，例如，有研究者发现，政策认同与教师工
作满意度呈正相关关系（如陈云英、孙绍邦②，1994；冯伯麟③，1996；
陈卫旗，1998④；徐富民、申继亮，2001⑤）。但是迄今为止，我们尚没有
发现有研究考察教师对政策知觉和工作满意度的关系。本研究通过问卷调
查的方法，探索教师对国家制定的教师政策的感知与工作满意度之间的关
系，以为我国政府制定合理的教师政策，提升教育管理水平，提升教师工
作满意度，提供理论基础和指导意见。

本研究主要以中小学一线教师为调查对象，通过问卷法，收集教师对
教师政策的主观印象和认知材料；在综合他人问卷的基础上采用自编问
卷。政策知觉程度调查是指教师在本研究自编的"教师政策知觉与满意度
问卷"在政策熟知度、认可度和配合度的得分状况，得分越高，即政策知
觉程度越佳，同时分析不同背景因素下教师的政策知觉程度及差异。政策
满意度问卷的主要结构是基于四大维度 16 个因素，也采用自编问卷，以
四大维度为概念框架，设计选择题来判断教师政策满意度，同样采用李克
特 5 点评分法对 16 个因素打分。⑥

第一，调查工具：

教师政策知觉问卷包括三部分，分别是"政策熟知度""政策认可
度"和"政策配合度"，分别代表教师政策知觉的认知成分、情感成分和
意志成分。调研教师对所接触的教师政策的了解、评价及配合的状况。调
查问卷包含三个分量表，分别考查教师对教师政策的熟知程度、认可程度
和配合程度。问卷采用李克特 5 点评分法，针对准入政策、任用政策、待
遇政策和发展预期四大维度让调查对象对每个问题进行 5 个不同梯度评

①　黄培森：《国内教师工作满意度研究综述》，《四川文理学院学报》2012 年第 2 卷第 5 期。

②　陈云英、孙绍邦：《教师工作满意度的测量研究》，《心理科学》1994 年第 3 期。

③　冯伯麟：《教师工作满意及其影响因素的研究》，《教育研究》1996 年第 2 期。

④　陈卫旗：《中学教师工作满意感的结构及其与离职倾向、工作积极性的关系》，《心理发展与教育》1998 年第 1 期。

⑤　徐富民、申继亮：《中小学教师工作满意度的研究及提高对策》，《教育科学研究》2001 年第 9 期。

⑥　吴文胜：《中小学教师政策知觉与政策满意度的关系研究》，《教育研究与实验》2015 年第 2 期。

分。得分越高，表示对应的熟知度、认可度和配合度越高。

在回收问卷以后，从各个学校随机抽取 100 份问卷，进行信度检测，发现三个分量表的 Cronbach α 系数介于 0.8013 到 0.8819 之间，总量表的 Cronbach α 系数是 0.8879。表示问卷的信度达到测量学要求。

首先编制问卷，将总体满意度分成若干维度，具体包括准入政策、任用政策、待遇政策以及发展预期四个维度，16 个因素。其一，准入政策。包括中小学教师所具备的特有素质和教育教学能力，包含基本素质要求、资格制度、聘任制度和入职程序四大因素。准入政策涉及中小学教师的"入口"关，从政策上规范中小学教师的任职资格标准，严格教师准入制度，是加强教师队伍的基本要求。其二，任用政策。任用是指组织吸纳组织人员，安排一定的工作任务，以实现组织目标的行为。学校聘用从事学校教育、教学工作的有关行为，涉及对教师的培训、评聘、评价以及激励等行为，包括培训政策、考核政策、评聘政策和激励政策四大因素，任用政策不仅直接关系到教师队伍质量，而且影响其专业化进程。因此唯有科学、严谨的任用政策方能吸引优秀人员加入教师队伍。其三，待遇政策。随着教师作用的日益凸显，教师的社会地位和经济待遇已成为根本性的战略措施，必然需要提高教师的经济地位，通过给予教师优厚的经济待遇和各种福利包括教师地位、教师权利、教师工资和教师福利四大因素，至少确保教师的生活保持在中等水平以上，唯如此，方能建设稳定、高质量的教师队伍。其四，自我预期。预期是由自我认知和环境认识中相互作用产生的。包括团队合作、专业发展、上升空间和职业认同四大因素。在与环境的互动以及与团队的互动中，实现自身的专业成长，丰富自己的教师身份。教师在职业生涯中，慢慢形成自己的职业认同。许多教师对教师职业的不认同是因为教师职业上升空间不够大。

问卷分为三部分：第一部分为教师个人信息；第二部分是选项，即以上述四个维度为概念框架，每个维度设计 4 道选择题，以此判断涉及教师满意度的现状；第三部分是量表题，采用李克特 5 点评分法，让调查对象对以上 16 个因素以及整体情况根据自己的满意程度进行 5 点评分（1 分代表很不满意、2 分代表不满意、3 分代表一般、4 分代表比较满意、5 分代表非常满意）。得分越高，表示满意度越高。对问卷进行信度和效度检验。四个部分的调查问卷 Cronbach's Alpha 系数达到测量学要求。准入政策 α = 0.831；任用政策 α = 0.947；待遇政策 α = 0.906；自我预期 α =

0.933。对教师政策满意度与四个维度得分进行 Pearson 相关分析，以检验问卷的内容效度。发现教师政策满意度与准入政策、任用政策、待遇政策和自我预期之间的相关系数分别为 0.765、0.757、0.689 和 0.781，ps < 0.001，表明各维度与总体概念一致。

第二，结果与分析：

首先，问卷调查资料的描述统计

我们对教师的政策知觉分成三部分来统计：由于具体分数是 1 到 5 分，所以平均分是 3.47、3.33 和 3.38，基本属于等级中的"一般"。从总体维度的分析上看，"准入政策"在教师满意度上排第一，其次是"自我预期"和"待遇政策"，最不满意的是"任用政策"。从 16 个政策因素看，"准入政策"中最满意的是基本制度方面的政策，最不满意的是聘任制度方面的政策；"任用政策"中最满意的是激励政策，最不满意的是培训政策；"待遇政策"中，最满意的是教师地位，最不满意的是教师工资。"自我预期"中，最满意的是团队合作，最不满意的是上升空间。

其次，对调查资料的初步分析，包括两方面，一是个人背景对政策知觉的影响。

a. 不同性别对教师政策知觉程度的差异分析和统计

分析得知，在政策熟知程度和认可程度上，男教师优于女教师，在配合程度上，女教师优于男教师，但因 t 值均未达到显著水平，故两组间差异不大。在整体知觉方面，男教师优于女教师，但因 t 值未达到显著水准，故两组的差异不大。

b. 不同教龄对教师政策知觉程度的差异分析和统计

调查显示，在政策熟知度方面，各组别的平均数差异达显著水平，事后检验发现教龄超过 20 年的与 1—5 年、6—10 年有组间差异，显示不同教龄对教师政策的熟知度有显著差异；在政策认可度方面，各组别的平均数大于 20 年最高，1—5 年次之，两者均超过中间两组，但差异未达显著水平；在政策配合度方面，各组别的平均数大于 20 年教龄的最高，6—10 年的最低，但差异未达显著水平。

从知觉总体性分析来看，大于 20 年的最高，6—10 年的最低，且差异达显著水平，经事后检验，发现大于 20 年教龄与 1—5 年、6—10 年有差异，且大于 20 年，明显高于 1—5 年和 6—10 年，显示不同教龄教师总体知觉有显著差异。总体而言，不同教龄教师政策知觉有差异，在熟知度和总体知觉上有显著差异。

c. 不同学历对教师政策知觉程度的差异分析和统计

在政策熟知度方面：各组别的平均数最低为中专，最高为大学，且差异达显著水平，事后检验发现大学组与中专组有组间差异，显示不同学历对教师政策的熟知度有显著差异；在政策认可度方面，各组别的平均数最高为研究生，最低是大学，但差异未达显著水平；在政策配合度方面，各组别的平均数最高为研究生，最低是中专，但差异未达显著水平。

在整体知觉程度方面，各学历平均数最高为研究生，最低为中专，且差异达显著水平，经事后检验，发现研究生与大学有组间差异，研究生大于大学组。显示不同学历对教师政策整体知觉程度有显著差异，高学历者优于低学历者。

对调查资料初步分析的第二方面是个人背景对满意度的影响。

采用多独立样本检验来判断性别、教龄、学历、职称这四方面是否对教师满意度有显著性的差异。可知教师满意度在教龄方面有显著差异。

对调查资料初步分析的第三方面是四大政策维度各因素与教师满意度的相关分析。从结果中可知：（1）教师满意度与16个因素的相关系数介于 $0.577—0.747$（$p < 0.01$），说明两者之间存在显著正相关关系；（2）在准入政策方面，聘任制度与教师满意度的相关度最高，可见聘任对教师满意度的影响不容小觑；（3）在任用政策方面，培训政策与教师满意度的相关度最高，其次是考核政策与评判政策；（4）在待遇政策方面，与教师满意度相关度最高的是教师工资，其次是教师权利与教师福利政策；（5）在自我预期方面，职业认同与教师满意度最大，其次是上升空间和专业化，最后是团队合作。

对调查资料初步分析的第四方面是教师政策知觉和满意度的关系。

由相关系数可以看出，教师政策知觉与满意度均相关，其中熟知度与政策呈弱相关，认可度与满意度呈高度相关，配合度与满意度呈中度相关。调查预示，教师对政策越熟悉和了解，一般政策的满意度也越高，两者有一定相关；教师对政策的认可度越高，则其对政策的满意度也越高，两者有高度关联；教师对政策的配合度越高，则其对教师政策的满意度也越高，两者是中度相关。

第三，结论。

其一，政策知觉综合调研。

对于政策知觉程度的调研，通过统计分析发现，知觉的三方面得分都一般，调查结果显示：不同性别教师在整体知觉方面有差异，男教师优于女教师，这些数据及分析发现均符合一般的印象，即男教师比较注意各类信息并做出评价，而女教师则比较配合。

调查显示，不同教龄教师政策知觉有差异，在熟知度和总体知觉上有显著差异，除了熟知度6—10年高于1—5年，其他认可度、配合度和总体知觉都是1—5年优于6—10年，可能是新手教师处于熟悉阶段，相对能遵从各种要求，而随着经验的丰富以及业务的成熟，更注重能发出自己的声音。

研究还发现，不同学历教师政策知觉程度有差异，学历高的优于学历低的，可能学历较高的教师一般学识丰富些，思辨能力也较强，这些高学位的教师大多是参加在职进修得到高一级学位的，在进修过程中会更进一步关注教育问题，工作积极性更高，政策知觉也相对较高，因此，其政策知觉程度也较高，这也在情理之中。

其二，政策知觉与建议。

问卷统计还表明，教师政策知觉与满意度均呈正相关，提高教师的政策知觉包括以下几方面：加强政策沟通，提升教师的熟知度；从教师政策知觉的调研来看，虽然整体的熟知度一般，但除了准入政策，其他各类政策的熟知程度普遍偏低，因此，需要加强政策的信息沟通。改革伴随着信息技术改革，信息沟通和分享是消除教师焦虑和不安的有效方法，要让教师们确信政策的变革对他们个人有利，晓之以理以奠定其理解政策的基础，而不是单纯下达一个政策文件。首先，要熟悉沟通模式。调查显示，熟知程度最高的是与教师自身业务成长和利益相关的考核与培训政策。教师了解信息的主渠道还是学校这一平台，因而学校行政领导要熟悉各类沟通模式与技巧，以便顺利推动教师政策的实施。一般的沟通模式和途径有：正式的面对面的口头报告、学校召开的正式会议、两人以上的非正式面谈、学校公布的各类信息、网络信息及一些公共传媒等。学校可以充分利用各种网络资源、教师集会等对教师进行相关教师政策的沟通和学习辅导。其次，注意积累沟通经验。教师是教育实践的建构者，也是教师政策的执行者和受益者，政策制定者要及时做好与教师的对话，提高政策的民主化和科学化水平。决策者要学会倾听来自教师的意见和建议，将其中的部分纳入政策体系中，"对话的实质不仅仅是对话双方在意义层面上进行交流，而且是对话各方通过互动进行意义的重构"。① 任何政策都离不开贯彻实施，在推动教师政策及活动时，政策制定者应该创设良好的氛围，多与教师进行平等沟通。同时，教师要充分表达意愿，有强烈的对话意识，并对提出问题有足够的信心和勇气。加强政策宣传，提升教师的认可度；宣传是政策实施过程中的重要部分，它直接影响到教师对政策的理解、认同和配合程度，如果宣传不到位或宣传手段单一，就会导致教师对相关政策了解模糊，认可程度下降，政策目标自然无法有效实现。调查表明，教师对教师政策的认可度一般，且差异很大，尤其是对培训政策的满意度最低，均值低于 3 分，这也印证了目前培训低效、教师消极应对的现状。对此，相关决策者应该加大宣传力度，通过意见征求和政策学习培训等方式，让关涉教师的相关政策广为人知，通过公示、征求意见和政策学习研讨等方式。在实践中，要从提高实效着手进行探讨，只有当相关政策能直接促成教师成长，改进课堂教学和实际时，才能最大限度激发教师的参与动力。以认可度最低的培训政策为例：符合培训过程的基本规律。第一，培训的目标是促进教师的自主发展。结合实际，以成人学习者需求作为教学理论的参照。第二，就教学内容而言，首先开展需求评估，要多斟酌培训内容架构，尽量减少外部强加或设定的内容。教师参与政策的制定。强化教师的积极参与十分必要，研究发现教师对自我发展预期的认可度较低，这也反映了教师对这些政策是否真正能提高自己的困惑和无助。让教师参与政策制定是民主管理的有效体现，就培训而言，只有培训直接改进课堂教学和实际，才能最大限度激发教师的参与动力。问卷统计显示，教师对待遇政策的认可超过了自我预期，说明影响教师政策认可度的，收入并非是一般观念中的第一因素，而是因为自身的职业上升空间小，没有得到社会应有的尊重。深入教师，提升教师的配合度；调查结果显示，教师的政策配合度普遍偏低。教师政策历经多年的改革，各界的评议褒贬不一，决策者认为教师观念老化，不能配合是最大的问题，基层教师认为政策不配套，实效性不够。从背景因素对教师知觉的影响因素调查显示，女教师的配合度要明显优于男教师，即男教师比较注意各类信息并做出评价，而女教师则比较配合。相对于宏观环境，对教师影响最密切和最直接的还是学校的微观环境。扩大教师的主动领域；从学校管理来看，

---

① 陈向明：《质的研究方法与社会科学研究》，教育科学出版社 2000 年版，第 383 页。

科层制的烦琐管理模式造成了对教师角色规范和理性制度的扭曲，很大程度上限制了教师的自主性。因此需要创设有利于教师主动发展的工作机制，在政策中渗透教师个性化的追求目标及愿望，实现教师职业自主价值的实现。建立参政制度，畅通教师发表意见的渠道，深入教师，让教师感受到自己在学校的价值，是提升教师配合度的有效途径。发挥教师在政策决策中的作用，教师政策应是国家利益和教师利益的共同表达，只有教师利益而没有国家利益，或只有国家利益而没有教师利益的教师政策是不可想象的。调研折射出教师政策存在的最大问题，就是教师的价值诉求表达不充分。一项政策出台，理解的要执行，不理解的也要执行，或者不执行也可以。这与政策制定没有充分体现政策客体的价值诉求、没有充分反映教师的愿望有着很大的关系。应尊重教师价值诉求，建立教师政策听证制度，政策出台前必须听取教师和与教师有关人群及组织的意见，否则政策的成效肯定是要打折扣的。

其三，知觉与满意度的相关度。

需要整体联动，提升教师的满意度。问卷统计表明，从相关系数可以看出，教师政策知觉与满意度均相关，其中熟知度与政策满意度呈弱相关，认可度与满意度呈高度相关，配合度与满意度呈中度相关。调查预示，教师对政策越熟悉和了解，其对政策的满意度有可能越高，也有可能越低，关键是政策是否合理、是否对其发展和待遇有利。调查同时表明，教师对政策的认可度越高，则其对政策的满意度也越高，两者是高度相关；教师对政策的配合度越高，则其对教师政策的满意度也越高，两者是中度相关。从四大政策维度的调研来看，教师们对任用政策的满意度最低，需要引起特别重视。教师与自身教育实践相关的政策熟知度和参与度都比较高，对相关的政策有较高的预期，一旦与实践脱节则满意度非常低。

其四，建议。

首先，提升政策的人文特性。调研发现，教师更为关注环境认知和来自社会的尊重，而当下的教育改革基本上都是自上而下的技术性变革。在这种情况下，教师其实被要求与过往决裂，自身的价值被忽视，于是教师就成了"工具"而非"主人"。诚如富兰所言，"有成效的教育变革的核心并不是实施最新政策的能力，而是在教育发展过程中，当发生预期的或者非预期的千变万化的情况时，能够生存下去的能力"。① 从角色规范上看，教师往往被置于道德超人境界，易使教师形成焦虑的处事心态及挫折体验，从而影响自身发展。其次，提升教师的职业认同。一是要合理调整教师政策的价值取向，"一切公共政策都是为了寻求价值、确认价值、实现价值、创造价值、分配价值"②，表现为通过教师政策来实现和创造什么样的价值目标。因而教师政策的价值取向的合理与否至关重要，只有强化教师的主体地位，方能有效调动教师广泛参与改革的自觉性和积极性。二是尊重教师权利。有学者发现，教师参与决策制定的水平越高，学生在课堂上的注意力越集中。③ 再次，提高教师待遇。在满意度调研中，最不满意的是任用政策，其次便是待遇政策。教师对工资待遇最不满意，其次是福利待遇。一是要加大财政投入，真正落实对教师工资下限的规定，实现绩效工资"看得见"的增长；二是要建立长效监督机制。地方教育主管部门要担负起监督的主要责任，以明确地方与学校的权责，细化各方利益分配；学校要结合自身实际，做好上级部门与教师之间的沟通工作；三是要健全医疗保健制度，关注教师的心理健康，加大教师医疗经费投入，完善医疗报销制度，在福利制度中，要建立起国家、单位和个人三方面合理分担机制。最后，构建科学的教师政策体系。本研究所涉及的政策维度涵盖了教师要求政策、教师待遇政策和教师管理政策等，调查统计表明，教师对各个政策因素的满意度差异很大，因此需要进行合理规划，使之相互配套、互相支持，从而能形成科学的教师政策体系。

（四）生态学理论：教师专业发展的新视角

教师专业发展的生存和工作状态是处在一个自然、社会和规范环境多维镶嵌的复合生态环境中，教师的专业发展是与周围环境相互影响、相互作用的过程。只有正确处理好与周围环境的关系，做到与环境协同进化，才能够实现教师的可持续发展，才能做到教师队伍的稳定。也有研究者已走上从生态学视角考察教师专业发展之路，并留下了各自的脚印。由于"在教育领域中，问题的解决，其功夫在教育之外，可以这样认为：教育

① ［加拿大］迈克尔·富兰：《变革的力量——透视教育改革》，教育科学出版社 2000 年版。

② 张国庆：《现代公共政策导论》，北京大学出版社 1997 年版，第 48 页。

③ ［英］阿尔玛·哈里斯（Alma Harris）、［英］丹尼尔·缪伊斯：《教师领导力与学校发展》，许联、吴合文译，北京师范大学出版社 2007 年版，第 91 页。

研究只是提出问题，而解决问题也要靠跨学科研究"。①

1. 基于生态学视角

随着跨学科和边缘学科研究的兴起，人们开始尝试用新的视角来研究社会问题，生态学也逐渐成为教育研究的重要研究取向，其崭新的方法论、思维方式和世界观走进社会科学研究之中。就教育研究领域而言，运用生态学的思维方法从理论层面开辟了教师发展研究的新视角。

似乎没有发现生态学取向的理论源于教育领域，但还是各自在不同程度上润泽着教师发展研究。虽然有关不同学科的生态学理论中，尚没有一个理论在已有的教师专业发展研究的相关领域中占据主流地位，甚至处于备受冷落的边缘地带，但它们各自发出的微弱声音所产生的整体影响力不容小觑。因此，近年来，它们逐渐凭借着"强调生态学"的一致卓见，开始意识到了生态学研究视角的重要性。

2. 教育生态环境之内涵

生态环境简称生境，它是各种生态因子综合起来影响某种生物，包括人类的个体、群体或某个群落的生态环境。生态环境在生态学中是指各种有机体生存环境的条件总和，主要指自然生态环境，这是人类和一切有机体赖以生存的基础。人类生态环境是一个复合生态环境，包括自然环境、社会环境和各种规范环境。当然人类的生存环境比一般动物更为复杂而且广泛。②

在生态环境中，教育的生态环境是个多元环境体系，它围绕教育，对其产生和发展起着制约和调控作用。一般分成三个层次，分别以教育、学校和学生个体为中心或主线。以教育为中心是综合外部自然、社会环境以及规范环境等复合教育生态环境；以某一教育层次或单个学校为中心反映了教育体系的内部相互关系；以个体发展为主线是研究自然、社会、精神因素的外部环境构成的系统。此外，教育生态学还必须考虑受教育者的身心环境。③

学校生态环境是指学校—个人—活动—环境所组成的复合生态系统，是学校中各类人员通过以教与学为主的活动所依赖的各种社会因素和物理

① ［俄］吉姆·申林：《生态哲学》，莫斯科出版社1993年版，第2页。
② 范国睿：《教育生态学》，人民教育出版社2000年版，第23页。
③ 吴鼎福、诸文蔚：《教育生态学》，江苏教育出版社1990年版，第11页。

因素。学校生态环境是与生态主体之间有着广泛联系的复合生态环境，并以此构成了学校生态环境。①

（五）历史学视角：基于教师专业发展政策的变迁

新中国成立以来，我国的教师教育事业经历了一个曲折的发展过程。这60多年的发展过程中既有成功的经验，也有失败的教训，是一个不断改革、调整、提高的过程。特别是改革开放以来的30多年，教师教育事业发展迅速，对我国优秀教师队伍的建设起到了巨大的促进作用。

考察新中国成立以来的中小学教师专业发展政策，要求我们对我国自1949年成立以来的中小学教师专业发展政策发展演变的历史以及不同时期的社会背景做一个客观且公正的回顾与分析。教师专业发展政策的变迁，不但与我国政治、经济、文化等现象的不断变迁密切相关，而且与人们特别是教师专业发展政策决策者对我国教育发展趋势的预测和对教师专业标准的认定密切相关。

1. 中小学教师专业发展政策的社会背景

为了能够更好更详细地阐述中小学教师专业发展政策的社会背景，我们需要对不同时期下我国的政治、经济、文化等现象的各种变迁做一个客观且公正的回顾与分析。在新中国成立初期，我国各项事业百废待兴，为实现国家稳定和经济复苏的目标，国家发布了一系列政策，在该时期内的教师专业发展处于摸索阶段。后来发生的"文化大革命"给我国的政治、经济、文化、教育等都带来了严重的灾难，尤以对教师专业发展的破坏最为严重。"文化大革命"结束后，我国各方面都开始恢复整顿工作，教师专业发展也回到了最初的百废待兴的局面。

20世纪80年代以后，我国的教育事业得到了前所未有的重视，同样的，教师专业发展理念也开始在我国兴起并得到高度重视。经过一段时间的恢复和发展，我国教师教育体系初步形成，教师队伍不仅在数量上有所扩展，而且整体素质也有了不同程度的提高。但是，就不同阶段不同学科的教师分布而言，教师队伍建设中依然存在不少问题，如教师数量分布不均、部分教师的专业素质依旧较低等。因此，我国教师队伍要真正实现专业发展尚需社会各方面力量的共同配合。

20世纪90年代以来，随着政治体制和经济体制改革的不断深入，我

---

① 范国睿：《教育生态学》，人民教育出版社2000年版，第199页。

国的社会政治格局逐渐稳定，经济不断快速平稳发展，为教师专业发展提供了良好的社会基础。在 21 世纪之后，我国进入了全面建设小康社会、加快推进社会主义现代化的新时期，因此，建设一支数量充足、质量高而又充满活力的专业型教师队伍更是我国当前的迫切任务，以便培养和造就一大批在各个专业上的新型人才，从而更好地为全面实现小康社会和建设和谐社会而服务。

2. 中小学教师专业发展政策的阶段分期

分期是本研究在研究新中国以来中小学教师专业发展政策的变迁中所运用的一个基本方法，也是一般历史研究中首先要碰到的问题。因此，我们首先需要用心探讨的是中小学教师专业发展政策的阶段分期应该如何划分。为了使我们能够获得对教师专业发展政策更为清晰的脉络感，我们选择基于中共党史的历史分期，并结合关键性的教师专业发展政策的出台时间，对中共党史的历史分期进行适当调整，从而建构一个新的相对科学、客观、合理的教师专业发展政策的历史分期。

在上文"历史分期"中，我们已经明确指出中共党史自 1949 年以来被明确划分为两大时期，即社会主义革命和建设时期（1949—1978 年）、改革开放新时期（1978 年至今）。而且，我们通过参考中共党史研究室和国内不同学者对这两大时期的内部阶段的划分方式，最终将社会主义时期的中共党史的前 29 年划分成"四个阶段"："基本完成社会主义改造的七年"（1949—1956 年）、"开始全面建设社会主义的十年"（1956—1966年）、"'文化大革命'的十年"（1966—1976 年）、"在徘徊中前进和实现伟大的历史转折"时期（1976—1978 年）。同时，把改革开放新时期（1978 年至今）亦划分为"四个阶段"：1. 拨乱反正和伟大的历史转折时期：1978 年 12 月—1982 年 9 月；2. 改革开放和社会主义现代化建设的全面展开时期：1982 年 9 月—1992 年春；3. 中国特色社会主义市场经济体制的建立和建设时期：1992 年春—2000 年；4. 全面建设小康社会与和谐社会时期：2000 年至今。

最终，我们结合我国标志性教师专业发展政策的出台时间将当代中小学教师专业发展政策的历史分期划分为如下三大时期：过渡时期（政策萌芽初创期 1949—1956 年、政策发展期 1956—1966 年、政策滑坡期 1966—1976 年），恢复发展时期（拨乱反正阶段 1977—1985 年、体制改革阶段 1985—1992 年、体制转型期 1992—2001 年），剧变时期（体制转型后期

2001—2003 年、创新和发展时期 2003 年至今）。

（六）教育学视角：教师专业发展指南

随着社会对教师职业的认同感不断增强，教师社会地位日益提高，社会对教师的要求也日趋专业化。同时，伴随着教师专业化和终身教育理念在国内掀起的思想热潮，引发了全国范围内的思考，尤其是在教育工作者和教育研究者之间更是引起了热烈的讨论和深刻的思考。因此，教师专业发展可以说是已经成为一个我国政府、社会团体、教育机构和相关教育工作人员都普遍认可的教师队伍发展方向。

1. 教师专业化理念

教师专业发展的思潮最早发端于 17 世纪。17 世纪 60 年代在法国诞生的"教师讲习所"可以称为教师专业化的发端。从此，人们在逐步树立并增强教师需要专门的培养的观念的同时，也开始将其落实到实际行动中，设置了专门的培养机构并开设专门的培训课程。之后，教师质量问题日益受到重视，19 世纪末 20 世纪初，教师专业化思想开始孕育。第二次世界大战之后，尤其是 20 世纪 60 年代以来，全球都越来越重视对教师的培养和研究，正是在此背景下，1966 年，联合国教科文组织与国际劳工组织发布了《关于教师地位的建议》，这在教师专业发展中具有里程碑意义。之后，教师专业化思想就成为教师教育研究以及教师队伍建设的基础理念和指导思想。

相较于国外，我国受教师专业化理念的影响较晚，教师专业发展思潮直到 20 世纪八九十年代才在我国兴起，"教师是专业工作者"的声音开始逐步增强，并逐步得到法律的认可。1986 年 9 月 6 日，国家教委颁布的《中、小学教师考核合格证书试行办法》的正式实施可以说是我国教师专业化发展的起点、关键点更是转折点。1993 年我国首次从法律角度确认了教师的专业地位，即《中华人民共和国教师法》规定：教师是履行教育教学职责的教育专业人员。

基于社会学和教师专业发展历程来看，要具备专业地位，职业至少应具备三方面特征：特征一，不可替代的社会功能，即这种职业具有不可或缺的社会功能，唯如此，才能被社会尊重，具有较高的社会地位和经济地位。特征二，完备的理论和成熟的专业技能，能阻止非专业人员的进入，以便更好地发挥其社会功能。特征三，有高度权威性和自主权的专业组织。总之，专门性职业需要以专业理论和技能为保障，这是非专业人员所不具备的。

从教师发展的历程来看，其专业发展也经历了追求群体专业化和个体专业化两个阶段。群体专业化主要在 20 世纪 60 到 80 年代，其举措有两种取向，一是"专业主义"取向，即通过专业规范来提高入职标准；二是"工会主义"取向，即试图谋求一种专业社会地位。

20 世纪 80 年代以来，开始注重教师个体的专业发展，同时焦点也由个体被动专业发展转至教师的主动专业发展。为促进教师内在专业性的提高，要明确教师专业发展的内容和目标。一般总是指向"专业知识""专业能力"和"专业精神"等方面，教师专业发展要求教师个体实现专业成长并提升自我，这是一个教师不断完善自我的过程，是一个不断解决问题的终身学习过程。

2. 终身教育理念

人类所面临的物质世界和精神世界自迈入 20 世纪，尤其是进入 50 年代之后发生了巨大的变化，许多理论已不能适应需求。知识的更新和技术的改进正在逐步地影响着整个人类，只有经过训练的公民才有能力承担任务。在此背景之下，一个人的知识技能可以应付终生的观念早已过时。为此，法国教育家保罗·郎格朗（Paul Lengrand）在联合国教科文组织于 1965 年 12 月召开的"第三届促进成人教育国际委员会"的会议上，做了以终身教育为主题的学术报告，提出终身教育思想，界定了终身教育的经典概念："终身教育是完全意义上的教育，是一系列很具体的实验、思想和成就，它包括了教育的各个方面和内容，从出生直到生命终结为止的不简单的发展，包括了教育发展阶段中各个关头间的有机联系。"[①]

联合国教科文组织在 1968 年为 1970 年的国际教育年设计了十二个目标，终身教育为其中一个重要目标，标志终身教育已经从理论层面转移至政策层面。

1999 年召开的世界技术与职业教育大会将"全民的终身教育与培训——通往未来的桥梁"作为醒目标题，联合国教科文组织总干事马绍尔提出"提供终身教育与培训是我们唯一能够用必要的知识与能力武装人民的途径，使他们能够在变化的世界中生存"。

---

① ［法］保尔·郎格朗：《终身教育引论》，周南照、陈树清译，中国对外翻译出版公司 1985 年版，第 138 页。

表 1 – 1　　　　　　　　传统教育与终身教育的对比①

细目	传统教育	终身教育
在教育过程上	仅把教育限制在青少年时期	把教育贯穿于人的全部生涯
在教育活动的组织上	把职业教育与普通教育、正规教育与非正规教育、学校教育与校外教育等隔绝开来	统筹安排各类教育，谋求各类教育之间的联系和统一
在教育目的上	强调掌握各个领域的专门知识	提高受教育者的学校能力，促进自我发展
在教育功能上	注重教育的筛选功能	注重使人的素质充分地得到发展
在教育机构上	主要限制在学校	扩大到与人们实际生活相关的各种环境
在施教人员上	只能由社会中的一部分人（教师）来施教	根据时间和情况的不同，由社会整体来提供教育机会
在教育内容上	集中于学习抽象的知识	内容涉及知识、情感、审美、职业、政治、身体等，并注意从整体寻求它们之间的联系
在教育方法上	注重从外部施加	尊重每个人的个性、独立性

保罗·郎格朗强调了终身教育是一个人一生中所受的连续的、各方面的教育的全部总和，是过程的"整体性"和"连续性"的有机结合。总之，终身教育思想极大地扩展了传统教育的内涵与外延，对学校教育进行了重新理解和定位。

如表 1 – 1 所示，与传统教育相比照，终身教育的优势更加明显。终身教育的提出意义重大：首先，其教育目的指向培养新型和完善之人才；其次，提出了完善自身素养的崭新之路，是唯一能适应现代社会，并注重现代人需要的发展之路；再次，体现了促进学习社会化和教育社会化；最后，其教育形式更贴近现实社会，开辟了更为广阔的教育发展空间。

综上所述，教师专业化、终身教育已经成为研究和制定在职教师专业发展政策的依据。其中，教师专业化理念表现在教师职业的专业化以及专业的认证制度等方面；终身教育理念强调教育需有连续性和整体性。因此，产生于该理论思潮大背景下的教师专业发展政策需要不断地与时俱进，其制定需要以教师专业化和终身教育理念为依据，其执行过程也需要始终秉承教师专业化和终身教育理念，而对教师专业发展政策的评估更是要抱持以更好地贯彻教师专业化和终身教育理念为目的来进行。

---

① 郑金洲：《教育通论》，华东师范大学出版社 2002 年版，第 263 页。

第二章

教师专业发展政策的理论探讨

第一节　教师专业发展政策相关核心理念

高质量的研究需要澄清基本概念，这是对自身研究严谨性的基本要求，也是进行任何学术探讨和实践的前提。本研究对这些概念的澄清，一方面期望学界能更好认知这些概念的渊源，另一方面期待教师专业发展政策及相关的研究者重视对基本概念的厘定，同时更好推动教育学科乃至教育事业的发展，最终期望能有更多的基本概念引发学术界的厘定。基于对相关文献的比较与分析，本研究相关核心概念的释义总结如下：

一　师范教育、教师教育、教师专业发展概念的发展

在我国，早期的教师专业发展是通过"师范教育"得以实现的。顾明远主编的《教育大辞典》将"师范教育"界定为"培养师资的专业教育，包括职前培养、初任考核试用和在职培训"。简单来说，即"师范教育"指培养教师的教育活动，其过程包括职前培养、入职培训、职后培训等几个阶段，内涵完整而科学。然而，现实中却存在诸多局限，如培养方式缺乏开放意识；培养阶段上忽视职后专业发展；随着终身教育思想的普及，"师范教育"已不能适应时代。20世纪30年代后，发达国家的"师范教育"（normal education）概念逐渐被"教师教育"（teacher education）所取代并成为国际通用的概念。①

"教师教育"是教师职前与职后培训的统称，是传统"师范教育"与教师职后培训的一体化。追溯历史，2001年6月国务院颁布了《国务院

---

① 《教师教育指导全书》课题组：《教师教育指导全书（上卷）》，人民日报出版社2004年版，第83页。

关于基础教育改革与发展的决定》，正式提出了"教师教育"这一概念，以代替原来的师范教育，这是在政府政策文件中"教师教育"概念的首次出现。既在概念上与国际通用的概念接轨，又能使职前培养和职后培训结合起来，外延比师范教育更广，是教师培养和培训的一体化设计。本研究专指职后的教师培训政策，内容指向教师专业发展的政策。

从广义上来说，专业发展涉及一个人的专业角色。[1]

过去，对"教师专业发展"的理解比较狭隘，通常理解为在职培训的基本形式，如短期培训、研讨班等。现在，人们更认同教师专业发展是指终身学习视角下教师的专业知识、能力、专业地位等不断提升的过程。鉴于此，本研究所指的"教师专业发展"可被理解为教师在职阶段旨在促进专业成长的教育活动。[2]

有关教师专业发展，研究者一般从"教师专业"的发展以及教师的"专业发展"两个层面进行，前者主要研究教师作为一种职业的演变过程；后者则强调教师的专业成长历程。根据已有的研究成果来看，更多的是把教师专业发展理解为专业素养的提高。

教师专业发展是一个现在普遍使用的术语，但对它的严格定义还比较少。叶澜在《教师角色与教师专业发展新探》一书中从构词法的角度对教师专业发展进行分析，是一个动态的发展过程，即"教师由非专业人员成为专业人员的过程"，是"教师内在专业结构不断更新、演进和丰富的过程"[3]，也有学者定义为"不仅指教师专业规范化和教师专业自主权，更重要的是关注教师个体的专业自主发展以及教师得以安身立命的条件保障"[4]。在本研究中，教师专业发展基本等同于教师职后培训，也可与"继续教育"并列使用。

国外早在 1980 年，在《世界教育年鉴》上就以"教师专业发展"为主题表明对教师的极大关注。在国内，《教师法》明确将教师定义为履行

---

① Villegas – Reimers Eleonora. Teacher professional development: an international review of the literature. UNESCO: International Institute for Educational Planning, 2003. www. unesco. org/iiep.

② Lorraine M Ling, Noella MacKenzie. The Professional Development of Teachers in Australia. European Journal of Teacher Education, 2001 (24).

③ 陈向明：《实践性知识：教师专业发展的知识基础》，《北京大学教育评论》2003 年第1 期。

④ 叶澜：《教师角色与教师专业发展新探》，教育科学出版社 2001 年版，第 199 页。

教育教学职责的专业人员。1998 年"面向 21 世纪师范"教育国际研讨会"提出"教师专业发展问题是当前师范教育改革的核心。2002 年,教育部发布的《关于十五期间教师教育改革与发展意见》提出按照教师专业发展阶段,在终身教育思想指导下教师教育一体化,在 2005 年的教师教育工作会议上进一步明确了教师教育的专业发展导向。

二 政策、公共政策、教育政策与教师教育政策

政策、公共政策、教育政策和教师教育政策四个概念从逻辑学的角度看,它们之间是上位概念与下位概念之间的关系。

(一)政策

政策科学主要创立者之一,亚伯拉罕·卡普兰和哈罗德·拉斯韦尔认为,政策是"一种含有目标、价值与策略的大型计划"[①],此定义强调了对社会发展的规划以及政策的价值取向。

毫无疑问,"政策"是现代社会政治生活中使用较广的概念。但对它的含义似乎没有一致的界定,歧义颇多。

国外学者的定义也不少,美国著名学者伍德罗·威尔逊(Woodrow Wilson)是公共行政学的倡导者之一,他认为"政策是由具有立法权者的政治家制定的而由行政人员执行的法律法规"。[②] 美籍加拿大学者戴维·伊斯顿认为:"公共政策是对全社会的价值做权威性地分配。"[③] 哈罗德·拉斯韦尔与亚伯拉罕·卡普兰是政策科学主要的倡导者和创立者,他们认为政策是"一种含有目标、价值与策略的大型计划"。[④] 詹姆斯·安德森(James E. Anderson)认为:"政策是一个有目的的活动过程,而这些活动是由一个或一批行为者,为处理某一问题或有关事务而采取的。"[⑤]

概括而言,西方学者对政策内涵的表述,基本上概括了如下主要特征:1. 政策是由政府或权威人士所制定的规划或方案;2. 政策具有明确

[①] H. D. Lasswell and A. Kaplan, *Power and society*. New Haven, Yale University Press, 1970: 71.

[②] 伍启元:《公共政策》,商务印书馆 1989 年版,第 4 页。

[③] D. Easton, The Political System. New York: Kropf, 1953: 129.

[④] H. D. Lasswell and A. Kaplan, Power and Society. New Haven, Yale University Press, 1970: 71.

[⑤] [美] 詹姆斯·E. 安德森:《公共决策》,华夏出版社 1990 年版,第 4 页。

的方向或目标；3. 政策是对社会价值所做的权威性分配。

现阶段在我国，普遍认为政策是基于特定历史时期，由国家机关、政党、其他团体为服务或实现一定社会的政治、经济和文化目标而规定的行动准则或采取的政治行为，是一系列法令、法规、谋略、措施、方针、方法、条例等的总称。

政策主要是国家机关或者政党组织为了实现一定历史时期的目标和任务而制定的、需要社会成员遵守的行动准则，它的实质是统治阶级利益的观念化和主体化的体现。具体地说：政策是指国家政权机关或其他政治集团为了实现本阶级的利益和意志，在特定时期内规定所应达到的目标、完成的任务、实行的工作方式、采取的步骤和措施等。政策一般具有几大特点：1. 阶级性。阶级性是政策的本质体现。因为在阶级社会中，政策只能代表有权制定政策的阶级利益和意志，从来不反映全国人民的意志，很难代表全体成员的利益。2. 时效性。政策是在特定的历史条件下，依据当时的国情，推行的现实政策，它会随着各种条件的变化而变化，具有很强的时效性和针对性。3. 符号表述性。政策是用外化为符号表达的观念和信息，而不是物质实体。它用语言和文字等符号进行表述。每一个国家的政策，都分为内、外两大政策。对内政策包括教育政策、文化政策、财政政策、经济政策、军事政策、劳动政策、宗教政策、民族政策等。对外政策就是外交政策。

（二）教育政策

教育政策是一个政党和国家为实现一定历史时期的教育发展目标和任务，依据党和国家在一定历史时期的基本任务、基本方针而制定的关于教育的行动准则。它是一系列与教育有关的谋略、教育法令、教育法规、教育措施、教育方针、教育条例等的总称。其中教育法规是有关教育方面的法律、法令、条例、规程、规定、决议、决定等规范性文件的总称。教育法规按适用范围和法律效力的大小可分以下几个层次：1. 宪法中的教育条款；2. 教育法；3. 教育方面的其他法律和其他法律中的教育条款；4. 教育行政法规；5. 教育规章；6. 地方性教育法规；7. 地方性教育规章。教育政策包括基础教育政策、教师政策、义务教育政策、高等教育政策、少数民族教育政策等。

其中教师政策在教育政策体系中占有重要的地位，教师政策与其他教育政策等一起组成了国家完整的教育政策体系。

（三）教师政策

教师政策体系在教育政策体系中具有独特的价值。随着社会的进步，教育规模的扩大，需要国家制定一个完整的教育政策体系去规范和引导，而教师政策在其中的作用自然不可替代，而且自身已形成一种相对独立的政策体系。

教师政策具有特有的内涵，和其他教育政策一样不可缺少，它包含着特有的体系与结构，在教育政策中具有自己独特的价值。教育政策作为政策一个下位概念，它和政策有着十分密切的联系，其对教师发展的影响犹如一根指挥棒，对教师的社会地位、经济地位、价值观及专业发展的影响是直接而深远的，故而研究教育政策中的教师政策可以作为研究教师发展的一个重要方法和途径。教师政策是教育政策的一种。它是指党和国家为了调动教师的积极性，提高教育质量，对教师的要求及待遇方面所作出的准则性的规定。① 一方面，教师政策是教育政策下位概念，教师政策和教育政策联系紧密、不可分割，但有很多教师政策不是单独成文，而是作为教育政策的一个组成部分，比如《中华人民共和国教育法》和《中华人民共和国义务教育法》等都有一部分是与教师相关的政策。另一方面，由于教师是知识分子的一部分，那么教师政策也是知识分子政策的一部分。因此，从更广意义上讲，教师政策是教育政策的下位概念，同时也是人力资源政策的下位概念。概括而言，教师政策也可以界定为：为适应社会的进步和经济发展的需要，一定阶级的政党和政府等政治实体在一定历史时期为完成一定的教育和人力资源目标任务而协调教师内外关系所规定的行动依据和准则。教师政策主要包括与教师相关的法律、法规、规章、政策性文件以及口头声明等。教师政策是教师教育改革与发展的航标，反思新中国教师的发展历程，在教师发展的不同历史时期和不同阶段，教师政策总是或强或弱或显性或隐性地左右着教师发展的进程与走向。②

（四）教师教育政策

从宏观上讲，教师教育政策指党和国家根据教育基本政策，为解决教师教育问题制定的具体政策的总和。从内容上看主要包括教师人

---

① 孙绵涛等：《教育政策论》，华中师范大学出版社 2002 年版，第 318 页。

② 王继平：《合理调整我国教师政策价值取向初探》，《教师教育研究》2005 年第 6 期。

才的培养政策、教师资格的认证和教师的培训政策，以及一些相关的配套政策。[①]

如果说教育政策属于上位概念，教师政策则从属于教育政策，处在中位，教师教育政策从属于教师政策，处在下位。从范围上讲，教育政策最大，教师政策次之，最后是教师教育政策。

（五）教师发展

教师发展从某种程度上看是一个很宽泛的概念，它既包括作为普通人一员的教师一般意义上的身心发展，也包括教师作为从业者的专业发展，本研究所指的教师发展即指教师专业发展。概括而言，教师专业发展是指作为专业人员的教师，在专业理念、专业知识和专业能力等方面逐渐发展和完善的过程，是从新手到专家型教师的过程，其专业成长是教师发展的核心。因此，这不仅仅是教师不断解决问题的终身学习过程，也是其职业道德和信念、职业理想和情感、价值观和审美能力的不断提升和创新的过程，同时也是教学科研共同获得提升的过程。

（六）专业

在专业的概念问题上，日本学者石村善助认为"专业"或称"专门职业"，系指"通过特殊的教育或训练掌握了已经证实的认识（科学或高深的知识），具有一定的基础理论的特殊技能，从而按照来自非特定的大多数公民自发表达出来的每个委托者的具体要求，从事具体的服务工作，借以为全社会利益效力的职业"。[②]

在1986年发布的《国家为培养21世纪的教师作准备》中，专业被定义为"是以对本行的工作有特殊的专业知识和判断力为基本特征的，并且专业人员由于其专业知识和判断力而受到社会的尊重，在工作中具有较多的自主权"。[③]

由教育部师范教育司组织编写的《教师专业化的理论与实践》一书则是以对专业本质特征的探讨和分析间接界定了专业的内涵，主要表现为具有不可或缺的社会功能，具有完善的专业理论和成熟的专业技能，具有

[①] 杨柳：《我国中小学教师教育政策变迁研究》，《湖南师范大学学报》2007年第8期。

[②] 转引自日本筑波大学教育学研究会编《现代教育学基础》，钟启泉译，上海教育出版社1986年版，第441页。

[③] 转载陈琴、庞丽娟、许晓辉《论教师专业化》，《教育理论与实践》2002年第1期。

高度的专业自主权和权威性的专业组织。①

综上所述，我们可以看到，这些观点都明确指出了职业和专业的本质区别，专业（profession）是职业（occupation）发展的高级阶段，并非所有的职业都达到了专业的高度。同时，由于这些观点都侧重于突出专业的知识、技能和教师职业应为社会服务的理念，却忽视了对教师专业的职业道德要求的强调。基于此，上述观点严格意义上来说并不全面，尚待完善。

那么到底何为专业？衡量专业的标准到底包括哪些呢？专业的特征到底是什么？事实上，这些问题都可以归结为同一个问题，即什么是专业。不同的学者各自从不同的角度提出了不同的观点，概括起来，可以得出所谓专业应该具备下述特征：1. 专业化的知识体系和专业技术；2. 经过长期、持续的专门培养与训练；3. 强调服务的理念和职业道德规范；4. 享有有效的专业自治；5. 形成严格规范的专业团体组织；6. 需要不断地学习进修和在职成长；7. 严格的资质标准。

因此，笔者将专业的定义概括如下：专业是指经过长期的、持续的专门培养与训练，在掌握了专业知识体系和专业技能后，按照一定的专业标准和职业道德规范在严格规范的专业团体组织中从事具体的服务工作，并享有高度的专业自主权和在职培训权利，通过促进社会进步从而获得相应的报酬待遇和社会地位。

（七）教师专业发展政策

以提高教师业务素质为目标，从教师专业发展出发，培训目标、内容等规范有序的职后培训政策，将终身学习理念转化为自觉的行为，以保障教师职业生涯的进步，促使教师走向专业发展。

当前我国中小学教师队伍建设已进入"后学历"时期，教师专业发展的特征呈现出科学性、标准性和专业性特点。培训政策应该特别关注基于专业发展规律、基于专业价值导向、基于专业标准规范、基于能力为本的趋向。因此，以提高教师业务素质为目标的教师职后培训政策更适合被称为教师专业发展政策。

有关"教师培训"这个概念，与此内涵相同但表述不同的概念还有

---

① 教育部师范教育司组织编写：《教师专业化的理论与实践（修订版）》，人民教育出版社2003年版，第35页。

"教师继续教育""教师在职学习""教师进修"等。

教师专业发展政策决定了教师专业成长的总体轨迹，是推动教师专业化成长的外在动力。广义上是指教师培养、入职培训、管理、待遇、职后培训等。狭义上理解是指促进教师专业发展为文本内容的职后教师培训政策。本研究以狭义定义为基准，指政府制定，为教师专业发展服务的关于教师职后培训、研修等专业成长的法律、法规等的文本及其制定、实施和评估的过程。

教师专业发展政策即对在职教师进行旨在提高业务能力的培训活动作出的准则性、战略性规定，从制度层面对提升在职教师的专业化水平有着激励和控制作用。这种最后环节的政策强化教师的专业成长，教师专业发展政策主要包括培训目标、对象、形式、内容等方面的规定。

第二节　教师专业发展政策的理论基础

一　体现一般公共政策的价值理论

教师专业发展政策包含着政策制定者对教师教育等核心理念的根本理解和假设。政策话语中所有对教师应该和能做什么的指示和规范，是对教师专业服务水准的设定和期待。显然，教师专业发展政策不是中立的描述性陈述，而是通过含有适切、有效等价值标准的公共话语体系来作用于教师的专业生活、规训教师的专业实践。

价值取向也是教师专业发展政策中最本质的规定性，直接影响政策的内容和结果，有什么样的价值取向就有什么样的公共政策。教师专业发展政策价值需要回答：政策活动是围绕何种意图展开的？资源配置起来的目的又是什么？现代政策的价值取向包含着丰富的内容，更加重视多元文化的价值取向，教师专业发展政策也不例外，公平和效率是其基本的价值取向，凸显以人为本的核心价值理念。

二　公共政策学的基本原理

公共政策学是第二次世界大战后首先在西方兴起的新兴学科，作为一门综合性应用学科，主要是以政策研究为核心，以公共政策为研究对象，具体包括下述三个方面：（一）公共政策的本质与属性、构成与结构、特征与功能；（二）政策系统；（三）政策过程。同时，在其研究过程中，注重结合经济学、管理学、法学、心理学等各种学科的相关知识，以全新的知识框架体系和全新的研究视角对各类公共政策进行系统、全面的研究。

（一）公共政策的本质特征和结构

公共政策的创始人之一拉斯韦尔和卡普兰将公共政策界定为"公共政策是一种含有目标、价值与策略的大型计划"。[①] 我国学者张金马则认为："公共政策是执政党和政府采取的用以规范引导有关机构团体和个人的行为准则和行动指南。政策作为政府行为的表现，它是一种有目标的活动过程，而这种目标是旨在处理和解决正在发生的各种社会问题。"[②]

结合上述观点表述，我们可以将公共政策的本质特征概括为如下几点：1. 权威性。这是由政策制定的主体决定的，执政党和政府作为政策制定的主体，其制定的政策必然是代表国家上层的意志。因此，其权威性是不言而喻的。2. 政治性。公共政策由政府机构制定和执行，同时其制定、执行、评估等过程无不与政治相挂钩。因此，无论是政策内容本身还是政策运行的各个环节都是带有强烈的政治性的。3. 时效性。制定公共政策的目的是解决当时社会正在发生的各种问题，而社会是在不断地发展的，原有问题得到解决的同时，新的问题也会随之产生，同一政策并不能适用于所有问题的解决。因此，公共政策具有时效性。4. 价值性。科学的公共政策的制定和执行有助于解决社会矛盾和社会问题，从而从根本上将社会价值最大化。这不仅说明了公共政策本身具有一定的价值，同时也说明了其能够创造价值。因此，我们可以说价值性是公共政策的本质特征之一。

对于公共政策的结构，我们可以从时间和空间两个向度来进行分析。从时间向度出发，公共政策的结构可以被称为纵向结构。由于我国是单一制国家，因此从上到下依次可以划分为中央政策、地方政策和基层政策，即宏观、中观和微观政策。从空间向度出发则称为横向结构，该类划分方式无上下层次之说，具体包括政治政策、经济政策、文教政策、社会政策、外交政策、军事政策和综合性政策等，严格意义上来说公共政策的横向结构是以政策所属的领域或其具有的功能为划分依据的。

---

① 张国庆：《现代公共政策导论》，北京大学出版社 1997 年版，第 7 页。

② 张金马：《公共政策分析——概念·过程·方法》，人民教育出版社 2004 年版，第 42 页。

（二）公共政策分析模式

1. 内容—过程分析模式

内容—过程分析模式是美国学者麦考尔与韦伯提出的，它强调关于公共政策的分析应集中在两大方面，即公共政策内容与公共政策过程，主张使用规范性分析和描述性分析两种方法进行。需要特别指出的是，麦考尔与韦伯这两位学者认为上述四种分析是相互交叉运用的，最终便产生表2-1中的四种类型：

表 2-1　　　　　　　　　　　　内容—过程分析模式的类型

类型	具体解读
内容的规范性分析	指对公共政策本质的探讨研究，具体包括批判性分析和预测性分析
过程的规范性分析	强调对政策执行或政策实施过程的分析，通过改进政策运行程序或实施流程从而提高政策的实效性
内容的描述性分析	就影响政策全过程的各因素具体分析其对政策内容的影响，包括影响哪些方面、影响程度等
过程的描述性分析	以政策运行周期中的某个或数个阶段为分析对象进行研究，主要囊括政策表述、政策制定、政策实施、政策效果评价、政策反馈等阶段，其中尤以政策表述和政策效果评价两个环节为重中之重

2. 系统分析模式

美国行政学家沃尔夫在著作《市场或政府》中提出了系统分析模式，他在强调对公共政策制定的分析的同时，还主张要重视分析公共政策的执行。沃尔夫在对美国 60 年代流行的政策分析步骤，即下述 5 个步骤：收集资料、建立关系、建立模型、提出方案和检验方案，进行研究以后发现该分析方式存在较大缺陷：对政策执行过程中的各种不可预见及可预见的错误的详细说明。因此，基于弥补此类缺陷的目的，沃尔夫提出了两种关于政策执行分析的类型，即描述性的分析和规范创造性的分析。

上述两种分析类型都是通过沃尔夫提出的 5 组问题来进行的。所谓描述性分析，就是对公共政策执行过程中的执行机构、执行成本和收入的分配、权力的分配等进行分析。而政策执行的规范创造性的分析则是通过了解政策执行的难易程度和对比政策在市场和非市场中的执行效果从而改善原有政策或创造新的政策。

3. 信息转换分析模式

美国学者邓恩提出信息转换分析模式，主张公共政策分析的目的是解决事实、价值、规范三大问题，提出了与此相对应的三种分析方法：经验方法、评价方法、规范方法。其中，经验方法是描述性的，是对公共政策之间的因果关系的描述；评价方法顾名思义则是评价性的，具体分析该公共政策是否具有实施的价值；而规范方法则是规范人们的行动的，简单来说就是告诉人们什么该做什么不该做，因此它具有一定的指导性。

邓恩还重点提出了三种政策分析形式：预测分析、回溯分析和集成分析。预测分析是在选择政策方案时使用的，即通过对比分析来预测哪个政策方案更有助于解决问题，从而做出相对正确的抉择。回溯分析是在公共政策实施后进行的，分析某公共政策的实施效果及其实用性。集成分析则是一种高度综合且处于动态过程中的分析，是在政策执行过程中集合方方面面的信息反馈从而及时做出改善措施，更好地实现政策的执行效果。

（三）公共政策学的基本原理的启示

首先，公共政策是教师专业发展政策的上位概念，因此，在研究我国当代教师专业发展政策的时候，可以充分借鉴公共政策学的基本原理和方法，透过公共政策的相关本质分析我国教师专业发展政策的内在本质。同时，也可以借用前面陈述的公共政策分析模式来分析相关政策的制定、执行和评估等阶段及政策演变过程。

其次，关于公共政策的结构的探讨结果表明，任何政策都不是单一的，而且某一具体政策不但有相关政策与其具有上下层级的关系，同时也有与其分属不同类型但属同一层级的政策，不同层级、不同类型的政策相互配合、共同作用，从而充分发挥政策的整体效果。因此，在考察我国教师专业发展政策的演变的过程中也要考虑与其他政策的统辖、具体化和相互制约、相互作用的关系。

最后，公共政策分析模式的探讨更是其中最具有价值的。从对三个分析模式的学习中我们可以发现，学者们除了关注政策文本的内容分析，同时，也特别强调政策制定、政策执行和政策评估等的阶段性分析和综合性分析，这是其中最值得我们借鉴和学习的，这与本研究内容具有直接的相关性。当然，需要指出的是，由于这三个分析模式都是国外学者提出的，因此在借鉴的过程中要注意结合我国的实际情况，不能一味地照搬，要做到具体政策具体分析。

三　服务型政府理念

（一）服务型政府理念的提出

我国当前所倡导的服务型政府理念在一定程度上是由"服务行政"

一词逐步发展而来的。1995 年，我国首次使用"服务行政"这一概念。随着历史的发展，中国政治改革不断深化，确立了政府机构的四大职能，即社会管理、经济调节、市场监管和公共服务，其中尤以公共服务为重。因此，可以说新世纪新时期我国政府改革的战略核心便是倡导服务型政府理念，建设服务型政府。

（二）服务型政府的概念

虽然我国政府目前正在大力倡导服务型政府理念，且国家和各地政府都在致力于服务型政府的建设，但对服务型政府的概念界定，理论界尚未形成共识。通过相关文献的阅读和考察，我们发现最早提出服务型政府并对其予以阐述的是张康之教授，他指出服务型政府的核心是为社会、为公众服务，政府需要通过为人民服务来向全社会证明其存在是必要的，是有着重要作用的，同时，借助为人民服务来保障政府的有效运行和平稳发展。因此，服务型政府是等同于为人民服务的政府的。两年后，刘熙瑞教授在其文章中开门见山地指出："何谓服务型政府？它是在公民本位、社会本位理念指导下，在整个社会民主秩序的框架下，通过法定程序，按照公民意志组建起来的以为公民服务为宗旨并承担着服务责任的政府。"[①]

综合这两位具有较强代表性的学者和作者所搜集到的其他学者的观点，我们发现基本上所有学者都认可服务型政府最本质的特征是以人为本，或者更为严谨的说法是以公民为本，其根本宗旨是为公民服务。作为责任政府，服务型政府不仅需要为社会为公民承担各种形式的责任，同时它也需要依法行政，切实做到政府各项工作的透明度，从而真正成为一个灵活且高效的政府。因此，我们可以从下述四点来理解服务型政府：1. 服务型政府最主要的职能是社会服务；2. 服务型政府从建立到施政都需要充分贯彻民主，尊重公民意愿；3. 服务型政府强调政府与公民的平等地位，双方共同合作建设国家；4. 服务型政府强调法治，在法治框架内推动社会发展，以高效的服务为社会和民众谋福祉。

（三）服务型政府理念的启示

通过厘清我国政府对服务型政府理念的倡导进程，可以较为直观地看出服务型政府理念已然在我国政府建设中占有一席之地，并且在逐渐走向

---

① 刘熙瑞：《服务型政府：经济全球化背景下中国政府改革的目标选择》，《中国行政管理》2002 年第 7 期。

成熟，日趋完善。可以说，构建服务型政府是我国政府改革的最终定位和必然选择。因此，在我国的各项事业建设中都应该较好地贯彻服务型政府理念，其中必然也包括教师队伍建设。

教师专业化发展水平和教师队伍整体素质的提高不仅需要教师自身的努力，更需要政府的大力支持，而服务型政府为其提供了强而有力的政治保障。在教师专业发展政策的制定和执行过程中，服务型政府应始终坚持公平和效率理念，在提高全国教师队伍素质的同时兼顾保障城市教师和农村教师的专业化发展机会和支持力度的公平性。

服务型政府强调以公民为本，教师和学生均是公民中的一类群体，因此无论是从教师角度而言还是从学生出发，服务型政府理念都是我国教师队伍建设的理论基础和理论保障。而我国政府作为服务型政府，其最为核心的职能便是社会服务，因此对于教师队伍建设这一社会事业必须承担相应的责任，包括政治责任、经济责任、道德责任等。同时，在推动教师队伍建设，提高教师专业化水平的过程中要始终强调以教师为本，切实从教师的实际需要出发开展相关培训和活动，相对高效地提高教师的专业水平，从而使其更好地服务于学生。

四　教师是专业人员

教师职业有一个漫长的发展过程，经历了教师长者化、教师非专业化和教师专业化这三大阶段。从教师职业的历史变迁中可以看到，尽管在早期，从事教师行业的人并不需要经过专业化的训练，但随着社会的发展，越是到了近代，对教师开始提出越来越高的要求，需要经过专业的训练才能胜任，从师范教育的产生到目前，教师职业的培养、培训也日益专业化，毫无疑问，应把教师定位为专业人员。

教师职业作为一门专业，具有其自己的特性，制定教师政策时应该充分考虑教师的专业特性。第一，要接受专门训练，尤其需要不断接受在职进修和培训，应充分考虑到这一特性，唯如此才能为教师专业发展奠定坚实的基础；第二，教师享有专业自主性，应充分尊重教师专业自主性，保证教师在参与培训过程中的自主选择，同时在各种业务活动，如课程设计、教学活动规划以及教材选择时有自主发挥的空间，从而成为教师自身专业发展的推动力，只有充分保证教师的自主权利，才能激发教师的自我引导和自我成长；第三，教师职业的特殊性，教师职业具有特殊性，不能简单地与其他专业类比，教师以育人为根本目标，有着特殊的教育对象，要求从业者具备特殊的素质要求。

第三节　教师专业发展的教育学基础——教师教育理论

一　教师职业发展阶段理论

教师职业发展阶段理论通常把教师专业发展划分为若干层级，对不同层级教师的专业素质提出不同的具体要求，同时制定不同的专业标准。比如对新手教师，侧重于教学技能方面的要求；对成熟型教师侧重于教学策略、教学个性的要求等。总之需要将专业标准体系作为引领教师专业发展的基本准则，使不同发展阶段教师的专业发展都有具体的目标和基本要求。

教师专业发展阶段理论探讨了整个职业生涯发展过程中所呈现的发展规律，以美国学者司德菲为代表的教师生涯发展模式理论，完整揭示了教师专业发展历程，为以促进教师专业发展为目的的中小学教师培训提供了理论参考。

（一）司德菲的教师生涯发展模式理论[①]

根据自我实现理论，美国学者司德菲构建了教师生涯发展模式，该模式又被称为教师人文发展模式，将教师发展分成五个阶段：

1. 预备生涯阶段

这一阶段主要指初任教师，通常需要三年时间才能超越此阶段。在此阶段的教师具有接纳新观念、有活力和创意、积极浪漫等特征。

2. 专家生涯阶段

此阶段教师已有较高的教学技能；能在工作中发挥个人潜能。

3. 退缩生涯阶段

这一阶段可分成三个时期：

第一，初期的退缩。这一时期的教师表现一般，是被忽视的一群，平时消极行事，很少致力于教学改革。但若给予教师适时的鼓励与支持，则能恢复至前一阶段。第二，持续的退缩。这一时期，教师出现较强的倦怠

---

① 杨秀玉：《教师发展阶段论综述》，《外国教育研究》1999 年第 6 期。

感，满腹怨言，横加指责，甚至抗拒革新，对相应的政策措施不回应，人际关系不甚和谐，教师在这一阶段需要合适的帮助。第三，深度的退缩。这一时期的教师通常表现出无力感，无论是教学还是管理学生上，但教师心理抵触，并不认为这是自己的缺陷所致。

4. 更新生涯阶段

这一阶段的教师能在出现不良征兆的时候就采取积极的应对策略，如参加课程进修、研讨等。虽然对教学已经没有太多的振奋好奇，但仍然肯吸收新知识、致力于自己的专业成长。当然，这时的教师仍需要外在的支持和协助。

5. 退出生涯阶段

这一阶段已经到了退休年龄，慢慢离开教育岗位。

司德菲的教师发展模式比较清晰准确地反映了教师在整个职业生涯中发展的特点，尤其他提出的"更新生涯阶段"，揭示了当教师处于发展低潮时，若得到适宜的支持和帮助，就有可能度过低潮而继续追求自身的专业发展。该生涯发展模式比较完整地解释了教师的发展历程。

（二）司德菲的教师生涯发展模式理论的启示

第一，显示了教师的专业发展是一个动态的连续过程，在不同的发展阶段存在不同的专业发展的需求与问题，培训需要建立在科学的基础上有效进行；第二，教师专业发展阶段都有一个不成熟到成熟的发展过程，教师培训要在这一过程中提供有效的外在支持，以帮助教师尽快进入专业发展的成熟期；第三，教师发展阶段犹如人生的历程，有起伏，因此需要给予教师合适的支持和协助，如此方能帮其度过停滞期，走向完美的教师生涯。

教师的专业发展规律既有一般规律，又有特殊规律。不同个体、不同环境，其发展历程都是不同的。因此，开展教师培训，既要借鉴普适性的教师专业发展规律，又要探索专业发展的特殊阶段，以增强培训的实效性和针对性。

教师并非具备了知识就能胜任教学工作，教师教育已经由知识型教师向能力型教师的转变，也说明了教师实践性知识和适应性的重要性。

二　教师知识基础理论

专业意味着从事专业工作必须具有一定的知识基础，需要一定的知识作为条件。日本著名的学者佐藤学认为教师的专业领域存在一类"实践性知识"，他认为在教师的专业领域存在不同于大众知识和其他领域研究者知识的知识领域，所谓这个"实践性知识"就是指教师固有的知识领域。我国学者陈向明把教师知识分成"理论性知识"和"实践性知识"两类。同时实践也表明，教师专业发展的知识基础是教师的实践性知识，这在教师的发展与工作中发挥着非常重要的作用。[1]

随着对实践性知识研究的逐渐深入，必然影响着教师在职培训活动的开展，研究中小学教师专业发展政策需要以教师的实践性知识作为理论参考。

（一）反思实践知识研究

提出"实践性样式"术语的，也是研究"实践性知识"的鼻祖施瓦布。加拿大学者艾尔贝兹在1981年得出了他对教师实践性知识的研究结论：实践性知识就是教师以特殊方式拥有的特殊知识。艾尔贝兹在1983年完成了专著《教师思维：实践性知识研究》，在该书中他认为实践性知识是教师以个人的价值统整其所有专业理论知识，并在实践中按照具体情景为导向的知识。舍恩则提出了"反思实践者"的概念，认为实践者的反思方式包括了"在行动中反思"和"对行动反思"两种方式，只有经历如此的反思过程时，才会成为实际情境中的研究者，并同时获得严谨的专业知识。[2] 总之，施瓦布、艾尔贝兹的实践性知识研究和舍恩的反思性实践者研究，都注重教师知识的重要特征——"反思实践"。

（二）实践性知识：教师专业发展的主要知识基础

教师的理论性知识是其根据外在标准认为"应该如是"的知识，包括一般原理类知识，如教育学、心理学知识、课程类知识、学科知识及教学法知识等，通常可以通过听讲和阅读习得。实践性知识是教师在实践中使用和对教育教学基本认识的表征，包括信念以及情境、人际、自我、策略性知识，这些反思型知识通常既来自教师的直接经验和间接经验，也来自对理论性知识的理解和运用。[3]

① 陈向明：《实践性知识：教师专业发展的知识基础》，《北京大学教育评论》2003年第1期。

② Schon, D. A. The reflective Practitioner, London：Basic Books, 1983. 69.

③ 陈向明：《实践性知识：教师专业发展的知识基础》，《北京大学教育评论》2003年第1期。

当然，强调实践性是教师专业发展的主要知识基础并不意味着排斥理论性知识的重要性。事实上，两者密不可分，都是教师专业发展不可或缺的。但实践性知识更处于主要位置，原因在于，一是教师接受外界信息时起过滤作用；二是具有行为规范功能，潜在却非常强大地影响着教师的观念和行为；三是作为一种特性的实践活动，教育具有复杂的情境性，教育理论与原则不足以有效指导丰富的教学活动，有赖于实践性知识的支撑。

（三）教师实践性知识基础理论的启示

1. 知识基础观的转变使人们重新审视教师专业发展的培训者和参训者，因为知识不再简单等同于理论知识，如此培训者不再是培训的权威的传递者和诠释者，参训者也不再是被动的知识缺乏者。意识到参加培训的老师既是知识的接受者和消费者，还是知识的批评者和生产者。培训不仅要借助实践性知识来获取理论性知识，更要借助理论性知识来检验、修正实践性知识。

2. 培训目的观和培训策略的改变均基于知识基础观的更新。若仅仅局限于对教师的知识和技能的培训，导致教师培训必然成为一种机械的教学。而教师的实践性知识观则倡导教师的交流与反思，提升教学活动的问题意识。只有充分利用教师的实践性知识，才能把教学过程变成一个由培训者指导、以问题为核心的探究过程。

3. 培训评价观的转变：由仅仅关注教师对知识的理解和简单应用到关注参训教师对课程知识的质疑、批驳和运用。

三　学科法知识的教师知识基础理论

研究教师知识中学科教学法知识的代表人物是舒尔曼等。

（一）舒尔曼学科教学法知识的教师知识研究

1985 年，美国著名学者舒尔曼提出了"学科教学法知识"这一概念，具体是在当年 4 月的美国教育研究协会的主席致辞"那些他们所理解的东西：教学中的知识增长"中，他认为体现与可教性最密切关联的内容就是学科教学法知识，具体包括学科领域中的主体以及表征其概念的形式，如类比、图解、演示等。

教学领域内的专业知识即学科教学法知识，指教学内容与教学法的结合，是教师职业中特有的知识类型。舒尔曼的开创性研究有两方面：首先提出了教师知识的专业分类，其次揭示了"学科教学法知识"这一概念。

舒尔曼认为教学不仅需要学科理论知识，还需要学科教学法知识，这是一种娴熟的、根据学生的需要由学科理论知识转化来的、学生能理解的知识。①

（二）对舒尔曼学科教学法知识的教师知识研究的批判

科克伦和德鲁依特等研究者不同意舒尔曼等人的研究，认为舒尔曼从静态的角度提出学科教学知识的概念并不妥当，提出了一个动态的学科教学法知识的概念，即学科教学认知（Pedagogical Content Knowing，PCKg）。

科克伦、德鲁依特和金等人认为知识是认知个体与外在情景互动建构而成，具有动态的性质，认知主体在知识发展过程中是主体性地位。图2－1是他们提出的学科教学知识的发展综合模型。总之，PCK 与 PCKg 在本质上并无二致，只是后者更注重教学知识的动态性，更关注教师在学科教学知识生成过程中的主体性②。

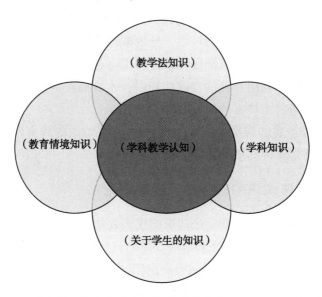

图2－1　科克伦、德鲁依特和金的学科教学认知（PCKg）发展模型

---

① Shulman, L. Knowledge and Teaching: Foundation of the New Reform. Harvard Educational Review, 1987（57）：1－22.

② Cochran, K. F., DeRtuter, J. A., & King, R. A.. Pedagogical content knowledge: an integrative model for teacher preparation, Journal of Teacher Education, 1993, 44（4）：263－272.

四　教师成为反思者、研究者理论

教师的工作具有研究的性质，因为教师工作不仅仅是单方面的知识传授，如从受教育者学生的发展出发，教师工作总是实现着文化的融合以及精神的建构，时刻具备着研究和反思的性质。

（一）教师成为反思者、研究者的理论概述

1933 年，杜威在《我们怎样思维》一书中把"反思"定义为"对于任何信念或假定性的知识，按其所依据的基础和进一步结论而进行的主动的、持续的和周密的思考"[1]，并据此提出了"思维五步法"，即暗示、联想、假设、推理、验证。杜威的教学思想贯穿了他的思维五步法，并将反思看作是教育的一个根本目的。

20 世纪 80 年代美国学者舍恩提出了反思性实践的观点，提出教师是反思性的专业工作者，由此教师成为反思者的思想不断被教师教育领域关注，之后引发了一种反思型教师教育观。当然，反思模式并不完全排斥传统培训的诸多事项，只是认为培训需要传授知识，但一定需要与教师的实际教学问题相结合。

（二）反思过程的反思链

反思过程一般包括：发现问题、分析问题、建立假设和验证假设等步骤。在这些过程中：教师首先反观自己的工作，厘清存在的问题，同时对特殊问题予以关注，并搜集相关资料；接着根据资料，审视自身的观念和行为，进一步确认问题；然后通过各种方式提出问题解决的种种假设，并对其效果进行预测；最后在对假设进行深入分析和思考以后实施行动，以便验证假设。教师一旦对这种行动进行观察和分析，便开始了一轮循环反思，进而形成反思链。

从反思过程来看，教师的反思过程即研究的过程，研究过程也是反思的过程。教师成为研究者的观念特别强调，教师应该成为研究者，而不是他人学术成果的消费者。如果脱离了研究，也会离教师应有的学术声誉和专业地位渐行渐远，教师唯有通过教育科研才能树立教师职业应有的尊严。

---

[1]　常波：《西方反思型教师教育思潮兴起背景综述》，《外国教育研究》2000 年第 2 期。

（三）教师成为反思者、研究者理论的启示

行动研究时刻留心教学中出现的问题并试图解决。行动研究的过程也就是解决教学问题的研究。当然，强调教师成为研究者并不意味着忽视教学，而是在整体的理解中把教学与研究视为同一过程。总而言之，教师作为专业人员，应成为研究者，从某种程度上说教师的研究更接近行动研究，显示教学与研究的一体化，这对于教师的职后培训具有重要价值。

教师经验的确是教师学习的丰富资源，但教师更是一个反思者。那么教师专业发展培训政策就应该更多体现让教师掌握开展研究的知识和策略等。

五　教师精神文化基本理论

教师精神文化是教师在长期教学实践中形成的，关注着自身的追求以及师生的精神生活，是教师发展的精神动力。

（一）生命哲学概说

近代社会，特别是 19 世纪以来日益增长的科学理性，逐渐遮蔽了人的生存意义和精神价值，人的完整性缺失，成为"单向度的存在物"，造成了感性与理性、社会与个人的对立。为了摆脱这种困境，生命哲学由此产生，这是西方关于人的生命价值的学说。尤其在 19 世纪末以反对实证主义与理性主义思潮为代表，其根本精神实质在于归还生命的完整性，重新找回失落的精神世界。

教师精神文化强调"以人为本"，以凸显人文精神的价值取向，这当然也包括以教师为本。在教师出现工作倦怠时，要关注教师的生活质量。当前学校管理，虽然提高了效率，但却丧失了对教师的生命关怀。如此教师难有创造与激情，无法感受幸福与尊严。为此，必须超越理性化走向规范性的人文管理，是一种关怀教师生命的管理文化。

同时，教师精神文化的终极还是关注生命价值，直面生命是教育的天职和本义，教师的生命发展弥漫在日常的教育教学之中，不断提升专业水准，凸显其主体性和创造性，进而实现教师内在价值和意义，这便是在教育生活中的动态显现。

（二）内在参与改革

课程改革的进行，对教师而言，则是为其提供了专业发展契机，体现了教师专业发展的内在需要。正因为教师积极主动参与到课程的变革之中，才成为课程改革的主体，并得以真正落实和深化，具体表现为教师自觉改变观念，更新知识观、教学观。用先进的理念指导教学行为，变革教学行为。

（三）以专业尊严强化教学理念

教师先进的教学理念有助于教师专业尊严的形成，反过来，教师专业尊严的形成，又进一步强化了其先进的教学理念。

教师具有创新精神的前提是形成良好的专业精神和先进的教学理念，有专业尊严的教师有赖于其专业精神；这样的教师群体必定具有良好和谐的专业氛围。如图2-2所示：

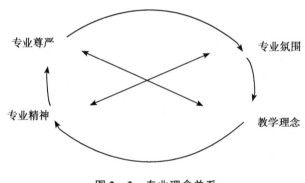

图2-2　专业理念关系

第四节　教师专业发展的保障——教师专业发展权

一　教师专业发展权的内涵

教师教育的不同理论都在一定程度上为教师专业发展奠定了相对科学的理论基础，其所具有的理论价值和理论意义是毋庸置疑的。但是，随着社会的进步和发展，教育改革在不断推进和深入，而教师作为教育改革的重要力量，其专业发展水平的高低是教育改革成败的关键。因此，教师专业发展不能一味地停留于理论层面，更不能流于形式，而是要真正地从实践上对其提供保障，即教师必须享有教师专业发展权。那么，到底何为教师专业发展权呢？

专业发展权是现代人权的重要组成部分，是基于"平等观念"的设计。在我国，公民在履行义务的同时必须享有相对应的权利，也就是说，公民权利和义务是对等的。那么，教师作为公民中的一大特殊群体，其所需履行的义务是要多于普通公民的，因此，基于义务和权利平等的理念，其所享有的部分权利也必将是普通公民所没有的，教师专业发展权便是其中之一。我国《教师法》第七条明确规定：教师享有从事科学研究、学术交流、参加专业的学术团体，并在学术活动中充分发表意见，参加进修或其他方式的培训的权利。

结合权利与义务平等的理念和我国《教师法》的实践，笔者认为，教师专业发展权是指基于权利与义务平等观念下教师群体所享有的一项基本人权，即教师享有通过参加进修和继续教育等形式从而提高自身素质和提升个人专业发展水平的权利。就其具体内容而言，包括下述三方面：一是教师职业必须具有的知识和专业训练，如教育学、心理学等知识和开展教学活动的方式方法等；二是具备某一专门性领域的知识，即学科知识，如英语、语文、数学等，每个教师都必须掌握属于自身学科领域内的专业知识和专业技能，从而提高教学活动的专业性；三是把握各种新的教学方式和手段，做到与时俱进，而不是故步自封。

二　教师专业发展权的重要意义

（一）一般发展权——自然人的需要

发展权是人的基本人权之一。教师作为专业发展的主体，首先是一个有着各种客观需求的自然人。从一般层次上看，人的需要可分为生存、享受和发展需要，前两者是人的基本需要以及优化生活质量的需要；发展权则是为完善和提高自我而产生的需要，这进一步增强其自由的个性。① 美国社会心理学家马斯洛提出的需要层次理论是从心理学的角度提出的，他把人的需要由低到高分为五个层次，其中生理需要、安全需要和社交需要是较低层次的需要，而尊重需要和自我实现需要则属于高级需要。

由此可见，无论是从哲学的角度出发，还是从心理学的角度出发，发展需要都是自然人存在和发展所不可或缺的，是人的本质要求和本真状态，是人追求个体个性丰富和个性完善的基本要求。正是基于此，联合国大会在1981年3月通过的《发展权宣言》的第1条中便明确指出："发展权是一项不可剥夺的人权，由于这种权利，每个人和所有各国人民均有权

---

① 余源培：《人的需要和人的全面发展》，《学术月刊》2002年第11期。

参与、促进并享受经济、社会、文化和政治发展，在这种发展中，所有人权和基本自由都能获得充分实现。"

（二）专业发展权——教师作为教育职业者的需要

教师作为专业发展的主体，毋庸置疑应该享有专业发展的权利，而且要确保该权利是受到法律保障的。随着素质教育的推行和新型师生关系的倡导，社会对教师的要求在不断提高。无论是在专业知识方面，还是在专业教学技能方面，教师都必须不断地提升自我、提高自身专业素质水平，才能更好地适应社会的发展和满足其职业的需要。

1966年，联合国教科文组织发布《关于教师地位的建议》，其中明确提出应当把教师职业作为专门的职业来看待，这种职业要求教师经过严格的、持续的学习，获得并保持专门的知识和特别的技术。而在我国，教师职业的专业性得到法律形式上的正式肯定是在1993年颁布的《中华人民共和国教师法》中，其中规定：教师是履行教育教学职责的教育专业人员。上述两份文件，一方面表明了教师地位的专业性得到国际肯定，同时也反映了对教师从业者的高要求高标准。因此，持续、充分、有效的专业发展就成为教师职业生活的必然要求。

教师专业发展作为教师职业的内在需要必须是自主的、普遍的、持续的。所谓自主的教师专业发展，即教师应能够独立于外在压力、确立适合自己的专业发展目标，选择自己需要的学习内容，而且有意愿和能力将目标和计划付诸实施。[1] 所谓普遍的教师专业发展，是指专业发展应该而且必须是教师群体共同为之努力的，因为我国的教师队伍是相对比较庞大的，那么为了提升教师队伍的整体素质，普遍的教师专业发展是我们所必须倡导并践行的。而持续的教师专业发展，换言之就是教师专业发展的终身性。这是因为教师职业本身所具有的创造性，同时也是因为无论是教育对象还是教育内容、环境等都是在不断地发生变化的，这一切都需要教师以新的思维、新的视角来看待和应对。因此，教师作为教育职业者，无论是出于其职业本身的需求还是出于社会对其的要求，都需要把专业发展作为自身的权利，从而从根本上保证其自主性、普遍性和持续性。

（三）专业发展权——保障受教育者权利的需要

当前的基础教育中，择校问题不可谓不严重。究其原因，是因为人们

---

① 向益民：《教师的自我更新：背景、机制与建议》，《华东师范大学学报（教育科学版）》2002年第12期。

大多希望自己的孩子能够享受优秀的教师资源从而确保他们不会输在起跑线上，这从另一个角度反映了我国优秀教师资源的不足。因此，要从根本上解决择校问题，最佳途径便是尽可能地从整体上提升教师群体的专业素质，扩大优秀教师队伍。只有这样，才能满足人们对于优秀教师的需求，减少甚至解决择校问题。

当优秀教师成为教师队伍中全体教师的标志和代名词时，我们不但能够从根本上解决择校问题，而且通过师资力量的增强，能够真正实现对受教育者权利的保障。切实保障教师专业发展的权利，有助于提高教师队伍的整体素质，有助于教师资源的均衡分配，缩减城乡之间师资力量的差距，从而从根本上保障受教育者的权利，无论是城市学生还是农村学生，都能够享受到相对平等的教师资源，更进一步地实现教育公平。

三　教师专业发展权得以充分实现的途径

尽管我国《教师法》规定，"教师有参加培训、进修的权利"，但是就实际状况而言，我国的教师专业发展权还基本处于未被充分认识、不受重视和发展不平等的境况。具体表现为三个方面：第一，教师由于受客观条件限制，如繁重、异化了的教学工作，没有过多时间和精力来提升自我；第二，教师在专业发展过程中缺乏主体意识、自我意识和自主规划的能力，使得专业发展流于形式；第三，不同学校、不同教师所拥有的专业发展权具有较大的差异。重点中小学的教师和骨干优秀教师通常比普通教师拥有更多的专业发展权，学校和教育部门会尽最大努力保证他们享有专业发展的资源和机会，而普通中小学的教师和普通教师的职业追求和向往往往是被忽视的，在维护自身专业发展权利方面是有心无力的。

那么教师专业发展权到底如何才能不再形同虚设？如何才能从根本上真正地发挥其重要意义和作用？如何才能得以充分实现呢？针对上述现状和原因的简单分析和概括，我们提出下面几条途径：

（一）切实减轻教师的教学业务负担

当前我国中小学教师的教学业务负担是非常沉重的，这是因为他们不但需要承担日常的教学工作，还需要提供学生课外辅导、对学生进行家访等其他隐性工作，而且其日常教学工作从科学角度而言也是超时的。各种形形色色的工作、任务占据了广大中小学教师的时间，同时使得他们疲于应对自身的专业发展。因此，要真正保障教师专业发展权，首先需要做的便是减轻教师的教学业务负担，为教师开展专业发展活动提供充足的时间，使其拥有一个拓展自我、更新自我和自主发展的实践平台，从客观上保证教师拥有充裕的时间和充沛的精力来提升自己的专业素质和专业能力。

（二）增强教师专业自主发展的意识和能力

妨碍和影响教师专业发展权的障碍之一便是因为教师自身缺乏自主发展的意识和能力。虽然我国已经从法律角度肯定和保障了教师专业发展权，但这只是教师能获得专业发展权的客观外在条件。教师专业发展权的充分实现不仅需要客观外因的推动，更需要教师自身这个内因充分发挥其作用。因此，只有教师自身能够形成专业自主发展意识，同时具备自主发展的能力，才能更好地实现教师专业发展权。

教师需要明确自身的专业成长是一个动态的、持续的过程。因此，要做到以科学发展观为指导，贯彻终身教育的理念，坚持以人为本的发展理念，引领教师自觉按照专业发展的目标导向进行重新定位，从而引导教师树立具体的、可期待实现的专业发展目标，从内在激发教师进行专业发展的动力，唤起教师专业发展的自主意识。

（三）丰富并均衡教师专业发展资源，确保平等性

教师专业发展权的不平等还是因为教师专业发展资源的缺乏。我国有1000多万中小学教师，每一位教师都应该享有教师专业发展权。尽管近几年国家不断地推出各种中小学教师的专业发展培训计划，致力于提高教师队伍的专业素质，但成效并非预期的那么理想。这是由于现有的教师专业发展资源不能满足国家制定的教师专业发展计划，这也是导致教师专业发展资源分配不均衡的直接原因。

丰富教师专业发展资源需要政府加大教育经费投入力度。因此，政府、财政部门及教育行政主管部门需要建立教育经费保障机制，提高教育经费在地方财政上所占的比例，探索符合社会主义市场经济体制和政府公共财政体制的专门用于教师专业发展经费的分担机制，从而保证教师专业发展权得以实现的物质基础。同时，教师专业发展资源一旦得以丰富，教育管理者必须秉持公平、公正的理念均衡分配，无论是城市学校还是农村学校，无论是骨干优秀教师还是普通教师，都需要获得同等数量和水平的教师专业发展资源，从而保证教师专业发展权的平等性。

第五节　期望中的教师专业性

一　期望中的教师专业性的内涵

在教育改革的过程中，来自不同立场的群体会对教师提出不同的要求，由于这些要求从根本上而言是代表着该群体的利益倾向和其对教师职业的期望，因此，这些要求必然是有所不同的，甚至有些可能是相左的，但是它们被统称为"教师专业性"。所以说，教师专业性固然指的是教师这一职业的本质特性是专业性，但其内容却是伴随着社会的发展在不断变化，具有动态的特征。

社会对教师专业性的期望主要表现在两个方面：第一，研究者对专业教师应然状态提出的规定要求；第二，一些特殊的实权群体提出的指令要求。[①]

前者是指学术研究者所规定的专业教师应该达到的水平和要求，并不具有强制性；而后者是由手握实权的群体所提出的专业教师标准，是带有命令式和强制性的。其中，值得一提的群体便是政府，政府作为整个国家的掌权者，处于绝对的支配性地位，能够以法律形式对教师专业发展提出硬性要求和目标，同时也可以以带有强制性意味的措施来实现其目的。所以，通过对我国教师专业发展政策进行文本分析的研究，了解相关政策所要求的教师专业性的标准是研究关注焦点之一。

二　期望中的教师专业性的分类

纵观我国教师专业发展政策的发展脉络，通过考察《中华人民共和国教师法》、《教师资格条例》、《教师职务试行条例》和《中小学教师继续教育规定》，我们可以得出结论：总体上，我国政府对专业教师的衡量标准主要是从政治思想、职业道德、专业知识、教学技能四个方面出发的。那么，在我国正处于经济政治转型时期的情况下，什么样的教师才能称之为专业教师，具备哪些素质的教师才能更好地为教育改革服务？基于政策

[①] Sachs. Teacher Professional Identity: Competing Discourses, Competing Outcomes, Journal of Education Policy, 2001, 16 (2).

文本的分析，我们可以把期望中的教师专业性具体细分为三类：

第一，教师是变革的主体。教师在教育改革中的重要作用是有目共睹的，因此教师队伍的整体素质是我国政策关注的焦点。教育改革的不断进行推动着国家和社会对教师专业性要求的不断变化和提高。于是，在政策文本中，期望中的教师专业性是为了实施教育改革、实现社会发展这一宏伟的国家目标而不断被要求适应、提高从而更好地为教育改革服务的角色。

第二，以道德为核心的教师专业性。教师的职责是教书育人，所谓"传道、授业、解惑也"，教师自古以来便是"道"的载体，其中，教师道德除了职业道德这一维度之外，还特别强调教师的政治思想观念必须与社会的主流价值观一致。因此，对专业教师的要求除了其所需具备的专业知识和专业技能之外，政策文本更是浓墨重彩地予以描绘，充分体现了我国政府对教师道德的重视。

第三，国家主导的教师专业性。这一点在我国的政策文本中尤为鲜明，无论是教师资格证的颁发、教师晋升制度还是教师培训的有关规定等都是由国家教育行政部门主管。教师在其专业发展过程中更多的只是扮演着一个政策的接受者和执行者的角色，如同一个个牵线木偶一般，并没有真正地参与到这些政策的制定过程中，提出自己的意见和看法，以便实现保障自身的专业发展权的目标。

第三章

过渡时期的教师专业发展政策分析
（1949—1976）

不同时期内的教师专业发展政策分析，其陈述框架大致相似，均是从背景、演变、特点、反思这四个角度来展开。通过分析不同社会背景下的教师专业发展政策的演变过程，分析不同时期的教师专业发展政策的特点，并进一步对该时期内的发展演变进行反思。

第一节　政策背景

一　社会主义改造时期：政策的萌芽初创期（1949—1956）

（一）社会主义改造时期的背景

1949年，新民主主义革命胜利，中国共产党掌握了国家政权，摆在人民面前的不再是战争革命，而是国家建设问题。此时百业待兴，一切都在探索当中，中国教育发展作为国家建设的一个重要领域，也同样面临着走向哪里、如何发展的问题。由于把当时的革命称为新民主主义革命，因此，新民主主义各项建设的启动首先要做的是破除旧民主主义的各项制度，在教育领域就是破除旧的教育目的、旧的教育制度、旧的教育方法，等等。

在破除旧的教育相关政策的同时，与新生的新民主主义时期的建设相适应的新的教育制度也在逐渐建立。由于新生的中华人民共和国的各项建设都在探索中发展，因此新中国的各项教育政策及教师政策也是在摸索中前进的。教师政策的探索阶段可以分成两个阶段分析：1949—1956年作为中国教育的新民主主义阶段，教育经历了两个重要的转变，即1949—1952年的国民经济恢复时期，实现半殖民地半封建的教育形式向新民主主义教育的转变时期；1952—1956 年国家完成对农业、手工业和资本主义工商业的改造，实现由新民主主义教育开始向社会主义教育的转变。

这一时期是新民主主义向社会主义过渡阶段，教育领域主要是教育事业的恢复和发展，针对当时我国的特殊情况，采取了改革旧教师教育的政策。

为了加快教育的飞速发展，1960 年 4 月 9 日，陆定一在二届全国人大二次会议上作《教学必须改革》的发言，提出在中小学教学改革中应"适当缩短年限，适当提高程度，适当控制学时，适当增加劳动"。此后，为适应这种大规模教育发展，教师的职业技能的培养更是迫在眉睫。因此，师范教育成为当时培养教师的主要方式。

此次会议过后，全国范围内的师范学校都得到了一定程度的发展。在这些政策法规的指导下，我国教师教育逐渐得以恢复发展，为新中国的教育事业培养了大批的合格教师。

从新中国成立初期的各项教育政策及教师政策可以看出，教师发展和当时的时代背景都有一定的关系。因此，在分析教师发展时，应充分考虑当时的社会现实。在五六十年代，之所以实行"先经济后教育"的财政政策，便是与当时财政非常困难的现状相关的。

（二）教育政策及教师相关政策的制定与实施

这个时期的教育及教师政策，基本是以老解放区新教育经验为基础，吸收旧教育有用经验，借助苏联经验，建设新民主主义教育。

《中国人民政治协商会议共同纲领》等新民主主义教育及教师政策的颁布与实施，是为了适应新民主主义时期政治、经济及文化对教育领域及教师的发展提出的要求。1949 年 9 月 23 日至 30 日，中国人民政治协商会议第一届全体会议在北京举行，此次会议通过了对当时中国的政治、经济、文化及教育具有深远影响的《中国人民政治协商会议共同纲领》，该《共同纲领》的实施不仅起到临时宪法的作用，而且对教育也作了具体的规定。

1949 年 12 月 30 日，时任教育部副部长钱俊瑞在第一次全国教育工作会议上的总结报告中指出："新中国的教育，尤其是老区教育，应该以巩固与提高为主，解决师资、教材问题。老解放区的教育，首先是中小教育，在土地改革后有了大的发展。由于人力财力的限制，现在应以巩固与提高为主，关键是师资和教材问题的适当解决。现在师资的问题是数量不足，质量不高。由此提出了改进各地区大学中的师范学院或教育学院的任务，要求改进师范教育的任务，提出了加强教员轮训和在职学习，以培养众多的称职的师资。"①

二 社会主义建设时期：政策的发展期（1956—1966）

新中国成立到 1956 年，师资不足的问题经过 7 年的发展终于得到一定程度的改善，教师队伍整体素质得到提高。但是好景不长，"反右""大跃进""文化大革命"等接连的运动，使教师培训又陷入了困境乃至崩溃。

面对当时的现状，解释历史的众多学者们众说纷纭、莫衷一是。当然，不可否认，民主型政治文化建构的萌芽在 20 世纪 50 年代中后期政治"左倾"化的潮流中凝固封冻了。在"大跃进"运动期间，教育自然也不甘落后，于是就出现了"教育大跃进"的局面。

（一）"大鸣大放"及反右政策与教师发展

1956 年 4 月 25 日，毛泽东在中央政治局扩大会议上作了《论十大关系》的报告，并且提出了"百花齐放，百家争鸣"的方针，随后，在 5 月 1 日，《人民日报》刊登《关于整风运动的指示》，指示要求在全党开展以反对官僚主义、宗派主义及主观主义为内容的整风运动。鼓励各界群众发表自己的意见，也可以向共产党提出意见和建议，同时还号召党外人士"鸣放"。整风运动让全国各界人士感到共产党政策的正确和作风优良，于是社会各界知识分子纷纷向执政的共产党提出意见和发表不满。

在教育领域，也开始出现大鸣大放的局面，出现了许多过激的言论和批评。在这种情况下，新生的政府为了彻底澄清大是大非，稳定新生的社会主义制度，1957 年 6 月 8 日，中共中央发布《关于组织力量准备反击右派分子进攻的指示》，从 1957 年夏至 1958 年春，在各级教育行政机关和各级学校中，一批干部、教师职工和大学生被错划为右派分子。在这场反对右派的运动中，戴上右派分子帽子的教师失去了许多教师应该享有的待遇，当然更谈不上发展了。

（二）"调整、巩固、充实、提高"的八字方针与教师发展

自从"大跃进"以来，整个社会陷入急躁冒进之中，教育也不例外，也陷入了这种违反自然规律的怪圈中，根据"群众路线办事的方式"来

---

① 钱俊瑞：《在第一次全国教育工作会议上的总结报告》，《人民日报》1950 年 1 月 6 日。

办教育，难免产生许多不相适应的地方，因此整个国家出现了很多问题。

从 1960 年开始，国家开始对这种混乱的现象进行调整。于是，在1960 年，党中央开始对国民经济实行"调整、巩固、充实、提高"的八字方针，教育工作也必须贯彻这八字方针，由此，教育系统开始进行教育事业和教育政策的调整、整顿。1961 年，教育部发出《关于保证中小学师资质量问题的两项通知》，通知指出"为了贯彻执行中央关于教育文化事业必须调整、巩固、充实、提高的方针，以提高教育质量，实施有计划地培养新的师资，注意保证师资的教育质量和文化业务水平，是当前主要的任务之一"。同时强调要在高中和初中毕业生中，挑选一部分较好的毕业生加以短期训练，补充到小学师资中去。

在上述这些政策法规的指导下，教师教育得到了较好的恢复，也为国家培养了大批合格教师。

总之，1949—1966 年这段时期，中国的政治、经济等发展都处于摸索阶段，教育也不例外，同时，与教师发展紧密相关的教师政策也随着政治、经济的变化而变化，但不管教师政策如何变化，都是为了适应当时的教师发展的需要。

三　"文化大革命"时期：政策的滑坡期（1966—1976）

"文化大革命"十年达到了革命型政治文化畸形流变的顶峰，党的"左倾"理论占主导成为革命型政治文化继续异化的重要原因，如此革命型政治文化的积极作用逐渐消失殆尽。

（一）发表《横扫一切牛鬼蛇神》社论的政治背景

"文化大革命"是对知识分子的一场革命，主要针对文教领域，将其视为"反动学术权威"和"走资本主义道路的当权派"。毛泽东曾在 1966 年的政治局扩大会议上说过是教育界的知识分子掌权。1966 年的《人民日报》发表了题为"广大革命干部和革命知识分子，以毛泽东思想为武器，横扫盘踞在思想文化领域阵地上的牛鬼蛇神"的社论。这篇社论不仅在全国的各重要期刊上转载，而且在全国范围内的各级各类学校中，把教师及教育领域的干部作为"牛鬼蛇神"进行批斗，批斗会也是此起彼伏。至此，"牛鬼蛇神"变成"文化大革命"时期革命对象的代名词。

（二）红卫兵、工宣队及大串联

"文化大革命"开始后，全国的各级各类学校都停课闹革命，大批大批的学生离开学校，走向社会去闹革命，去大串联。随着这些自发起来的红卫兵串联队到处串联，到处建联络站，相互支持，形成一个个联系紧密的校集团，他们冲击党政军领导机关，冲进各级各类学校，批斗领导干部，批斗教师，使全国陷入一片混乱，为结束这种几乎无法控制的混乱局面，中央采取了各种措施阻止这种事态继续发展，1967年，在中央要求各地师生停止串联，以及各地的红卫兵联络站都被连续撤销的情况下，串联才逐渐终止。

但随着串联的终止，进驻学校的什么"军宣队""工宣队"又开始登上政治舞台。由于大串联所进行的夺权活动和派系斗争，造成国内形势急剧动荡，学校教育岌岌可危，各级各类学校关闭、停顿。在这种情况下，中央就决定派军队和工人进驻学校，开展复课闹革命。

"文化大革命"开始后，革命师生大量涌向社会，煽动并参与各种革命活动，学校教育陷于瘫痪，某些教师已经没有了教师所应该具有的职责和义务，和学生一样纷纷加入各种造反派系中。各学校相继成立革命委员会，随着革命委员会的成立，校内的各种派系（红卫兵、工宣队、军宣队等造反组织）进行了一场大联合，比如从1967—1969年，北京、上海等各级各类学校实行军宣队代表、红卫兵代表、工宣队代表和革命师生代表进行派系联合，实现组织上和思想上的大联合，相继成立"三联合"的革命委员会。此后，北京师范大学的革命委员会、复旦大学的革命委员会、中国交通大学的革命委员会及北京大学的革命委员会相继成立。

案例：进驻复旦大学的工宣队

1968年进驻复旦大学的工宣队当时有1000多人，分别由上海机床厂、上海柴油机厂、7029工厂等的工人组成，复旦大学教授张骏德回忆工宣队进校时说的一段话就是当时所有进驻过工宣队时学校及教师遭遇的真实写照，他说："进驻我们新闻系的是当时柴油机厂的那些打手。他们一进来就把许多老师打倒在地上，有些老师的鼻梁骨都被打断，流了许多血，我就很看不惯，我说要文斗，不要武斗，还贴了大字报，叶春华老师也跟着我在大字报上签了自己的名字，这样做实际是闯了祸，我被批斗了一个礼拜，叶老师则被关了一百天……"[①]

---

① 蒋纯焦、杜成宪：《共和国教育60年（第2卷）：山重水复（1966—1976）》，广东教育出版社2009年版，第48页。

案例中张教授的遭遇可以说是当时成千上万的教师的遭遇的缩影。

（三）局部纠正"文化大革命"中的极"左"思潮与教师发展

20世纪70年代，中国外交工作有了一定的改善，1971年，联合国恢复中华人民共和国合法席位；1972年2月，《中美联合公报》发表，到9月，中美两国恢复正常邦交。这些外交工作的改善也促进当时政治、经济、教育的局部调整。1972年5月，国务院指出要全面落实党的知识分子政策，发挥教师的业务专长，合理安排他们的工作。鼓励教师为革命刻苦钻研科学技术，要求各校注意进一步提高教学质量，加强基础理论教学。

《人民日报》连续报道各地整顿学校秩序、落实知识分子政策、教师连续回到教学岗位的消息，比如《调动教师为革命而教的积极性》《采取多种形式提高教师的业务水平》《新老教师团结互助、共同提高》《鼓励教师大胆抓教学质量》。《充分发挥教师在教育革命中的作用》提出要正确认识教师在教育革命中的作用。此后，教育界的一批干部教师开始从"五七干校"和其他地方调回学校从事教学。

纵观新中国成立初近三十年的教师在职教育，其计划性和稳定性均不够，尤其是"文化大革命"十年，教师专业水平的提高受到严重影响，导致很长时期无法消除这种恶劣影响。

第二节　政策演变

一　价值取向

（一）政治话语的建构

中国教育在新中国成立之后经历了初建、停滞和恢复发展几个阶段。在这些阶段中，可以看到政治体制和意识形态对政策的构建，主要体现在教育政策的实施往往是在官方文件及领导人的指示下进行的。在这种政治体系的构建中，教育发展规律及教师自身的发展特点都在各类社会政策的变迁中被忽视甚至遗忘了，导致教育政策被肢解、不连续并且互相矛盾。历史已经证明，每一时期政治意识形态的改变都会促成政策的大转变，并影响教育的发展。这在改革开放之前表现得尤为明显。

（二）教师在职培训速成时期：以改造和学历补偿为主

对培训政策而言，有基本完整的培训体系，但相对封闭。新中国成立以后，相对忽视了职后的继续教育，当时主要精力是应对相对短缺的师资问题。

随着教育逐渐走向大众化，师资力量得到了最大的考虑，基于当时的特殊国情，重点考虑的是数量而非质量。鉴于当时职前教育的落后，只能通过职后培训来解决，绝大多数教师是一边工作一边接受培训。如在1949年的首次教育工作会议上，就提出要多办中短期师资培训班和速成班来培养大批称职教师，以缓解教师数量的不足。1952年9月，当时的国家教委建议筹备教师进修学校、业余学校、函授师范学校，通过这些进修基地培训在职教师，提升专业发展水平。

新中国成立后的很长一段时间，教师跨级授课，速成培训都很常见。种种做法都是因为当时教育需求量大增，但现实又无法跟上时代步伐的应急措施。总之，新中国成立初期的教师在职培训一是对解放前的教师进行思想改造，以适应社会主义的教育事业，二是在扩大数量的基础上以提升培训质量为要求进行业务培训，以更好地完成教学任务。

（三）在借鉴与立足本位的基础上，形成特色

新中国成立初期，主要由各级教师进修学校来承担教师的培训任务。1951年教育部主持召开中小学教师行政会议，就如何强化教师在职培训、提高教师的业务水平、建立中小学教师进修制度等进行了探讨，同年9月，颁布了《关于中小学教师进修问题的通报》，以加强教师的在职学习、对建立教师进修制度进行部署。1952年9月教育部建议有必要筹办教师进修学校、业余学校等对在职中小学教师进行培训。这样，各个地方纷纷办起相关培训机构，并成为教师在职学习进修的基地，为提高教师的教育教学水平提供了帮助。1953年12月，政务院发布《关于整顿和改进小学教育的指示》，提出办好小学教育的决定因素是提高小学教师质量，提出今后必须有领导地、有计划地组织在职教师进行学习，以提高教师的政治、文化、业务水平，最终全面提高在职教师的教育质量。

政策的目标和价值取向直接决定了各个时期中小学教师职后培训工作的重点，如新中国成立之初，目标是完成教师的思想改造，以适应新教育的发展需要；全面进行社会主义建设时期的目标是尽快提高业务，充实知识；而到了"文化大革命"时期，基本属于政治运动下的劳动改造。

二　内容变迁

（一）大力发展教师的相关政策

新中国成立后不久教师培训即得到重视。在 1949 年 12 月 23 日教育部门召开的第一次全国教育工作会议上，就提出要加强教师轮训和在职学习，以提高教师的教育教学水平。

新中国成立后的第一次全国教育工作会议于 1949 年 12 月 23 日在北京召开，会议明确提出要改进师范教育，通过教师在职学习和轮训培养大批称职的教师。新中国教育面临的最迫切问题是师资缺乏与质量问题。1950 年 1 月，教育部作出《关于北京师范大学改革的决定》，《关于中小学教师进修问题的通报》也在同年发表，开始日益重视教师的继续教育，包括在职培训和学习问题。

50 年代由新民主主义社会转变为社会主义社会初期，此时，社会的发展及人民对教育的需求日益高涨，城市和农村有大量的学龄儿童需要上学。小学教育成为新中国教育的基础教育，关系着社会的发展和国家的昌盛。在这种情况下，1951 年 8 月 27 日至 9 月 11 日，第一次全国师范教育会议和第一次全国初等教育会议由教育部合并召开，对如何建设新中国师范教育和初等教育进行了讨论，制定了发展的方针和任务。提出以正规师范教育与短期培训相结合，争取五年内培养百万小学教师，十年内基本普及小学教育。之后各种针对教师发展的相关政策陆续出台。

1952 年 7 月，教育部作出《关于大量短期培养初等及中等教育师资的决定》，指出较短时间内，有效训练大批初等、中等教育师资，并且在今后的五到十年，培养师资以不超过一年的短期培训为重点，以适应当时大量和急迫的需要。

鉴于新中国成立后几年的小学师资队伍状况，教育部在 1955 年 7 月指示加强小学教师在职文化补习；同年 11 月教育部作出《关于加强中等学校在职教师业余进修的指示》，明确指出提高教育质量的关键是提高在职教师的政治水平和专业知识，争取在 8 年时间内通过各种学习方式提高在职教师的水平。标志此阶段终结的时间节点是 1956 年 8 月召开的教育工会第二次代表大会。

（二）建立农业中学和半工半读学校

1958 年 4 月至 6 月，中共中央分两段召开总结新中国成立以来的教育工作的会议，讨论教育方针和教育改革等问题。会议指出，党的教育工作方针，是教育为无产阶级政治服务，教育与生产劳动相结合。为实现这一方针，教育工作必须由党来领导。并提出教育事业发展措施。

"农业中学"就是教育"大跃进"时的产物。发展得如此之快，师资就成了亟待解决的问题，例如江苏省教育厅厅长吴天石撰文《找到了大跃进的一把钥匙》总结举办农业中学的经验时，强调了"教育行政部门要解决几个问题"，其中就包括关于教师的问题，即"要做好教师的培养训练和提高工作"。

（三）曲折徘徊失误及短期的恢复

1961 年，教育部发出《关于保证中小学师资质量问题的两项通知》，通知指出"为了贯彻执行中央关于教育文化事业必须调整、巩固、充实、提高的方针，以提高教育质量，感到有计划地培养新的师资，注意保证师资的教育质量和文化业务水平，是当前主要的任务之一"。同时强调要在高中和初中毕业生中，挑选一部分较好的毕业生加以短期训练，补充到小学师资中去。

1961 年 8 月 10 日教育部印发《全国高等学校及中等学校调整工作会议纪要》，指出今后三年教育工作的主要任务是提高质量，"其中重要一环是提高师资水平，应适当减少教师的社会活动时间，以便使教师积蓄力量并有必要的进修时间，通过在职提高和业余进修等办法提高教师的政治和业务水平"。①

1963 年 3 月中共中央发出的《全日制中学暂行工作条例》规定有计划组织教师进修，同时学校和教育行政部门必须加强对教师学习的领导。② 同年的 3 月 23 日又作出《关于讨论试行全日制中小学工作条例草案和对当前中小学教育工作几个问题的指示》，明确了要提高教师的业务能力，要求各部门积极创造条件，通过帮助教师的在职或脱产进修，使广大教师充实自身的业务知识并增强教学能力。③ 期间，也较好地贯彻了刘少奇关于两种教育制度和两种劳动制度的指示，他指出用教学研究、经验总结、观摩、业务辅导、函授、听课、广播、开训练班等提高老师的业务

---

① 张健：《中国教育年鉴（1949—1981）》，中国大百科全书出版社 1984 年版，第 693 页。

② 同上书，第 704 页。

③ 江山野：《中国教育事典（中等教育卷）》，河北教育出版社 1994 年版，第 455 页。

能力，从长远来说可以实行半农半教，使知识分子劳动化，还必须有计划地让教师去高等院校进修深造，以最终提高业务能力和教学能力。[①]

应该看到，从1958—1966年，也是一个比较动荡的时期，包括从1958年的"大跃进"狂潮，到在此背景下的教育革命试验，再到1961—1963年的教育调整，以及开始于1964年的"左倾"思潮。总之在这动荡的岁月，运动频繁，指导思想摇摆，教育也在这跌宕起伏的政治思潮与运动中艰难前行。

纵观1955—1966年这十年时间，由于受"左"的思想影响造成的失误及1958年"大跃进"时期对教育规律的不尊重，均给教育事业的发展带来很大损失。直到后五年，以"八字方针"为指导，教育质量才得以慢慢恢复。

第三节　政策特点

一　相对快速平稳的政策早期阶段

总体看来，此阶段也是新中国成立最初三十年发展相对平稳和快速的一个时期，在教育发展和改造上均取得显著成绩，也特别重视了教育法规法令建设，制定了一系列相关政策等规范性文件。使教育立法有了良好的开端，确立了新中国的教育制度。

我国中小学教师专业发展政策跟新中国成立初期的政治经济形势紧密关联，跟整个教育大背景紧密相关并处于旧教育的改造时期，其政策也处于萌芽时期，呈现阶段性特点，即相关政策多以指示、决定、通知、批示等命名，政策的规范性不足，多属于行政性规章，教师在职教育的内容偏重思想改造，多以政治运动为主要形式。

二　制度建设有所发展，但总体处于无序

由于在职培训缺失有效计划，也带来种种弊端。此后，国家教育相关部门出台的各项相关政策均对此提出具体政策指导，力求使教师培训走向系统和规范。

---

① 何伟：《办好半农半读学校促进农村教育革命》，《人民日报》1965年第7—13期。

　　教师的培训工作在这一时期首次提出水平达标的要求，要求非师范毕业的教师，通过在职培训达到师范毕业的教师水平。尽管要求并不具体，比较模糊，但是办学形式丰富多了，不同于新中国成立初期的诸多短期培训班，教师进修学校和师范学校都参与到教师的在职培训中来。总而言之，这一时期的教师在职培训，无论在理论上还是实践上都得到了进一步发展。

　　新中国成立之初的教师在职培训比较零散，没有形成培训体系。随着职前师范教育的推进，速成形式的教师培训模式已不能满足时代的要求。自1953年教育部提出"重点试办，创造经验，逐步推广"的方针，并对中小学教师进修的相关问题作出具体的规定后，我国教师培训行业无疑正在向着系统化的方向探索。[①]

三　初步建立教师培训制度

　　新中国成立初期，主要由各级教师进修学校来承担教师的培训任务。1951年教育部主持召开中小学教师行政会议，就如何强化教师在职培训，提高教师的业务水平，建立中小学教师进修制度等进行了探讨，同年1951年9月，颁布了《关于中小学教师进修问题的通报》，以加强教师的在职学习、对建立教师进修制度进行部署。

　　1955年，就1955年到1962年未来八年的教师业余进修问题，教育部作出《关于加强中等学校在职教师业余进修的指示》，提出让教师参加各种在职的进修培训，以提高教师的学历水平。1956年5月16日，教育部发布了《关于1956年普通教育和师范教育的工作计划》。在新中国建设初期，最先得到普及的是小学教育。因此，为了满足当时农业中学和半工半读的学校师资，当时就规定从初高中毕业生中选拔一部分参加短期培训以补充到小学和中学中充当师资。该《计划》除了对高等师范大学培养师资的来源及师资的分类等问题，同时对中、小学教师的进修学校（院）、函授学校、训练班作出安排，以提高不及师范专修科程度的中学教师和不及初级师范程度的小学教师的水平。当时除了上函授、面授及进修的以及高等师范大学的师资以外，还远远不够当时各级各类学校的需要。1957年，教育部发布了《关于函授师范学校、业余师范学校若干问题的规定》，1960年发布了《关于迅速提高在职教师政治、文化、业余水

---

① 郭笙：《新中国教育40年》，福建出版社1989年版，第216页。

平的初步意见》，这两个政策对在职教师学习的方式及进修机构的健全等有了更为具体的规定。

这一阶段，培训计划不再局限于未达到任职资格的教师，而是面向所有中小学教师，且有了比较周详的培训计划。国家成立专门的培训机构，培训工作走上了正轨。

尽管当时制度建设有所发展，但总体上中小学教师培训还是处于无序状态：（一）形式上往往是以通知、办法等文件方式下发，还不是很规范的行政性规章制度。到五六十年代，也开始强调要从教师教学实际出发，系统学习与本学科相关的专业知识，同时结合教材教法的学习，目的是提高教学质量。（二）培训内容虽然有针对性，却相对单一。1953年9月，教育部召开全国高等师范教育会议，会议提出提高在职教师业务能力的办法，如号召教师学习教育理论知识，并通过备课、编撰教材等，学习苏联先进技术，以提高教师的理论和业务水平。提倡结合教学进行科学研究。并邀请苏联专家和国内优秀教师到各地轮回讲学并举行座谈，或利用假期组织学术讲习会，帮助解决教师的各种疑难问题以提高教师的业务水平，定期举行教学观摩和专业课程的教学经验交流会。

四　不时颁布应对教师数量不足的应急措施

1953年，政务院发布了《关于改进和发展中学教育的指示》，强调对在职教师学习的重视。1955年7月，教育部发布《关于加强小学在职教师业余文化补习的指示》，指出要在若干年内，有步骤地将不及师范学校毕业水平的小学教师逐渐提高至相当于师范学校的毕业水平。同年11月，教育部发布《关于加强中等学校在职教师业余进修的指示》，提出教师业余进修的主要任务是把不及师专毕业程度的教师提高到师专毕业程度，同时还对采取的函授教育和教师进修学院两种形式如何办理作出了规定。

新中国成立之初，急需各类建设人才，教师队伍的质量并不尽人意，随着当时基础教育的不断发展，师资缺乏的问题日益突出。国家紧急采取了诸如从社会上直接选拔有文化的人或把优秀的初中教师提升至高中任教等措施来解决，虽然短时内缓解了当时的需求，但从长远看对学生发展是不利的。尤其一些学历合格但缺乏教育能力的人员加入，对教师队伍素质还是造成了一定的不良影响。

五　"文化大革命"十年的停滞期

史无前例的"文化大革命"十年，教育法制建设停滞、倒退乃至遭受重创，有关教师专业发展政策方面的行文几乎是一片空白。教育部在1966年2月发布《关于巩固提高耕读小学和农业中学的指示》，要求必须建立革命化、劳动化的教师队伍。要求教师将毛主席的书当作工作的最高指示，狠下功夫学习；必须密切联系群众，深入实践，以不断提高自己的政治和文化水平，不断提高教学质量，改进教学；必须实行半农半教，坚持参加生产劳动。①

"文化大革命"期间唯一一次探讨教育问题的全国教育工作会议在1971年4月至7月召开，会议由张春桥和迟群操控并起草，8月13日炮制的《教育工作会议纪要》全面否定了新中国成立17年来所取得的教育成绩，抛出了"两个估计"，一是无产阶级教育陆续没有很好贯彻，二是大多数知识分子是资产阶级知识分子。在关于教师问题上提到要创造条件，让教师到农村、工厂、部队接受政治再教育和业务再学习，目的是尽快适应革命的需要。要采取多种形式提高教师的政治和业务水平，清除教师队伍中的反革命分子、坏分子。②

可以看出，"文化大革命"十年教育法制被废弃、教师的基本权利遭到践踏，教师法规建设陷入破败的困境。这场内乱，教师到"五七干校"，或上山下乡到农村接受再教育，政治上受到了迫害，人格权受损，业务上也受到严重损失，基本荒废，不仅在业务上没有得到提升，甚至原本的业务知识也在政治运动中大半丢弃了。

第四节　经验与反思

《荀子·大略》曰："国将兴，必贵师而重傅，贵师而重傅则法度存。国将衰，必贱师而轻傅，贱师而轻傅则有人快，人有快则法度坏。"古人

---

① 何东昌：《中华人民共和国重要教育文献（1949—1997）》，海南出版社1998年版，第1393页。

② 程晋宽：《"教育革命"的历史考察：1966—1976》，福建教育出版社2001年版，第326—327页。

把是否尊重教师和国家的兴衰联系起来，可见教师的作用对于国家来说是举足轻重的。

一　继续教育缓慢前行

研究始终应该有一个更客观的视角，对于不足甚至灾难，不是一味地指责，历史的局限性不是人人都能避免的，关键是站在今天的历史高度如何基于客观现实去反思和总结。新中国成立后，我国的师范教育一贯指职前教育，基本忽视了教师的职业继续教育，基于当时困扰我国中小学教育的主要原因是师资短缺问题，如何解决便成了当时政府关注的焦点，对教师的在职继续教育培训很少顾及也没有能力顾及。尽管如此，我国为改变当时师资短缺及水平偏低的局面，在中小学教师培训方面仍做了许多工作，具体如下：一是初步建立了教师培训体系，将培训与自学相结合，成立了一些教师培训机构，对培训的内容和时间等也有了一定的规定；二是培训内容简单，政治倾向比较明显，大多培训是为了提高中小学教师的政治觉悟；三是培训虽然也涉及一些提高性的培训，但大多是一种补偿性培训，涉及小学和中学教师应达到的学历水平；四是既重视原则性指导又重视操作性实践，两者紧密结合；五是根据实际情况采用多种培训形式，以提高培训质量。

总之，当时在借鉴与立足本位进行创新的基础上，逐步形成了自己的特色，中小学教师培训制度初步建立，但在 1966 年以后专业发展基本停止。反思这个时期的政策演变，应突破政策过于注重教师政治角色的倾向；进一步明确培训目标，基于教师不同发展阶段的知识和能力；应关注教师培训的标准问题，同时加强政策的计划性和规划性。

二　政策建设基本停滞

"文化大革命"中将知识分子列为革命、教育和改造的对象，教师作为知识分子的一部分，成为"文化大革命"中受害最深的一个群体。而当时的师范教育所培养的教师又跟不上这种盲目发展的进度，更主要的是十年动乱使学校教育几乎陷于停顿，大学（包括师范大学）招生停止，而在校教师不同程度地受到迫害。于是为满足盲目发展的中学对中学教师的需求，就把大批小学骨干教师抽调去当中学教师，这些情况不仅大大削弱了小学教师队伍的力量，而且根本无法保证中学教师的教学质量和教学效率。由于当时在许多方面不遵循教育发展规律，十年动乱之前，全力发展小学教育，致使中学教育跟不上，进而产生很多问题。而十年内乱中，受"文化大革命"的极其负面的影响，无数教师成为"牛鬼蛇神"或被打成右派而受尽摧残和凌辱，教师教学的积极性可以说是消失殆尽，更不用说要求他们在教学技能、专业发展及业务水平上提升了。因此，当时的教育领域的发展和教师的业务、教学技能、教学质量等的发展都处于一种停滞状态，包括当时的教师政策建设也基本停滞。

第四章

恢复及发展时期的教师专业发展
政策分析（1977—2000）

改革开放之后，中国的政治、经济、文化、教育、社会等各个领域都处于恢复重建时期，而教育和社会的政治、经济的复杂互动关系也处于恢复时期。20世纪80年代中期，随着中共中央发布的《关于经济体制改革的决定》的实施，由经济体制改革全面启动而首先带来的是城市社会的利益分化、价值多元、政治指导思想从混乱到清晰，由此而构成了20世纪80年代中后期及90年代初期的教育体制改革和文化界空前活跃的背景。此时，经历了十年动乱的知识荒漠和精神空虚的广大学生和教师紧密地凝聚在一起，尊重知识、尊重人才、尊师重教成为从人们内心深处发出的精神呼号。不过，在这种全民学习的一片大好情况下，随着经济体制改革的深入、商品经济的空前发展，整个社会的政治、经济等都获得了巨大的发展，然而整个教育却远远滞后于政治、经济发展。主要表现在教育经费短缺、学校发展受制、教师待遇低、教学质量偏差等方面，这些复杂情况的出现也促进了1993年2月的《中国教育改革和发展纲要》的制定和实施。

1993年，《中国教育改革和发展纲要》中叙述到，"振兴民族的希望在教育，振兴教育的希望在教师……进一步加强师资的培养培训工作，改革教师工资系统，提高教师工资待遇。在住房和其他社会福利待遇实行优待教师的政策，进一步改善民办教师的工作"。相比较1985年的文本，这里着重强调两点，一是加强培训，二是提高待遇，该纲要的特点是延续了先前文本的精神，并且进行了细化，提高教师待遇是调动教师积极性的有效方式，师资培训关系到教师素质，教师素质又关系到教育质量。环环相扣的关系最终得出民族的希望间接根植在教师身上。

1999年6月，《中共中央　国务院关于深化教育改革全面推进素质教育的决定》对于师资如此叙述，"优化结构，建设全面推进素质教育的高质量的教师队伍，并以此作为师资培养、培训的重点……建立优化师资的有效机制，合理配置教师资源"。根据素质教育的要求，《中共中央　国务院关于深化教育改革全面推进素质教育的决定》提出了新要求，教师的能力和水平要符合基础教育的要求。

第一节　政策背景

一　拨乱反正阶段的背景（1977—1984）

1977 年，"文化大革命"刚刚结束，但人们似乎还没有从过去那种近乎幼稚的虚幻中走出来，"假、大、空"和走极端的思维定式仍然存在。也就在这一年，邓小平迎来了他政治生涯的第三次复出，主抓科学和教育成为邓小平复出后的主要任务。1977 年 5 月 24 日，邓小平指出："一定要在党内造成一种空气：尊重知识，尊重人才。要反对不尊重知识分子的错误思想"。因此，邓小平的复出和其教育指导思想，就直接推动了教育领域的拨乱反正。1978 年前的中国社会是高度政治化的社会，政治系统的价值取向和运行逻辑支配、渗透、影响着经济和文化子系统的运行。

（一）从封闭走向开放的社会发展态势

1978 年党的十一届三中全会以来，各个社会领域都发生了深刻变化。政治与经济体制的除旧布新，十一届三中全会的召开，恢复了人的理性，1983 年中共十二届二中全会通过了《中共中央关于整党的决定》，准备用 3 年的时间全面整顿党的作风和组织。同时在商品经济的冲击下，政治体制如何变革成为制约社会发展一个重要的因素。80 年代初在我国思想界出现了一股人道主义潮流，许多学者也纷纷加入这场讨论。逐渐淡化社会主义与资本主义理论基础的差异性，认为马克思主义的出发点就是人道主义，直接威胁现实政权性质的认识，导致国家机器对其进行干预，强调要从历史的角度认识人道主义，而不能抽象地进行谈论，提出弘扬社会主义人道主义。

拨乱反正时期最为重要的是冲破了"文化大革命"时期的两个思想禁锢——"两个估计"和"两个凡是"。突破了这"两个估计"和"两个凡是"，实际上否定了"文化大革命"的思想基础，解放了广大知识分子，解放了全国人民的思想。1978 年 5 月在全国开展的"真理标准大讨论"，进一步将思想解放运动推向深入，这不仅激起全国人民进行政治、经济、文化、教育发展的热情，也为党在这一阶段的教育路线、方针、政策的制定、实施奠定了基础。

（二）揭开教育改革的序幕

可以说真正具有现代化意义的社会转型开始于 1978 年召开的十一届三中全会。从 1978 年开始，在改革开放政策的指导下，我国社会发生了巨大变化，这种变化是全方位的，在此后的三十多年改革开放过程中，我国社会处于社会转型期。

这个阶段是恢复教育的正常秩序的过程，主要标志是 1978 年 4 月召开的全国教育工作会议。1983 年，邓小平为北京景山学校提出的三个面向，即教育要面向现代化、面向世界、面向未来。这也揭开了新时期教育改革和开放的序幕。这其实是对过去教育政治化的抵抗，也是立足经济建设对教育提出的基本要求。1985 年 5 月，新中国教育改革史上最重要的里程碑——《中共中央关于教育体制改革的决定》由中共中央　国务院在全国教育工作会议上正式公布，也成为当时教育改革的纲领性文件，是进行教育制度改革的真正起点，标志我国教育逐渐从"文化大革命"的阴影中走了出来，对我国教育发展起了历史性作用。《决定》系统地阐明了教育体制改革的指导思想、目标和具体任务，以解决教育与现代化建设协调发展的问题，重申了教育在社会发展中的战略地位，是推进教育改革的纲领性文件。邓小平出席了闭幕式，他要求各级领导要如同抓经济工作那样抓好教育工作，必须扎扎实实抓好，并预期我国教育事业的繁荣新局面必将到来。

1987 年党的十三大召开，特别强调了"百年大计，教育为本"，提出"把发展科学技术和教育事业放在首要位置，使经济建设转到依靠科技和提高素质的轨道上来"，这是前所未有的对教育的高度重视，是由教育的本质或功能所决定的，也符合教育自身的发展规律，这就把教育提升到了优先发展的战略地位。教育真正成为社会发展的先导性、基础性工程，其重要性成为共识。

二　体制改革阶段的背景（1985—1992）

整个 80 年代，中国的体制改革范围很大，包括政治体制改革、经济体制改革、科技体制改革、教育体制改革等。中国的体制改革始于 1978

年的"中共十一届三中全会"的召开。由于以阶级斗争为纲的"文化大革命"及其负面的影响，致使中国政治、经济、教育等陷入一片混乱的局面，整个社会的发展几乎停滞甚至倒退，中国的发展面临危机，在这种情况下，十一届三中全会的召开为中国的发展带来了转机，拉开了我国政治体制改革的序幕，同时，也给我国经济、文化、教育等方面的发展带来机遇。但是，从1978年十一届三中全会到1984年的拨乱反正时期的发展，也只是调整和恢复"文化大革命"前17年的发展水平和发展秩序，政治、经济及教育的发展依然步履维艰，发展缓慢。于是，伴随我国政治体制改革的艰难探索，在80年代中期，我国的经济、科技、教育等领域的体制改革陆续拉开帷幕，因此，这一时期的《中共中央关于经济体制改革的决定》《中共中央关于科技体制改革的决定》以及《中共中央关于教育体制改革的决定》等的颁布，成为这一时期教育改革和发展的纲领性文件，也为教师的发展提供了契机。

1985年，《中共中央关于教育体制改革的决定》对当时师资力量的陈述是："建立一支有足够数量的、合格而稳定的师资队伍是实行义务教育、提高基础教育水平的根本大计……改革教育体制要调动各方面的积极性，最重要的是教师的积极性。"由于"文化大革命"给教师行业带来的冲击，这些论述着重于调动教师积极性。总之，肯定了教师对于教育的决定作用，重新对教育做了定位，从而也间接地肯定了教师的作用。

如果说从改革开放到1984年是教育改革准备阶段，其主要标志是完成拨乱反正，那么从1985年开始则进入改革推进阶段。这个时期主要的特征是优先确立教育发展战略地位。从20世纪90年代开始，以社会主义市场经济体制为契机，1993年提出了教育体制转轨的宏观目标和具体政策，对计划经济体制基础上的相关体制和制度进行了全面改革。在跨入新千年、迎接新世纪之交，以加入世界贸易组织为契机，教育开放幅度进一步扩大，形成了教育国际交流的全方位格局。

三　体制转型期的背景（1992—2000）

20世纪90年代以来，我国进入了全面建设小康社会的重要战略时期，国际社会综合国力的竞争日趋激烈，人才素质、教育发展和知识创新的竞争成为各国发展的重要主题。在这种背景下，世界范围内的教育改革此起彼伏。

　　商品经济萌芽随着社会的发展进一步促进了社会的多元化，政治也不再独守社会伦理的重任，大众文化逐渐脱离了单一的意识形态，政治挂帅和阶级斗争正在失去主宰地位，多元价值表达也不再有一个统一的价值体系，由此带来的观念更新改变了社会成员的存在方式，使他们更普遍地融入多元社会本身，改变了单一的传统政治模式，如此教师的培养及发展也需要多方面因素的介入。

　　虽然当时还有比较强烈的政治倾向，但随着市场经济的进一步发展，一元化的政治格局和生产现状被打破，主体意识被唤醒，个体不再外化地存在，而是参与到市场中去的同时具有权利和义务的个体。

　　（一）改革开放持续推进

　　1992 年，邓小平发表南方谈话，无疑标志着中国社会主义市场经济体制的确立。随着不同社会阶层的出现，社会结构也发生了裂变，市场经济开始进入人们的视野，极大地影响了一元化的政治格局，市场经济相关术语不断出现在官方的一系列重大报告中，于是市场经济开始走向前台，并与政治之间形成了既对话又对峙的格局。进一步明确了中国发展的方向，再一次让中国驶入了高速发展的轨道，政治与经济体制改革力度加大。同年 10 月，党的十四大召开，确立了邓小平"建设有中国特色社会主义理论"的指导地位，1993 年中共十四届三中全会颁布《中共中央关于建立社会主义市场经济体制若干问题的决定》，成为引领中国社会发展的重要指针，明确社会主义制度与社会主义市场经济相结合。

　　1997 年 9 月召开的党的十五大阐明了进一步推进建设有中国特色的社会主义事业，即在社会主义条件下发展市场经济，建设有中国特色的社会主义经济、社会主义政治和社会主义文化，依法治国，大力发展社会主义民主政治，以培养"四有"公民为目标，发展民族、科学、大众的社会主义文化。

　　（二）教育改革逐步推动

　　20 世纪 80 年代末和 90 年代初，改革开放事业经历了国内风波的考验和国际形势突变的挑战。1992 年，邓小平同志发表南方谈话，也对发展教育事业提出殷切期望。[1] 1993 年 2 月，党中央和国务院印发了《教育改

---

[1]　邓小平：《邓小平文选》（第三卷），人民出版社 1993 年版，第 377 页。

革和发展纲要》，标志着我国教育事业进入建立与社会主义市场经济体制相适应的教育体制的新阶段，并提出了"教育必须为社会主义现代化建设服务，必须与生产劳动相结合，培养德、智、体全面发展的建设者和接班人"的教育方针，明确提出"中小学要由'应试教育'转向全面提高国民素质的轨道"，同年，《中华人民共和国教师法》的颁布，标志着我国教师队伍建设进入了规范化和法制化的轨道。1994 年 6 月，党中央和国务院召开了改革开放以来的第二次全国教育工作会议，全面部署《纲要》的实施工作。① 1995 年 5 月，中共中央　国务院在《关于加速科学技术进步的决定》中第一次明确提出"科教兴国"战略。1997 年中共十五大再一次提出要实施科教兴国战略，把发展教育和科学作为文化建设的基础工程。1999 年 6 月，中共中央召开了第三次全国教育工作会议，强调要通过深化教育改革，培养适应新世纪的社会主义新人，最终发布了《关于深化教育改革全面推进素质教育的决定》。2000 年，中共十五届五中全会提出了教育需适度超前发展的重大方针。

总之，1993—2000 年期间我国教育政策的主导方向是，在经济体制由计划经济向社会主义市场经济体制转轨的背景下，努力促进教育事业发展；按照与市场经济体制、政治体制和科技体制相适应的要求深化教育体制改革，建立政府对教育事业宏观调控的管理体制，继续推进教育管理权力下放，鼓励形成多元化办学和投资体制；提高教育质量，优化教育结构，实施素质教育，迎接新世纪的挑战。

（三）开创素质教育和终身教育新局面

1999 年，《面向 21 世纪教育振兴行动计划》由国务院批转，并提出包括"跨世纪素质教育工程"的六大工程建设，要求到本世纪初形成现代化基础教育课程标准与框架、推行新的评价制度、改革教育内容和方法、开展师资培训、启动新课程改革的试验，争取通过十年的试验能在全国推行 21 世纪基础教育课程教材体系。②

同年，江泽民同志在第三次全国教育工作会议上指出："教育在培育民族创新精神和培养创新人才方面，肩负着特殊的使命。必须转变那种妨

---

① 国家教委：《新的里程碑——全国教育工作会议文件汇编》，教育科学出版社 1994 年版。

② 教育部：《面向 21 世纪教育振兴行动计划（摘要）》，http://www.baidu.com/link?url=0_4ZdYg88jzyDfkW8Eb9QqDSD9MJF_hP7s40vLkb_N4_VkG2ttcSYWbFQHKQe5hSOGB1lJlEhaxkP0EK8NFtIq。

碍学生创新精神和创新能力发展的教育观念、教育模式，特别是由教师单向灌输知识，以考试分数作为衡量教育成果的唯一标准，以及过去划一呆板的教育教学制度。"[①] 教育不应成为少数人满足一次性追求学历的脱离生产实际的"象牙塔"，而应成为高素质劳动者终身学习和成长的需要，成为地方经济建设发展的人才基地。

总之，在这个恢复和发展时期：

1. 政治上：1978 年十一届三中全会恢复和确立了我党的思想路线、政治路线和组织路线，确定了解放思想、实事求是、团结一致向前看的指导方针，这次会议实现了新中国成立以来我党历史上的伟大历史转变，它是我国社会主义事业发展进入新时期的一个重要标志。[②] 政治环境的稳定是推进改革的关键，国家主导的政治文化具有强大的整合功能，这是维持政治稳定的关键。改革开放初期，"发展生产力"就是核心的政治话语，一直以来的教育研究为政治服务的逻辑思维似乎没有从根本上得到改变。

2. 经济上：《中共中央关于经济体制改革的决定》是十一届三中全会精神指导下的纲领性文件。随着当时经济体制改革的开放政策，《中共中央关于教育体制改革的决定》的政策条文也体现了改革之初的要求，均提出了积极的要求。总之，随着经济体制改革的不断调整，传播意识形态的教育改革也作了调整。十四大以后，经济体制经历了重大调整，教育政策也必定要作适当调整，校长负责制、教师聘任制等的实施，激发了教师的积极性，增加了学校的灵活性。

3. 文化上：政治经济的变迁，社会文化也会随之改变。《中共中央关于教育体制改革的决定》提出了吸收国外先进的教育思想，使教育政策最大限度吸收改革带来的成果，在开放之初，随着改革力度的推进，文化层面的吸收也提出了新的要求。

思考中西文化对教育的影响，这是教育现代化趋势下的必然。随着改革的深入，越来越明显意识到西方教育理念对中国教育改革的影响，这就有一个国外先进教育理论的引进和本土化过程。

---

① 江泽民：《在第三次全国教育工作会议上的讲话》，《中国教育报》1999 年 6 月 15 日。

② 王一涛：《教育产业化和教育公平》，《教育与经济》2002 年第 2 期。

第二节　政策演变

一　价值取向

（一）培训目标发生转变

培训目标对培训活动有直接的影响。基础教育改革带来了教师培训目标的发展。在不同的政策里，对培训要达到的预期效果虽表述不同，但从内容上看，都指培训目标。

1993 年以来，我国中小学教师培训目标开始以提高教师实施素质教育的能力和水平为重点。由重视学历补偿到注重引导发展、由注重掌握学科知识到注重提升教育能力。

我国教育改革的先进理念在新时期得到了广泛传播，中小学也广泛开展了教师专业发展，教师素质得到明显改善。这也导致了教师培训目标由原来的重视知识技能转变为重视实践创新能力，尤其强调能力和水平的提高。目标转变适应了教师专业发展的要求，也适应了我国基础教育的改革与发展要求，必将更快提升教师队伍的素质。

（二）培训内容越来越全面

随着培训目标日益重视教师的创新和实践能力，由于目标决定内容，培训内容也随之发生转变，从知识层面逐渐拓展到能力要求上面。

教师培训政策所涉及的培训内容体系更加丰富而且全面，不仅涉及教育教学和职业道德素质，还包括教育改革的新理念以及教育技术理论和实践，等等，除了师德，更多地涉及了外语、计算机、综合课程等方面的知识，这些无疑更有利于教师的综合素质提升。

（三）由注重学历补偿和适应向注重引导发展和改革转变

1977 年，教育部发布《关于加强中小学教师在职培训工作的意见》，要求采取措施切实抓好教师培训工作，力争通过三年有计划的培训，实现初中教师的文化水平达到师专程度，高中教师基本达到师院程度；1983年，教育部发布《关于加强小学教师进修工作的意见》，要求 5 年之内，使小学教师基本达到中师程度，并胜任教学工作。

20 世纪 80 年代中期，随着教育的调整与改革，中小学教师在职培训的政策取向和工作重心开始面向全体教师并强调教师理论素养与能力的提高。1986 年，国家教委《关于加强在职中小学教师培训工作的意见》，规定教师的培训内容是组织教师参与教材和教法进修，学习和掌握新的教育理论和方法，不断提高教师的政治、文化业务水平。

至 20 世纪 90 年代末我国中小学教师数量渐趋饱和，90 年代开始倡导的素质教育和 21 世纪初实行的基础教育课程改革要求广大教师具备实施素质教育以适应新课程改革的能力，同时，鉴于教师专业化已成为趋势且成为人们的共识，如 1993 年党中央国务院发布《中国教育与发展纲领》、1999 年国务院颁布《关于深化教育改革全面推进素质教育的决定》、2006 年全国人大通过新的《中华人民共和国义务教育法》都对中小学教师素质提出了新的要求，并对其素质也作了详细规定。

与此相应的还有 1993 年国家教委发布的《关于加强小学骨干教师培养工作的意见》，要求培养一支跨世纪骨干教师队伍，以此带动教师整体素质的提高；1998 年教育部制定《面向 21 世纪教育振兴行动计划》，要求大力提高教师队伍素质，实施"跨世纪园丁工程"。如此，我国教师在职教育政策的取向由适应与注重补偿转向了引导和提高，工作重点也开始转向了教师整体素质的提高。

（四）由重视掌握学科知识向重视提高教育能力转变

如 1980 年《关于进一步加强中小学在职教师培训工作的意见》中进一步指出，要在切实弄清教师文化业务水平现状的基础上，把长远的系统知识学习包括教材教法的学习与当前的教学实际工作紧密结合起来。提高教师的教育教学能力，增强其专业发展意识，促进教师的专业发展便成为我国 20 世纪 90 年代以后中小学教师在职教育的基本取向。比如 1990 年的《全国中小学教师继续教育工作座谈会纪要》已经反映出有关提升素质和能力的要求已占上风，明确中小学继续教育即对达到国家规定学历要求的教师开展以提高其道德素质和教育教学能力为目标的培训。

1999 年 6 月，中共中央　国务院《关于深化教育改革全面推进素质教育的决定》明确强调之后的师资培训重点是提高教师实施素质教育的水平和能力。进入新千年之后，教育部在《关于十五期间教师教育改革与发展的意见》中直接提出了教师继续教育的改革目标，即进一步深化教育教学改革，努力培养高素质教师。

改革开放后的继续教育目标是学历达标，之后目标慢慢转移至全面提升教师的整体素质上。从总体来看，改革开放后的培训目标基本实现了从学历达标、教育教学胜任能力等综合素质的整体提高；从需求上看，开始了从国家需求的定位到个人发展与社会需求相统一的转变。

目标定位存在的不足包括：重教师学历的提升，忽视了能力的培养；学历不合格的教师得到了重视，而具有合格学历的教师却被忽视；农村教师的继续教育没有城市地区的教师那样受到重视。如此便制约了继续教育政策的良性发展，导致培训质量无法得到提升。

具体而言，核心价值取向有以下基本走势：一是逐渐走向职前与在职的教师教育一体化；二是日益关注教师终身教育下的专业发展。

二　内容变迁

（一）拨乱反正阶段（1977—1984）

教育界在结束了长达十年的非制度化、非法律化和非有序化的浩劫之后，进行了拨乱反正。特别是党的十一届三中全会之后，教育更是进入了快速发展时期，提高教师教育质量、加强中小学教师队伍建设，我国中小学教师的培训备受关注。教师继续教育经过艰难的调整终于步入恢复期，相关的教师专业发展政策也得到重建并走向规范化。

1977 年 8 月 8 日，邓小平在科学和教育工作座谈会上作《关于科学和教育工作的 12 点意见》的报告，报告指出"要研究如何提高教师的水平，要提高教师的水平，包括政治思想水平、业务工作能力以及改进作风等"[1]。

1977 年 10 月，教育部召开中小学师资培训工作会议，提出要提高现有教师的水平，力争三五年内，通过多种形式培训教师，使其大部分达到合格水平，健全各地的师资培训机构，师范院校要做好师资培训工作规划。[2] 同年 12 月，教育部综合座谈会的各方讨论情况，下发了《关于加强中小学在职教师培训工作的意见》，这是我国最早使用"教师培训"概念的文件。

1978 年 4 月，邓小平在全国教育工作会议上要求各教育行政部门，

---

① 张健：《中国教育年鉴（1949—1981）》，中国大百科全书出版社 1984 年版，第 49 页。

② 中央教育科学研究所：《中华人民共和国教育大事记（1949—1982）》，教育科学出版社 1983 年版，第 500 页。

要采取各种切实有效的措施举办各种进修班、训练班，大力培训师资。①
同时为尽快恢复和建设教师培训机构，教育部发布《关于恢复或建立教育
学院或教师进修学院报批手续的通知》，经国务院批准，各地很快恢复了
作为中小学教师继续教育的重要机构，如教育学院和教师进修学校等。

　　1977 年，"文化大革命"刚刚结束，教师的合格率非常低，中学教
师合格率为 33.4%，小学教师合格率则竟然降至 14.3%。教师的低合
格率必然造成教学效率的低下。因此，在职培训从 1977 年开始步入主
要以补偿学历为目标的培训期。此时教育部下发的文件都强调教师学历
达标的重要性。

　　另外，地方性教师培训体系也日益完善。截至 1980 年，全国共有中
小学教师 845 万人，其中 500 多万人不符合标准，需要加以培训，估计经
过培训仍不能胜任的有 100 多万人。因此，对中小学教师进行在职培训是
这一阶段教育政策制定需要特别关注的。面对这一现实，教育部在 1980
年印发了《关于进一步加强中小学在职教师培训的工作的意见》，《意见》
提出，"从实际出发，把长远的文化、专业知识的系统学习和搞好当前教
学工作的教材教法学习结合起来"②，以加强教师的教学工作。为了进一
步明确中小学教师在职进修的培养目标、教学计划和组织等问题，从
1980 年 6 月至 8 月，教育部陆续出台了《中学教师进修高等师范专科 12
个专业的教育计划》《中学教师进修高等师范本科 7 个专业的教学计划》
以及《小学教师进修中等师范教学计划》，至此，中小学教师的在职培训
工作有了制度的规定。

　　1982 年 10 月，国务院批转教育部《关于加强教育学院建设若干问题
的暂行规定》，指出，教育学院的任务是培养中学在职教师，是培养行政
干部的具有师范性质的高等学校。教育学院要全面贯彻党的教育方针，从
本地区实际出发，通过多种培训形式，提高中学在职教师的政治、文化、
业务水平。要把教育学院逐步办成本地区在教学、资料、实验、电化教
育、教育科学研究等方面，具有指导作用的教育中心。《暂行规定》还对
教育学院的师资、经费、领导体制和组织机构等作了具体规定，从而有效

---

① 瞿葆奎：《教育学文集第 17 卷：中国教育改革》，人民教育出版社 1991 年版，第 568 页。
② 何东昌：《中华人民共和国重要教育文献》，海南出版社 1998 年版，第 1832 页。

地促进了教育学院的发展。① 因此，在 1983 年之前，我国中小学教师的补偿性培训主要是以教材教法过关为重点。

根据普及初等教育规划对教师水平的要求，为修订和调整小学在职教师的培训规划，同时为了保证师资培训的质量，教育部于 1983 年 1 月发布了《关于加强小学在职教师进修工作的意见》。教师进修学校和教育学院是两种相对独立的地方性教师培训机构，新中国成立初期就开始筹备和设置了，"文化大革命"十年基本停办，直至改革开放后才开始慢慢恢复。省级教育学院和教师进修学院在 20 世纪 70 年代末到 90 年代主要是进行学历补偿教育。1980 年教育部发布《关于师范教育的几个问题的请示报告》，报告指出，各级教师进修院校作为我国师范教育体系的有机组成部分，是培训中小学在职教师的基地。总之，这一时期普遍重视中小学教师的在职培训，重点是补偿性培训，政策主要针对岗位不合格或学历不达标的在职教师。

提升教师各项素质迫在眉睫，1977 年教育部颁布《关于加强中小学在职教师培训工作的意见》，就中小学在职教师的进修作出了指导，要求尽快提高中小学教师的教育教学水平。该《意见》主要是为了满足教育振兴所需师资数量、质量的需要，也是为了正确执行党的知识分子政策，以及开展师资培训工作而制定的有关政策。邓小平在 1978 年 4 月的全国教育工作会议上，要求采取多种措施培训师资。

自此，中小学在职教师的进修工作渐渐走上了正轨。很快，教育部在 1980 年 9 月下发《关于进一步加强中小学在职教师培训工作的意见》，要求把长远的专业知识的系统学习与做好当前教学工作的教材教法学习联系起来以加强教师的业务能力。阐述了以下几点内容，一是制定和调整在职教师培训规划；二是发挥师范院校、教师进修院校以及各级教研部门的作用；三是搞好培训教材建设，逐渐实行统一的教学计划；四是建立健全教师在职进修的考核制度；五是改善教师进修院校的办学条件；六是结合培训，做好小学教师的调整工作；七是加强教师培训工作的领导。

同时，为了满足 80 年代经济、社会发展对教育的需求，进一步提高"文化大革命"时期低下的教育教学质量，国家出台了许多为提升中小学

---

① 中央教科所：《中华人民共和国教育大事记（1949—1982）》，教育科学出版社 1984 年版，第 669 页。

教师的教学水平和业务能力的相关政策。如发布《关于试行中学教师进修高等师范专科、本科教学计划的通知》，同时附有两份与教师进修相关的政策——《中学教师进修高等师范专科十二个专业的教学计划（试行草案)》《中学教师进修高等师范本科七个专业的教学计划（试行草案)》。这两份（试行草案）对高等师范专科和高等师范本科的教学目标、进修方式、课程设置等进行了统一规定，要求全国各地的教育学院、教师进修学院以及承担培训在职中学教师任务的有关高等院校试行。对于参加专科进修学习的教师和本科学习的教师如表 4 - 1 所示：在课程设置、学制年限、计划学时等方面的要求不同，进修本科在课程设置上增加了选修课和外语课，学制年限增加一年，学时也大大增加，这说明了对不同进修学历的老师，其学习要求有所不同。表 4 - 2 和 4 - 3 是当时参加政治课专业学习时所开课程的比较情况。从表中的数据也可以了解到当时对参加本科学习的在职教师在业务学习、业务技能、专业知识、基础文化的掌握方面的要求更高、更严格。教育部在对中学教师进修高等师范本、专科的课程设置、教学目标、专业学习及教学技能等作出了全面统一的规定后，为了提升小学教师的各项能力，在 1982 年 8 月，教育部发布了《关于试行小学教师进修中等师范教学计划的通知》。遵循"坚持标准，联系实际，保证主科，兼顾一般"的原则，《通知》对小学教师进修中等师范的各项要求也作了统一规定，这些措施对提升中小学教师的素质起到了非常重要的作用。

表 4 - 1　　70 年代教师进修专科和本科的课程设计、学制年限等方面的比较表

分类	培养目标	课程设置	进修类型	学制年限	计划学时
教师进修专科	掌握专业基础理论、基本知识和基本技能，具有一定的分析问题、解决问题和教学研究的能力，坚持四项基本原则，忠诚党的教育事业，胜任中学的教育和教学，学习结束时达到二年制高等师范专科毕业水平	1. 专业课（不设选修课）2. 政治课 3. 体育 4. 教育理论课（不设外语课）	离职进修	2	1400
			业余进修	3	1100
			函授进行	3	1800
教师进修本科	掌握专业基础理论、基本知识和基本技能，具有一定的分析问题、解决问题和教学研究的能力，坚持四项基本原则，忠诚党的教育事业，胜任中学的教育和教学，学习结束时达到高等师范四年制本科毕业程度	1. 专业课（设选修课）2. 政治课 3. 外国语 4. 体育 5. 教育理论课	离职进修	4	2400
			业余进修	5	1800
			函授进修	5	3100

表4-2　　　教师进修专科政治课专业的课程设置与时间安排

顺序	课程名称	教学时数				
		离职进修	业余进修	函授		
				共计	面授	自学
1	教育学	54	36	50	10	40
2	心理学	54	36	50	10	40
3	中学政治教材教法	46	42	70	20	50
4	中国通史	144	80	150	50	100
5	世界通史	96				
6	逻辑知识	36	36	60	20	40
7	中共党史	180	180	280	80	200
8	国际共产主义运动史	114	114	190	60	130
9	科学社会主义专题	56	56	90	30	60
10	政治经济学	184	180	290	90	200
11	哲学	200	200	320	100	220
12	法学概论	56	56	100	30	70
13	伦理学常识	42	42	70	20	50
14	时事政策教育	80				
15	体育	80				
	学时总计	1422	1058	1720	520	1200

表4-3　　　教师进修本科政治课专业课程设置与教学时间分配表

顺序	课程名称	教学时数				
		离职进修	业余进修	函授		
				共计	面授	自学
1	教育学	54	36	50	10	40
2	心理学	54	36	50	10	40
3	中学政治教材教法	62	56	76	26	50
4	写作知识	74				
5	中国通史	148	148	214	64	150
6	世界通史	164	164	246	76	170
7	形式逻辑	72	72	118	38	80
8	中共党史	186	186	318	98	220

续表

顺序	课程名称	教学时数				
		离职进修	业余进修	函授		
				共计	面授	自学
9	国际共产主义运动史	186	186	318	98	220
10	科学社会主义	82	82	142	42	100
11	政治经济学	212	212	384	124	260
12	马克思主义哲学原理	236	236	416	136	280
13	法学概论	96	96	154	54	100
14	马克思主义伦理学	76	76	118	38	80
15	马列、毛泽东经典著作选读	222	202	336	86	250
16	中外哲学史专题	102	80	148	46	100
17	时事政策教育	120				
18	体育	120				
	学时总计	2266	1868	3088	948	2140

（二）体制改革阶段（1985—1992）

随着法制建设的逐渐规范，1984年10月，党的十二届三中全会通过了《关于经济体制改革的决定》、1985年3月出台《关于科学技术体制改革的决定》，教育体制改革也摆到了议事日程。

1985年正式出台《教师专业合格证书制度》，国家要求没有达到规定学历的教师参加这类以获得证书为目标的培训活动，并且规定只有具有合格学历或者考核合格证书的才能担任教师。同年出台的《教材教法合格证书》决定了学历补偿性培训的内容和具体实施路线，指导思想是"缺什么补什么，首先过好教材教法关"，而专业的学科知识是之后的提高性要求。1986年9月6日，国家教委发布《中、小学教师考核合格证书试行办法》，把教师在职培训工作纳入制度化轨道，并对实行中小学教师考核合格证制度作了相应规定。1986年12月21日，国家教委发布《关于加强在职中小学教师培训的意见》，规定在今后五年甚至更长时间内，通过师资培训使得绝大多数教师取得合格学历并胜任教学。对于少数不具有基础知识和教学能力的教师，应组织他们通过进修熟悉大纲和教材，掌握教学方法和原则，具备基本的教学能力。同时为了适应"三个面向"的要求，提高基础教育水平，对于既有合格学历又能胜任教学的教师，也要组织其总结经验，提高政治和业务水平，以便能培养学科带头人和教育教学专家。

1985 年印发的《中共中央关于教育体制改革的决定》，其中用了大量篇幅作了中小学教师继续教育的相关规定，要建立合格稳定、数量足够的师资队伍就要对现有师资队伍进行认真培训和考核，鼓励教师结合教学进行自学和互教；办好教师培训院校，分期分批轮训教师；为在职教师举办函授、广播电视讲座；动员、组织高校的教员、高年级学生、研究机构人员以及党政机关的部分干部参与中小学教师的培训工作。作为 80 年代末到 90 年代初教育改革的重要纲领性文件，老师继续教育工作开始步入快车道；接着，第六届全国人大在 1986 年 4 月 12 日通过了《中华人民共和国义务教育法》，首次从法律的角度要求县级以上人民政府教育行政部门加强教师的培训工作。

从 1987 年开始全面系统研究我国教师继续教育的理论和实践，1990 年 10 月，全国继续教育座谈会由国家教委在四川自贡召开，这是首次以政府行为阐释继续教育，也是第一次提出中小学继续教育并进行定义：是对学历达标的教师进行以提高政治素质和业务能力为主要目标的培训，明确要求每位教师都能在现有基础上进行提高，并能培养一定数量的学科带头人和骨干教师，使得一部分人成为教育教学专家。为了贯彻这次会议精神，国家教委相继印发了许多配套文件，如 1991 年 12 月在《关于开展小学教师继续教育的意见》中，提出今后十年大力开展小学教师继续教育，提高教师学历层次，并将中学教师培训重点从学历达标转至开展继续教育上来，阐述了教师继续教育的指导思想、原则和内容，从实际出发，提高培训内容的实用性、针对性和实践性。

（三）体制转型期（1992—2002）

1992 年的《关于加快中学教师学历培训步伐的意见》、1993 年的《关于加强小学骨干教师培训工作的意见》和 1994 年的《关于开展小学新教师适用期培训的意见》等都要求实施函授、卫星电视教育和自学考试相沟通的"三沟通"培训方法；1993 年 2 月，中共中央　国务院颁布《中国教育改革和发展纲要》，要求进一步加强教师的培养培训工作，到 20 世纪末，通过在职培训，中小学教师基本都能达到国家规定的学历标准，并且具备高学历教师的比重逐步提高。①

———————————

① 中共中央　国务院：《中国教育与发展纲要》1993 年 2 月。

　　《中华人民共和国教师法》由全国人大常委会第四次会议于 1993 年 10 月 31 日通过，首次用法律来维护教师的权益，规定参加培训是教师的权利和义务，有不断提高思想觉悟和教学业务水平的义务，有参加进修或其他方式的培训的权利，通过加强教师队伍的科学规范管理，以确保教师队伍整体素质的提高和优化。

　　1995 年 3 月 18 日，通过了《中华人民共和国教育法》，成为所有教育法规、政策、条例的母法，并且同样指出了教师培训的重要性，并对教师的职后培训形成共识；1996 年 9 月的师范教育工作会议提出"九五"期间师资培训工作在完成学历补偿教育任务的同时应及时转向全体教师、骨干教师，确定继续教育内容，探索符合我国国情的继续教育框架和模式。[①]

　　这个时期成了新中国成立以来大量制定和发布各类教育法规的时期，是我国中小学教师专业发展政策法制化、规范化逐渐建立的繁荣时期，国家有十几部教育行政法规、各个地方都有一系列的地方性法规及配套的政府规章，标志着我国中小学教师继续教育政策法规和机制保障进入了法制化轨道。

　　1993 年，《中华人民共和国教师法》的通过是我国教师队伍建设法制化和规范化的标志。1996 年 3 月，国家教委颁布《小学管理规程》，其中第 37 条规定了比较务实的教师管理规程，如要重视教师的继续教育，积极为教师进修创造条件，制定教师进修计划。教师根据实际工作需要，以在职为主，本人所教学科为主，自学为主。1999 年 9 月，教育部颁布《中小学教师继续教育规定》，其中第 8 条明确规定了中小学教师继续教育的重点是提高教师实施素质教育的能力和水平，具体内容包括政治思想和师德教育；现代教育理论与实践；专业知识扩展与更新；现代教育技术的理论与训练；教育科学研究；科技与人文社科知识等。

第三节　政策特点

一　政策目标的转变

　　政策目标在改革开放之后先是解决学历达标问题，之后从"学历补

_____

① 张贵新：《我国中小学教师继续教育的发展阶段与走向》，《东北师大学报》2001 年第 1 期。

偿"走向"继续教育"。

20 世纪 90 年代以后，学历补偿教育基本完成，学历性教育显然不再成为教师在职培训的趋势，开始转向继续教育，注重提高教师的综合素质和业务能力。随着各类政策法律规章的颁布，教师培训更为规范，更有保障。

教育部及其师范司通过《规定》《纲要》《计划》《通知》《条例》等政策形式来颁布相关的教师在职培训政策的执行方案和实施细则。[1] 1999 年的《中小学教师继续教育规定》，对在职教师培训的课时要求作了统一规定，这在某种程度上意味着我国初步确立了中小学教师培训制度。之后在 1999 年至 2002 年实施了"中小学继续教育工程"，约 85% 的中小学教师接受了一轮以职业道德、现代教育技术以及实施素质教育能力为重点核心的培训。[2]

二　开始确定教师是一门专业

相关法律已经为推进教师职业的专业化提供了制度保证。1994 年我国开始实施的《教师法》明确规定，"教师是履行教育教学职责的专业人员"，这从法律角度第一次明确了教师的专业地位。1995 年国务院颁布《教师资格条例》，2000 年教育部颁布《教师资格条例实施办法》，之后教师资格制度在全国开始全面实施。同年，我国出版了《中华人民共和国职业分类大典》，这是第一部对职业进行科学分类的权威性文件，第一次将我国职业归并为八大类，其中教师属于"专业技术人员"一类。

三　培训体系不断完善

随着 1993 年《中国教育改革和发展纲要》和 1999 年《中共中央　国务院关于深化教育改革全面推进素质教育的决定》的颁布，关于教师专业发展的教师培训政策发生了新变化，具体表现在以下几个方面：

（一）加强对继续教育的政策引导

为提高中小学教师队伍整体素质，促进基础教育的发展和素质教育的实施，国家陆续颁布一系列的文件，积极调动继续教育参加者和各级培训机构的积极性。

国家教委副主任柳斌在 1996 年 10 月的全国师范工作会议上作了题为

---

① 中华人民共和国教育部令第七号：中小学教师继续教育规定，1999 年 3 月，第三章第 11 条。

② 《改革开放 30 年，我国教师队伍建设取得卓越成就》，教育部网站 www.jyb.cn。

"关于中小学教师继续教育问题"的讲话，要求继续教育由小学推广到中学，中小学教师的培训对象是全体教师。之后，教育部又批准了"面向21世纪中小学教师继续教育工程"，极大促进了继续教育的发展，要求进一步加大行政引导力度，健全中小学教师继续教育制度，形成良性运行机制，开创继续教育工作的新局面。[①]

（二）构建以继续教育为主的中小学教师培训体系

20世纪90年代以后，原来以学历补偿为主的教师进修学院、教育学院在教育部倡导的高校资源整合中合并、升级，培养院校和培训机构的结合有利于构建中小学教师培训体系，促进了教师教育一体化发展。

（三）具体培训要求的新特点

1995年10月，国家教委在印发的关于教师法的实施意见中进一步规定各级人民政府的教育行政部门、各级各类学校主管部门及其他教育机构应制定教师培训计划，保障教师进修的基本权利，同时各地应设立教师培训的专项经费。

1998年12月，教育部在制定的《面向21世纪教育振兴行动计划》中要求在3年内，对现有中小学校长及教师以不同的方式进行全员培训和继续教育。

1999年6月13日，《关于深化教育改革全面推进素质教育的决定》正式发布，规定要把提高教师实施素质教育的能力作为教师培训的重点，并鼓励综合性高校和非师范类高校参与中小学教师的培训工作。

1999年教育部颁发《中小学教师继续教育规定》（教育部令第7号），从此，继续教育工作渐渐走上了法制化、科学化和系统化的道路。

四　培训要求不断提高

20世纪70年代末到80年代末是补偿性培训。20世纪90年代到1998年，探索性继续教育，关注骨干教师培训，以促进其发展成教育教学专家，并开始步入法制化轨道。

五　采取多种措施，全面提高教师素质

这个阶段，培训得到了前所未有的重视，邓小平同志对此提出了具体

---

① 教育部关于印发《中小学教师继续教育工程方案（1999—2002年）》及其实施意见的通知》，http://www.chinalawedu.com/falvfagui/fg22598/36378.shtml。

的培训措施，他说："面临教育战线越来越繁重的任务，各级教育部门要努力提高现有教师的教学能力和教学质量。要充分利用各种有效措施举办各种进修班、培训班，编印教学辅导材料等，大力培训教师。" 1977 年 8 月，他在《关于科学和教育工作的几点意见》中进一步指出要加强师资培训工作。请到好的培训教师，如大学教师要帮助中小学教师提高业务水平。把师资培训列入规划、列入任务。[①]

1980 年，教育部发布《关于进一步加强中小学在职教师培训工作的意见》，提出实行统一的教学计划、做好教材建设、加强对在职教师培训的领导等一系列培训规划和要求。同年 9 月，教育部在《关于地区、省辖市一级教育学院教师进修学院教师评定职称的通知》中对专职培训教师的职称评定的条件作了规定，要求教师在政治、业务、科研、外语等方面作全面考查和鉴定。

这些都进一步说明新中国成立后，我国的教师政策及其法律逐渐完善，教育发展正逐步走上正轨。

1999 年，《中共中央关于深化教育改革全面推进素质教育的决定》要求进一步加强对中小学教师的培训，尤其是骨干教师培训，通过提高骨干教师的素质带动其他教师的专业发展。"跨世纪园丁工程"作为提高中小学素质的工程，重点在于提高教师的教学能力和水平。主要的培训对象是中小学教师，首先通过选拔学校骨干教师到省里参加培训，然后再派到教育部接受国家级培训。标志着教师在职培训进入一个崭新的阶段。同年 9 月，召开全国中小学教师继续教育和校长培训工作会议，继续教育工程正式启动。至此，我国中小学继续教育事业逐渐走上了正轨。

第四节　经验与反思

一　多元话语的转变

教师专业发展政策的制定不仅仅是为了解决社会矛盾和问题，其实在根本上是为了满足教育改革与发展的需求。

---

① 中华人民共和国教育部编：《共和国教育 50 年》，北京师范大学出版社 1999 年版，第 502 页。

1978 年改革开放以后教师专业发展政策的变迁轨迹，主要沿着基础教育改革的主线，然后采取不断修补、添加的渐进式发展模式，权利主体在这个模式中得到认可。

政治意识形态因素是政策变迁的重大影响因素，起着明显的制约作用。这个阶段，开始尽量激活个人和团体的创造力，排除了政治因素的非正常干预。

二　意识形态是公共政策变迁重要的动力基础

政策变迁是一个动态复杂的系统过程，这一过程会受到许多因素的影响。作为政治文化的意识形态是政策变迁的重要推动力量，有时甚至主导政策变迁的全过程。在此主要针对新中国成立以后政策演变过程的宏观反思，分析意识形态对政策变迁的影响，试图为我国教师专业发展政策研究的创新提供若干思考。

改革开放以后 30 多年，一直以经济发展为指导，但是这种模式之下的经济社会体制也面临各种挑战，成为各种矛盾的根源，随着社会结构的调整和转变，许多潜在的问题也一一显现。

三　政策是一个逐渐法制化、科学化和系统化的过程

从教育法制的体系化角度看，我国的教育法体系从高层到低层一般分成：基本法、单行法、行政法规、地方性法规、政府规章。这样看来，早期的教师继续教育政策法律效力不强，层次也不高，新中国成立之初，所有工作都是在对旧制度进行改造和建立新制度的背景下展开的，就法律呈现方式来看也难免不规范。国家对教师继续教育的一系列方针政策规定实际上都处于初步的建章立制之中，不管怎样，这些政策多少已经建立起继续教育政策的框架，只是基于当时的历史条件限制，尚缺规范和体系。

20 世纪 90 年代，社会平稳发展，十五大提出实施科教兴国和可持续发展战略，在此阶段，首先面临教师队伍的质量问题。1990 年 12 月，国家教委发布《全国中小学教师继续教育工作座谈会会议纪要》，明确指出培训重点是开展继续教育。1993 年 10 月底制定了《中华人民共和国教师法》和《教师资格条例》，为教师教育指明方向并提供法律保障。这样，教师在职培训由学历补偿转至继续教育。《中华人民共和国教师法》标志着教师队伍建设的法制化和制度化，从法律层面强调了教师享有在职培训

的权利。以后的 20 多年，教师队伍建设由求数量到重质量。90 年代中期以后，全社会对教师提出了更高的要求，教师自身的业务能力得到了进一步重视。1999 年教育部颁发《中小学教师继续教育规定》（教育部令第 7号），从此，继续教育工作渐渐走上了法制化、科学化和系统化的轨道。

四　培训要求与课程设置反思

（一）培训要求低标准

在计划经济时期，比较忽视教师的在职培训，教师培训要求标准不高。到了社会转型时期，经历了补偿性培训、探索性和普及性继续教育三阶段，培训要求也随之提高。但总体培训要求还是按低标准实行，同时针对中小学教师中合格比例偏低，无法胜任教育教学工作的教师偏多的实际，政策规定的培训要求主要是让教师胜任教育教学工作，即通过多种培训措施使其成为合格教师。

（二）培训课程不合理

培训内容显然对中小学教育教学的关注度不够。一是培训课程的内容与培养课程区分度不大；二是培训课程的内容与中小学的教育实践脱节，或者说对实践关注度不够。问题产生的危害是培训活动的随意性，无法充分调动教师参与培训的积极性，也不利于真正有效地提高教师水平。问题产生的原因包括：1. 受限于我国目前的教育发展水平。2. 人们对教师专业发展的认识有偏差。3. 对教师培训的重要性认识不足。

（三）培训过程随意性

开始重视在职培训，提高了对教师质量的要求，重视教师的专业素质和专业地位，但执行的是低标准。政策实施，即培训过程中有随意性，制度化建设有缺失。需要根据教师专业成长中的具体培训目标，提出培训内容的基本标准。总体而言，教师的培训要求诸方面政策规定不配套。

第五章

快速发展时期的教师专业发展政策分析（2001年至今）

进入 21 世纪，我国进入了全面建设小康社会、加快推进社会主义现代化的新的发展阶段。教育上的任何改革要想成功都离不开高素质的教师队伍，教师是教育活动的组织者，课程改革的实践者，教师的专业素养直接关系到课程改革的成效。当然还有其他诸如班额人数、学历合格率达标及年轻教师增加等现实因素。

随着科技的突飞猛进，国际竞争日趋激烈，知识经济已见端倪。要达成全面建设小康社会目标、实现中华民族伟大复兴越来越取决于各类人才的质量，我国教育事业的重要任务是造就一批新世纪的一代新人，因此建设一支高质量的教师队伍对我国更显得意义重大。

第一节　政策背景

第四次全国教育工作会议和《国家中长期教育改革和发展纲要（2010）》把师资队伍建设作为实施"纲要"的保障，提出了建设高素质教师队伍的战略任务。教师培训成为教师教育研究的一个重要话题，尤其是 20 世纪末 21 世纪初，通过立法等形式鼓励教师参加培训，教师培训迎来了最为艳丽的春天。

政治上，党的十六届六中全会指出，构建社会主义和谐社会，政府在其中起着主导作用。胡锦涛同志在十七大报告中谈到要坚定不移发展社会主义民主政治，人民民主是社会主义的生命。经济上，和谐社会的核心利益是经济利益，尊重经济基础是和谐社会的立足点。因此要求人的行为以经济规律为依据，减少矛盾，增加和谐因素，以便能顺利发展。这样相对于教育领域，自然也应该关注各种政策法规，使得各种教育行为得到规范。文化背景上，确定了建设社会主义核心价值体系，是建设和谐社会政治文化的必然要求，是和谐社会政治文化的基本着力点。

在完善社会主义市场经济体制的进程中，随着国家财力的增强和人民生活水平的提高，教育发展条件明显改善，人民接受良好教育的需求日益增强。在贯彻科学发展观和构建和谐社会的大背景下，从改善民生问题的高度看待教育，反思和调整教育改革路径和动力，更加注重教育的公益性、公平性和公共性。

2007年十七大报告使用了某些新词，引起公众的注意，如"生态文明""文化生产力""文化软实力"等，这些概念无不统摄了执政党对于现实的深刻理解。2012年十八大进一步强调提高国家文化软实力，发挥文化引领风尚、教育人民、服务社会、推动发展的作用。其他如"心理疏导""人文关怀"等略显柔性的微观词语也被纳入一个宣布命令式的宏大话语系统之内，这表明严肃的政治思想工作开始关心人内心的感受。同样，教师除了作为心理疏导的执行者、人文关怀的施予者，事实上教师自己同样需要得到人文的关怀与心理的疏导。

中国特色社会主义的本质属性是社会和谐，2012年党的十八大报告明确指出要促进社会和谐，教育是社会进步的基石，同时提出要办好人民满意的教育，提高师德水平和业务能力，增强教师教书育人的责任感和使命感。2013年党的十八届三中全会精神及《中共中央关于全面深化改革若干重大问题的决定》的相关政策，坚持深化教育领域综合改革。在2014年的政府工作报告中进一步强调教育事业的优先发展和公平发展。

回眸进入新千年的中国教育发展改革脉络，体会到了教育"跨越式"发展的特色。国家始终将教育放在重要地位，十六大报告提出：大力发展教育和科学事业；十七大明确提出：优先发展教育，建设人力资源强国；十八大报告明确提出：努力办好人民满意的教育。其间教育成就有目共睹，2008年实现了城乡免费义务教育；2011年实现普及九年义务教育；2012年教育投入首次达到GDP的4%。尽管如此，教育事业发展依然任重道远。

一　体制转型后期的政治文化背景

21世纪人类的生产方式、生活方式和学习方式正在发生根本性变化，其重要特征之一就是知识生产的地位逐渐凸显，教育成为支撑经济社会可持续发展的强大动力。所谓"教者政之本也，道者教之本也。民劝之，然后国丰富也"。[1]

世纪之交，随着市场经济体制基本形成，对外开放程度达到了空前水平，综合国力空前增强，进入全面建设小康社会的重要战略机遇期。2003年，党的十六届三中全会通过了《关于完善社会主义市场经济体制若干问题的决定》，确立了科学发展观。[2] 同时和谐社会、科学发展、以人为本等民众期许的理念，显示了强大的推动力。市场体系的成熟需要较长的历史过程，但中国向社会主义市场经济的转型历时很短，且这种转变是由上而下的行政驱动，不可避免带来许多难题、产生难以克服的矛盾，建设和谐社会正是在这种背景下提出的。

随着收入的拉大，分层日益明显，教育利益呈现多元化，人民的教育需求也日益多样化。总体而言，在政治、经济体制变革的背景下发生了教育领域的诸多变革。教育的公正、公平和效率等问题日渐受到重视，也成为政府面临的重大问题，教育政策的价值取向发生了变化。政治领域发生较大变化，尤其是政治关系方面，各方关系有所调整，地方权力有所增强，中央权力有所下放，组织一贯的垄断力有所削弱，个人与组织间的依附关系逐渐瓦解，这在很大程度上也激发了个人的自主性和创造性。

（一）和谐社会发展的基础及建设构想

随着经济与社会体制的进一步发展和完善，如何让社会能够良性持续地发展成为重要命题，"和谐社会"是这一阶段发展的主题线索。2002 年11 月，十六大召开，正式确立以胡锦涛为核心的新一代中央领导集体。2003 年 10 月，十六届三中全会《中共中央关于完善社会主义市场经济体制若干问题的决定》明确提出可持续的发展观，促进经济社会和人的全面发展，并在此基础之上正式提出了新的执政理念，即坚持科学发展观。2004 年 9 月 19 日，中共十六届中央委员会第四次全体会议上正式提出"构建社会主义和谐社会"的概念。随后，在中国"和谐社会"便常作为这一概念的缩略语。

"和谐社会"是目前社会尽力构建的理想社会形式，其目的是使社会

---

[1] 贾谊：《新书·大政下》，上海古籍出版社 1989 年版。

[2] 《中共中央关于完善社会主义市场经济体制若干问题的决定》，《人民日报》2003 年 10 月22 日。

的各个方面达到协调发展和良性运行。社会心理学理论指出，当弱势群体将自身的不良境遇归结为获益群体的剥夺时，社会就潜伏着冲突的危险，一旦这种危机积累到一定程度又得不到及时解决，必定会对社会的稳定构成威胁。

（二）动态和谐，推动中国政治系统的良性运转

立足全局、统筹兼顾是科学发展观的鲜明特点，其发展思路就是把全面、协调和可持续发展辩证统一于社会系统之内。就政治文化系统而言，其内部各种亚文化千差万别，对其进行科学的协调与整合，对于社会稳定和政治发展极为重要。

同时以人为本，臣属型政治文化正在向参与型政治文化转变。以人为本是科学发展观的核心，以人的全面发展为价值目标，要求一切发展最终都要立足于人的自身发展。以人为本原则体现在政治文化的发展中，必然要涉及人与人之间的政治关系问题——公民权利的平等问题。胡锦涛总书记明确指出："要依法逐步建立以权利、社会、规则、分配公平为内容的社会保障体系，使人民共享改革成果，朝着共同富裕的方向前进。"[1]

在当代中国，由于市场给人们提供的机会以及对市场机会把握不同，加之政策的导向等因素，使得社会不同的群体之间的利益出现差距。利益的得失导致人们政治心理的变化，使得人们的政治态度、政治倾向都发生变化。

（三）第二次社会转型期的冲突加剧

1. 利益冲突占据主导地位

利益关系无疑是社会中普遍存在的根本关系，也是社会冲突的最终根源。多元化的利益群体在资源有限的前提下，不可避免地发生冲突。在社会转型时期，社会资源往往过于集中在某一群体或集团身上，从而导致社会冲突。正如孙立平所说："从当前的情况看，利益矛盾和利益冲突已经成为引发社会矛盾的主要问题，已经成为影响社会和谐稳定的重要因素。"[2]

2. 文化心理冲突不断上升

对抗性心理关系形式或对抗性互动关系形式连接起来的社会过程就是

---

① 胡锦涛：《在省部级主要领导干部提高构建社会主义和谐社会能力专题研讨班上的讲话》，《人民日报》2005 年 6 月 27 日。

② 孙立平：《博弈：断裂社会的利益冲突与和谐》，社会科学文献出版社 2006 年版。

冲突。冲突的根源除了利益分配不公之外，群体之间由于教育、文化素养或其他非物质因素而产生的猜忌，怀疑等文化心理因素也是产生社会冲突的根源。

随着人员流动加剧和新兴阶层的不断出现，文化心理冲突逐渐散布开来，尤其以大城市为重。主要表现为大量生存在城市中的农民工和生存在大城市的"蚁族"与城市居民之间的文化心理冲突。

总之，从社会转型的特点看，本世纪初正处于第二次社会转型，是科学发展观指导下的从经济建设为中心转向经济社会发展中心。社会转型必定带来文化教育的变化，也应适应如何从农业社会向工业社会，再向信息社会的转型。这种转型所反映的政治效应是由政策在全体社会成员中产生的，同时为执政党的政策选择提供政治信息，也为构建和谐社会提供了文化和政治心理环境。面对处于信息、开放、多元的急剧变化的时代，和谐社会文化的创新要包容多元，体现其时代性和平民性。

（四）政治文化发展的国内外挑战

随着我国经济体制的变革，社会结构的变动以及利益格局的调整，社会的变革与转型给政治文化的发展带来了巨大活力和空间，同时也面临着巨大的挑战。这一境遇，无疑是在此背景下构建和谐社会所必须面对的，与时俱进无疑是发展的应有之义。

1. 面临的国内挑战

从总体上来讲，当代中国的政治文化是比较稳定且与时政和谐共生的。但总体和谐之下的挑战也依然存在。第一，以中国特色社会主义思想体系为核心的主导政治文化面临着传统政治文化与外来政治文化的冲突。第二，政治价值取向呈现多元化，自我价值取向一度张扬；政权价值取向上，主流是肯定现行体制，也有留恋计划经济体制或主张效仿西方体制的。第三，社会政治心理呈现复杂化。对传统国家权力配置的机制，极大地影响了不同群体在利益格局中的定位。并导致不同群体政治心理的差异，这些都有可能侵蚀着和谐社会政治文化的生长。

2. 面临的国际挑战

全球化是一个全方位的历史进程，始终伴随着文化渗透、价值变迁等内容。在这一历程中，中西方文化形成冲突。正如亨廷顿所说："对一个传统社会的稳定来说，构成主要威胁的并非来自外国军队的侵略，而是来自外国观念的输入。"① 事实上，全球化浪潮已经给中国社会已有的系统造成了一定的震荡。

二　创新和发展时期

纵观此阶段各项政策更加强了教师培训的针对性和实用性，进一步深化了教师培训的可持续发展，也形成了相对配套的政策体系，力求使在职的教师培训能真正有效促进素质教育的深入，为基础教育服务，使之成为所有中小学教师的自觉意识和行为。2000 年 3 月发布的《中小学教师继续教育工程（1999—2002）》，该方案规定了教师继续教育的基本轮廓和框架，具体有：轮训一千万名中小学教师、培训一百万中小学骨干教师、计算机培训等，并同时规定要完成的各项指标。这也是教师专业发展政策的基本范本，目标明确提高了继续教育的可操作性。2001 年，随着新课程改革的实施，中共中央和国务院颁布了一系列文件，如《国务院关于基础教育改革与发展的决定》和《基础教育课程改革纲要（试行）》，充分说明政策开始关注基础新课程师资培训工作。决定中对于师资提出了这样的要求："建设一支高素质的教师队伍是扎实推进素质教育的关键。加强骨干教师队伍建设。加强中小学教师编制管理。依法完善中小学教师和校长的管理体制。"相比以往有关师资的政策条例，显然具有继承性和延续性，重视师资队伍，加强对师资的编制管理等，是对于教师管理的一贯要求。

从以上政策文本的变迁中可以清晰地看出政策的总体导向，随着教师队伍人数增加，就需要不断优化，加强师资的培训，提高教师的业务素质日益迫切，最终把优秀的师资注入教育改革之中便是雪中送炭。《2003—2007 年教育振兴行动计划》指出，教育必须坚持为人民服务的宗旨，办好让人民满意的教育。2006 年《中华人民共和国义务教育法》指出，义务教育必须贯彻国家的教育方针，实施素质教育。

（一）坚持教育优先发展，明确提出建设人力资源强国

特别是 2003 年实施人才强国战略以来，社会上逐步形成了实现现代化科技是关键、人才是核心、教育是基础的共识，采取多种措施提高中小

---

① ［美］亨廷顿：《变化社会中的政治秩序》，生活·读书·新知三联书店 1988 年版，第38 页。

学教师队伍质量。

中小学人事制度改革深入进行，教职工聘任、新任教师公开招聘、校长选拔任用制度不断完善；建立城镇教师支援农村教育制度，定期选派城镇教师到农村交流任教；实施农村教师特设岗位计划和西部志愿者计划，公开招募万名高等学校毕业生到中西部农村中小学任教；实施农村学校教育硕士师资培养计划，为中西部农村贫困地区中学培养补充成骨干教师。组织实施了新一轮中小学教师培训，800 多万义务教育教师和 80 多万高中教师接受了新课程培训，100 多万中小学教师接受学历提高培训。教育发展问题复杂，教育改革不可能超越政治体制改革阶段。使用激进方式推动变革相对容易失败，而用渐进方式进行的变革相对容易成功。任何教育改革项目都会对社会稳定产生重要影响，需要一个社会广大民众认同的过程，以此获得对改革适宜的公共支持。

2007 年《国家教育事业发展"十一五"规划纲要》指出，以素质教育为主题。坚持育人为本、将素质教育贯穿于各级各类教育。2010 年 7月中共中央　国务院颁布的《国家中长期教育改革和发展规划纲要（2010—2020）》（以下简称《纲要》）对教师培训作出了明确的指示。《纲要》指出我国今后近十年的教师教育的目标为"完善培养培训体系，做好培养培训规划，优化队伍结构，提高教师专业水平和教学能力"。[1]

（二）教师参与教研活动的政策依据[2]

1. 2005 年颁布的《教育部关于进一步加强和改进基础教育教学研究工作的指导意见》。（讨论稿）

2. 2012 年 11 月 5 日至 6 日，首届全国教研系统负责人联席工作会议在成都召开，会议由教育部基础教育课程教材发展中心召开。会议就新形势下，如何转变观念、创新思路，推进教研工作走上新台阶进行了研讨。

3. 2013 年 12 月 26 日至 27 日，教育部基础教育课程教材发展中心在上海召开了第二届全国教研系统负责人联席工作会议。会议研讨、交流了在深化教育领域综合改革的新形势下，基础教育教学研究部门在深化基础教育课程改革、落实立德树人根本任务上的新思路和新举措。

---

① 《国家中长期教育改革和发展规划纲要（2010—2020）》，http：//www. gov. cn/jrzg/2010－07/29/content_ 1667143. htm。

② 赵小雅：《教师参与教研活动的政策依据》，《中国教育报》2014 年 3 月 5 日第 6 版。

　　概括来看，我国教师政策体系存在着内部不配套的问题，表现为教师待遇政策、要求政策和管理政策三大子系统的不协调。例如，教师管理政策和要求政策之间不能很好地互相支持，影响了整个教师政策体系作用的发挥。举例来讲，由于两者不配套，致使教师的考核、晋升与在职培训不能有机结合，影响了教师在职培训的积极性。从新中国成立以来的教师政策及其发展历程来看，教师政策是一个动态的历史范畴。从当代教师政策的演变来看，均体现了不同阶段的教育观，教师政策的发展史，是一个由片面到全面，从散乱到系统，宏观、微观不断合理渗透的发展史。政策变迁走势的动因是适应我国社会的宏观变革，对基础教育改革和发展的回应，同时顺应教师职业专业化的大势。

　　梳理各阶段的政策，反思其中的经验教训，了解这些基本取向的变迁，至少能为我国中小学教师在职教育政策制定和完善提供借鉴，以便在复杂的情况下设计出内因方案。

第二节　政策演变

一　价值取向

（一）"以人为本"

　　"以人为本"是从关注"社会价值"走向关注"人的价值"，走向关注教师的内在需求。当今是一个以人为本的时代，尊重人的地位、发现人的价值、解放人的自由、激发人的潜能是时代的进步。发展是人的发展，这也是科学发展观的核心。发展是人的自我创造和自我生成的活动，属于人们追求和创造自身价值的活动。科学发展与人的发展是统一的，人通过价值性的活动实现人的发展和社会发展的统一。以人为本的核心是把人看成是社会发展的出发点和归宿，其他生产方式以及制度都服务于人的发展。"以人为本"价值体现以人的主体性、人的尊严和人的自由成长为本。这既是我国教育政策的价值根基，也是教师专业发展政策应有的核心价值，以教师为本，教师的发展优于其他利益。

（二）正义：从注重效率走向注重公平

　　以罗尔斯为代表的学者提出了"作为公平的正义"，其原则包括：机会向所有人平等开放、把最惠待遇给处境不利者；而衡量正义的原则是：

持有的最初获得以及不同人之间转移过程的正当性。而社群正义者认为正义是具体社群的文化，历史基础上构建的共识，他们是站在共同体基础上构建正义观。①

社会价值构成分配领域，分配正义的根本原则是相对自主。根据物品社会意的区分，自由交换、应得和需要是分配正义的三个具体原则。应得指人们在社群内所具有的能力、身份和对社会贡献的一致性原则；需要是指政治共同体需根据其成员集体理解的需要来致力于该需要的满足，必须以平等的成员资格为基础。

（三）从一味的工作关注到对教师个性、工作满意度等全方位的关注

毫无疑问，教师政策的实施直接影响教师发展，假如教师政策没有发挥其应有的作用，不仅不能有效促进教师的发展，反而会影响教师的工作态度，等等。因此，需要把教师政策与其具体的落实场域相结合，如与教师的工作个性、工作满意度相结合，通过对教师政策的感知来更好地对教师政策进行探索与反思。

（四）从职业提升到教师职业生涯的设计与经营

职业生涯规划是将目标明确表达出来的过程，并将个人发展与组织发展相结合，对决定其职业生涯的社会因素、组织因素和个人隐私进行分析，制定有关个人发展的设想和安排。教师的职业生涯可以是发展或停滞的，也可以是成功或失败的。教师职业生涯目标抉择与结果关键在于自身的进取和努力。教师是培养人的工作，其职业生涯的本质既是其业务方面的专业发展，也是个人德性的成长。成功的教师，在其生命价值中教学工作有举足轻重的意义，也只有在职业生涯中能够体验到幸福的教师，才能说是达到了一个自主发展的境界。

（五）从注重知识培训走向注重能力和素质的提升

目前培训已经不再以知识拓展为重点，而更多关注教师素质及能力的提升。开始注意到培训不是系统知识的灌输，而是为了行为的改变和素质的提升，由于培训对象即教师的特殊性，如教师的自主性、教师经验的永恒性以及培训联系教师的发展任务，因此教师培训有其特有的特质，弥补知识缺失已经不是第一要务。

---

① ［美］米切尔·沃尔泽：《正义诸领域：为多元主义与平等一辩》，褚松燕译，译林出版社 2002 年版，第 288 页。

（六）教师从被动执行到积极参与

教师参与自身专业发展政策的制定是民主政治的重要标志，是现代民主政治制度下的基本公民权利，体现了以人为本的人文关怀思想，强调政策制定者关注基层民意，兼顾不同体系的利益博弈，协调公平和效益，实现与教师之间的有效沟通。教师专业化的指标通常包括专业知识和能力、专业自主、专业伦理和专业成长等。教师通过参与自身专业发展政策的制定，发挥教师的特殊身份作用，进一步强化教师的专业发展。教师作为专业化发展的特殊群体，掌握各种教育信息和相关政策理论，拥有较高的文化素养，若能在政策文本中融入自己的价值取向，并渗透于教师专业发展政策的文本之中，能增强教师以专业标准要求自己的责任感，提高社会对教师的认同度，提供激励教师专业发展的动力。

现代社会尊重人的基本权利，教师的利益理应通过民主参与得以实现。教师的参与政策的制定实质上是其专业发展权利的维护和保障。

二　内容变迁

从 1999 年到 2002 年，全国实施了"中小学教育继续教育工程"，约85％的中小学教师接受了一轮以实施素质教育能力、师德和信息技术为重点的内容培训。2001 年 5 月 29 日，国务院发布《关于基础教育改革与发展的决定》。《决定》的第 23 条规定，开展教育科学研究和教育教学改革。教学机构要发挥教学指导、研究和服务等作用。第 28 条继续提出要转变教育观念，以提高教师的师德和教学水平为重点。加强中小学教师继续教育，紧密联系基础教育课程改革，健全培训制度。加大信息技术、外语、综合类课程师资的培训力度。开展多媒体辅助教学，使用优秀的教学软件，加强中青年教师的培训工作。第 29 条，加强骨干教师和实施"跨世纪园丁工程"等培训计划，力争培养大批教育教学骨干、优秀教师和教育名师，发挥他们在教育教学工作中的示范作用。在对口支援工作中，要多为受援地区的学校培训骨干教师。可见，在体现公平理念的基础上对教师提出了标准更高的要求。

2001 年，随着新课程改革的实施，中共中央国务院颁布了一系列文件，如《国务院关于基础教育改革与发展的决定》和《基础教育课程改革纲要（试行）》，充分说明政策开始关注基础新课程师资培训工作。为提升教师队伍素质，"中小学教师培训计划"在 2003 年到 2007 年正式实施，对 1000 万名中小学教师进行能力提高培训，规定培训时间不少于 40 学时。

2011 年 1 月教育部颁布了《关于大力加强中小学教师培训工作的意见》。对新一轮教师全员培训工作作出了总体安排。2011 年 2 月教育部部长袁贵仁指出要努力提升教师的整体素质，激励优秀人才长期、终身从教。健全教师管理制度，实施教师资格考试和定期注册试点以及相应的中小学教师准入制度和管理制度。2011 年 12 月教育部公布了《幼儿园教师专业标准（试行）》《小学教师专业标准（试行）》和《中学教师专业标准（试行）》，在全国范围内公开征求意见。这是贯彻《国家中长期教育改革和发展规划纲要（2010—2020 年）》的重要举措，更为教师资格制度的改革起到引领作用。2012 年教师节前夕，《国务院关于加强教师队伍建设的意见》发布。《意见》提出要严格教师资格制度，并全面实施教师资格考试和定期的注册制度。总的来看，政策对学历要求普遍提高，如 2011 年在湖北和浙江试点的全国教师资格认定的报考条件显著提高，还有，从教师专业标准的内容来看，未来我国中学教师资格将根据所任教学科 "分科" 颁发，而小学和幼儿教师强调更多的是 "全科" 性质。此外，考试内容和科目更全面，认定要求也更高。

2012 年 1 月，刘延东在全国教育工作会议上发表了题为《坚定信心乘势而上奋力开创教育改革发展新局面》的讲话，对教师的专业化水平提出了更高的要求，特别提出要提高教师的专业化素质和教育教学能力。同时全面落实中小学教师的师德规范，引导教师潜心育人、静心教学。加大培训力度，通过 "国培计划" 等途径让偏远、农村、民族地区和薄弱学校的教师参与培训，提高教师培训的针对性和实效性，扩大教师对培训时段、课程和培训机构的选择性，给教师更多的关爱和支持。2012 年 11 月 17 日，刘利民在教育部党组学习贯彻党的十八大精神扩大会议上的发言《努力提升基础教育科学发展水平》中提到：要加强教师队伍建设，健全资格标准体系。2013 年 1 月 23 日，教育部印发《教育部 2013 年工作要点》，其中提到要着力提高教师师德水平和业务能力。2013 年 5 月 6 日，教育部印发了《关于深化中小学教师培训模式改革全面提升培训质量的指导意见》。

第三节　政策特点

进入新千年，随着基础教育课程改革的进行，迫切需要适应新课程改革的师资，这方面的培训成了主要任务，组织教师学习相关课程标准，学习和研究课程目标、内容和评估要求，通过教学实践掌握有效的教学方法。通过培训使其能基本胜任新课程的教学工作，不断提高自身的业务水平。

一　政策文本形式的特点

从前面所述的萌芽初创期的相关文献可以看出，当时的许多政策是以指示、纪要、决定或领导人的讲话等形式呈现的。如新中国首任教育部部长马叙伦在1949年的《在全国第一次教育工作会议上的讲话》、1952年的《关于大量短期培养初等及中等教育师资的决定》、1955年的《关于加强中等学校在职教师业余进修的指示》、1961年的《全国高等学校及中等学校调整工作会议纪要》等。

从体系化视角看教育法制，一般从高到低可以分成基本法律、单行法律、行政（地方性）法规、规章等。这样来看，早期的培训政策就其呈现方式来看尚欠规范，法律层次和效力均不高。这跟当时改造旧制度、建立新制度的背景有关。教师在职培训的相关政策规定也都处于初步的建立之中，但是这些政策多少已能建立起基本框架，只是受限于当时的时代背景，不够系统规范。但在紧接的曲折期和停滞期，中小学教师的在职培训政策几乎处于停顿甚至倒退，仅有的政策文本成了早期的翻版，有些甚至纯粹成了政治运动的样本。如1958年"关于教育工作的指示"、1967年关于"文化大革命"的各项通知、草案和意见等。随着"文化大革命"结束，十一届三中全会召开，中小学教师的在职培训政策开始恢复并重建，开始进入了新的历史发展时期。此阶段的政策研究对之前的成功进行了借鉴，并且根据新时期的发展背景及中小学教师队伍建设的迫切需对教育发展进行积极求索，政策文本的呈现也日益规范，兼顾权威性和民主性，也体现了人文性，意见、通知等字眼出现的频率较高。当然该阶段的政策尚不具备教育法律的特质，尚不是真正意义上的教育法律。文本呈现更多的是政府指令的方式。随着1986年《中华人民共和国义务教育法》的颁布，以及随后颁布的《中华人民共和国教师法》《中华人民共和国教育法》，以及其他法律法规的出台，促成了我国教育法体系的形成，也为制定中小学教师培训政策提供了重要的法律依据。这样，一系列在法律框架内的教师培训政策相继出台，如 1986年的《关于加强在职中小学教师培训工作的意见》、1991 年的《关于开展小学教师继续教育的意见》、1999 年的《中小学教师继续教育规定》等。虽然文本呈现依然沿用了意见、规定、通知等词，但这些都是基于现有的教育法律制定的，具有法律的权威性、规范性和系统性。

总之，中小学教师培训政策从政策文本的呈现形式看，已经逐步从政府的行政指令转化为教师培训工作的法律规范范畴，这个显著特点显示了教师专业发展政策的进步。

二　政策任务标准的特点

从各阶段的培训政策中可以看出，改革开放之前的很长一段时间，中小学培训政策的任务都是围绕教师的学历达标和教学胜任度。

在新中国建设初期，急需培养大量合格教师，当时的师资主要是吸收和改造旧社会学校教师、解放区民间教师等。如教育部为解决师资不足，在1952 年召开教育行政会议，提出优秀小学教师教初中、优秀初中教师教高中、训练职员或失业知识分子任教师，但这些教师学历基本不达标，也缺乏基本的教育教学理论和技巧，实际教学能力也很薄弱，因此当时培训任务的首要目标是学历上能达标，这在 1955 年的《加强中等学校在职教师业余进修的指示》、1956 的《关于普通教育和师范教育的工作计划》、1963 年的《关于讨论试行全日制中小学工作条例草案和对当前中小学教育工作几个问题的指示》中都有相关要求和建议。"文化大革命"时候，师范院校一度招生中断，教师队伍无法正常补充，出现后继无人、青黄不接的状况，相应地，培训机构和进修院校也随之瘫痪。迫于当时的斗争形势和政治运动，教师根本无法安心教学、业务彻底荒废，无处进修提高，没有培训的要求、机构和任务指标。由于无法得到正常培养和培训，整个教师队伍的学历处于较低水平，无法适应新时期教育发展的需要。据统计，至 1977 年年底，小学教师达到中等师范学历的仅占 47.1%，初中达到师专学历的仅占 9.8%。为此，"文化大革命"一结束，面临改革开放的时代背景，国家即试图提升教师的学历程度，国家用了近十年的时间，颁布了许多围绕学历展开的培训政策，如《关于加强和发展师范教育的意见》（1978）、《关于加强小学在职教师进修工作的意见》（1983）等。随着相关政策法律的出台，对学历达标作出了硬性规定，如此便基本完成了学历达标的任务。从 20 世纪 90 年代开始，培训任务慢慢转到教师综合素质的提升上。如 1990 年《中小学教师继续教育工作座谈会纪要》提出提高每位教师的素质，使其得到进步和提高，并培养一定数量的教育教学专家和学科带头人，1999 年《中小学教师继续教育规定》要求继续教育的重点是提升教师实施素质教育的水平，2002 年《关于"十五期间"教师教育改革与发展的意见》要求培养具有创新精神和实践能力的高素质教师。

总之，由于受到政治运动的影响，中小学教师普遍存在学历不达标的问题，这也是当时政策最关注的。近十多年来，教师培训政策更关注的是对其从教要求的提升，可见已从学历提升过渡到提高教师的整体素质上。

三　政策规划内容的特点

对中小学教师培训内容的规划是相应政策内容的重要方面。内容的变迁取决于任务，一般内容的规划立足两个方面，即基于社会需求或教师个人的发展需求，两者要兼顾很难，似乎也体现了"社会本位"和"个人本位"的矛盾。新中国成立后的很长一段时间，政策内容更考虑国家、社会的发展要求，几乎较少考虑教师的需求，直到 20 世纪 90 年代这种情况才略微有所改变。

从早期中小学教师继续教育政策来看，其内容和规划基本是基于应急的需要，具有实用的倾向。而培训内容往往同当时的政治运动和时事紧密关联，为当时的阶级斗争和政治运动服务。如新中国成立之初，随着受教育人数的急剧增长，教师需求急增，针对当时大量的中小学教师没有受正规的培养和培训的事实，完成学历补充的任务乃当务之急。因此为了补偿学历，1953 年的《关于整顿和改进小学教育的指示》也体现了以学历为本的思想。在起伏动荡的第二个发展时期，当时的在职培训政策仍然与政治形势高度相关。"大跃进""反右""教育调整"以及三年困难，短时间的剧变使得教师政治神经异常敏感，应有的学习也是参加各种体力劳动；直到"文化大革命"时期都是如此，大量内容都围绕政治运动、思想改造、生产劳动而展开，属于教育教学提高业务学习的内容很少。改革开放之初，中小学教师的在职培训内容也在悄然发生改变，虽然也强调政治思想的学习和提高。但最明显的变化是在教育教学业务水平的要求上，使其更具有了时代的紧迫感，随着教育的不断发展，政策内容也在变化，侧重点各不相同。如教育部在 1977 年下发的《关于加强在职教师培训工作的意见》，要求所有教师都应加强自身基本功的锻炼和学习，例如普通话要标准、板书要规范、批语要正确与工整。1980 年下发的《关于进一步加强中小学教师在职培训工作的意见》，针对当时新教师和民办教师多、学历不达标的多、新中国成立以来师资质量最低时期的严峻形势，规定当时中小学教师继续教育的重点是教什么补什么和缺什么补什么，过好教材教法关，通过考核就颁发《教材教法考试合格证书》，并要求搞好进修教材的建设；国家教委在 1986 年继续颁布《关于加强在职中小学教师培训工作的意见》，中小学教师培训内容上重点是通过教材教法进修使他们熟悉所教学科的教材和教学大纲，掌握基本的教学原则和教学方法；并同时不断学习和掌握新的教育理论和方法，如此不断提高政治、文化和业务素质，考核一旦合格就颁发《专业合格证书》。

值得注意的是，在新中国成立之后四十年的教师专业发展政策文献中，尽管可以整理出大量文字和文件，但是完整、明确、系统阐述相关内容的并不太多，若干时期甚至是一片空白，大多零散无序地散落于政策文本的字里行间。直到 20 世纪 90 年代前后这种情况才有了根本性的转变。第一次对继续教育内容作出比较明确规定的是 1991 年年底的《关于开展小学教师继续教育的意见》，指出要政治、业务培训两手抓，把开展思想政治教育和参加教育教学实践放在第一位。根据小学教育教学工作的特点和需要来确定继续教育的内容，除了政治教育和师德教育，还有现代教育技术和教学技能训练、现代科技和自然人文科学知识等。在《中小学教师继续教育工程方案（1999—2002）》中对诸如新教师培训、教师岗位培训、骨干教师培训、学历提高培训、计算机培训、培训者培训等各种类型的培训的具体内容进行了专门的政策规定。

总体来看，从中小学教师专业发展政策的内容变化上，反映出政策内容跟社会的政治、经济等密切相关，总能时刻体现国家和政府对教育发展和教师队伍建设的要求。培训内容在这一变化中不断充实和完善，更加具有科学性、系统性和连续性，逐步从更多基于社会需求慢慢转移到教师个人的专业发展和自身综合素养的提高上，有利于"终身教育"思想的实现。

四　政策设立机构的特点

我国教师队伍基数庞大，对所承担的机构也提出了严峻的挑战，如何建立层次多样、布局合理的培训机构是完成培训工作的重要保障。

新中国成立之初，国家就十分重视对在职教师的进修培训，要求创建中小学教师进修院校，以便使教师更好地适应新形势和国家发展的需要。

1949 年的全国第一次教育工作会议，强调师资和教材问题的解决是关键，而当时的师资无论是数量还是质量都很成问题。因此提出为加强教师轮训和在职学习，要大力改进各地师范教育，以培养大批合格教师。要求改进北京师范大学和各地区大学中的师范学院或教育学院。此后，进修院校的建立呈现良好的发展态势，到 1960 年，各地小学教师进修学校达 2202 所，中学教师进修学院发展到 95 所。1951 年的全国第一次师范教育会议，要求各级行政部门和师范院校举办短期训练班。1955 年，教育部发出《关于加强小学在职教师业余文化补习的指示》，要求各省、自治区、直辖市，采用函授师范学校的形式组织在职小学教师补习文化。至此，很快形成了以各级进修院校和函授师范学校为主体的培训机构体系。在较短时间内对中小学教师进行高效培训，使大多数教师胜任工作岗位。"大跃进"期间，培训工作出现波折，各级中小学教师培训机构几乎濒临停滞，但仍在曲折中前行，尤其是 1961 年通过的八字方针，使得培训工作重新走上稳步发展的轨道，各级培训机构逐步完善，师资培训质量也得到进一步提高。逐渐形成省、地、县三级教师培训网点。还诞生了新的教师培训机构，即广播、电视院校。

整个"文化大革命"时期，中小学教师系统的培训工作被迫中断，培训及沟通几乎全部被撤销。由于师资来源渠道受阻，同时再加上在职进修提高培训无望，造成中小学教师质量的急剧下降，也导致了国家教育质量的整体滑坡。"文化大革命"结束进行了拨乱反正，教育需重建，中小学教师的培训工作重新受到重视，培训教育机构的重建也成为提高在职教师水平的关键。

教育部在 1977 年召开的教师培训工作座谈会上，要求迅速建立各层次的培训机构，包括高等和中等师范学校都要承担培训任务。同年 12 月颁布的《关于加强在职教师培训工作的意见》，进一步要求健全各类培训机构。1978 年 4 月教育部颁布《关于恢复或重建教育学院或教师进修学院报批手续的通知》；1980 年发布《关于加强中小学在职教师培训工作的意见》，指出教育学院、教师进修院校、各级师范院校都是提高中小学教师实力的重要基地。此后，除了教育学院、教师进修学校等基本恢复之外，继而各地师范院校、培训中心和培训辅导班都得到了拓展，慢慢形成了比较完整合理的培训机构，此后 20 年中小学教师的在职培训也相当平稳有序。1999 年发布的《关于深化教育改革全面推进素质教育的决定》，开始鼓励各高校参与中小学教师的培训工作，包括后来的《中小学教师继续教育规定》也标示出各类教师培训机构，这都表示中小学教师培训机构逐步向众多非传统的培训领域拓展。进入 21 世纪，随着改革的深入，拓展了国际视野，我国经济、社会、教育持续发展，教育理念不断受到冲击，中小学教师在职培训目标从学历达标、专业发展到综合素质都全面提高。对培训机构提出了更高的要求，需要综合化的高层次培训机构介入。

总体看来，中小学教师在职培训机构经过多年的实践和探索，形成了多元立体的培训机构网络，不同机构在不同时期都对当时的教师培训发挥着特殊的作用，也促进了不同时期教师的专业成长。

五　政策组织方式的特点

形成有效的培训模式、采取正确的组织方式是完成继续教育的基本保障。在教师专业发展政策的文献规定中，对教师的培训形式提出了建议或要求。完成培训任务的基本保障便是采用正确合理的在职教育组织方式，形成有效的培训模式，在在职教育培训政策的规定中，都要求采用正确的培训形式。一直以来，中小学教师培训教育一直是依托各级师范院校采用面授、函授的方式。在新中国成立以来近 70 年的历史进程中，尤其是 20 世纪 90 年代后，也进行了培训方式的创新。

萌芽初创期，除了加强师范教育应对来源相对复杂的师资外，举办了教师轮训班，以组织教师参与短期轮训。培训方式也作了相应规定。如《政务院关于整顿和改进小学教育的指示》（1953 年）、《政务院关于改进和发展中学教育的指示》（1954 年）等都对培训方式作了要求。之后几年教育部都能根据实际情况，采取到师范院校或自学的组织方式。之后进入全面建设时期，在面临 1961 年到 1963 年的教育大调整后，又经历了跌宕起伏的政治形势，教师培训基本采取在职培训的方式，及用经验总结、业务辅导、教学研究、观摩听课、函授广播等方式提高教师的业务能力。并要求从长计议，有步骤地抽调教师到高校进行深造，以逐步提高他们的教学能力和业务水平。可见培训方式呈多样化，又由于当时实行"半农半教"，教师需要用大部分时间来参加生产劳动，很少有时间进行真正的业务学习和提高，导致培训的实效性不够。教育遭受重创的"文化大革命"时期，法律法规遭到严重贬损，教育理论和思想再度陷入混乱。参加职后培训几乎没有可能，在当时的政治背景下，中小学教师必须参加各种劳动，完成各项思想改造，业务提高成了空话。

在教师专业发展政策恢复重建时期，对前30年中小学教师继续教育中好的经验予以继承和发展，借鉴了较为成熟的培训方式展开继续教育工作。在教师专业发展政策恢复时期，也对先前的好的经验予以继承，并借鉴较为成熟的培训方式，以更加有效展开培训工作。"文化大革命"结束后的1977年，教育部通过颁布《关于加强中小学在职教师培训工作的意见》规定了多种形式的教师培训，在职培训以自学和业余为主。1980年教育部发出《关于进一步加强中小学在职教师培训工作的意见》，明确指出函授为中小学教师在职培训的主要形式。而后，教育部在1983年发出《关于加强小学在职教师进修工作的意见》，指出可以根据实际情况采取多种形式的培训工作，培训方式有所改进。随着现代教育技术手段的推进，培训方式日益呈现多元化趋势，培训工作也逐渐规范化。1986年国家教委发出《关于加强在职中小学教师培训工作的意见》，指出根据办学条件，发挥自身优势，开展多种渠道的培训形式。1987年成立了中国电视师范学院和师资培训讲师团，开展自学考试；在1990年的《全国中小学教师继续教育工作座谈会会议纪要》上进一步强调了培训形式的灵活多样，教学形式以业余、自学和短期为主，充分发挥电化教育、卫星电视教育的作用。

进入新世纪，随着信息技术的不断发展，培训方式更趋多元。2000年教育部颁布《中小学教师继续教育工程方案（1999—2002）》，要求在充分利用各类媒体的基础上建构结构合理、开放高效的中小学继续教育网络体系；2001年，教育部发出《关于基础教育改革与发展的决定》，提到要利用远程教育的方式；2003年的《关于实施全国教师教育网络联盟计划的指导意见》，提高实现教师教育领域内的行业联合，试图创造性地构建继续教育新方式。

总之，中小学教师专业发展政策的变化趋势表现在：一是培训方式，由相对单一、低层次、高成本发展到多元化、高层次和低成本；二是时间安排，由原来统一安排为主到给老师更多的自主时间，网络学习、自学等方式体现了以人为本的思想，解决了工学矛盾，给教师带来更大的自主空间；三是培训动机，从原来基本自上而下的教师被动学习的态势到后来更注重发挥教师个人的主动性；从技术含量上看，从原来的低效率、高成本到随后提高效率、节省人力和财力。这些都体现了继续教育工作的进步。

总体看来，教师专业发展政策就其文本而言，有这样一种趋势：已经逐步从政府行为的强力推行转化为把中小学教师培训工作纳入法律规范范畴，这是新中国教师专业发展政策的显著特点，也是教师继续教育政策发展的重大进步。政策目标在进入新千年之后，随着基础教育课程改革的推进，目标逐渐转移到综合素养的整体提高上面，从重视知识的掌握到重视能力的提高，由关注教师的培训义务到关注教师的培训权利，同时培训形式也由单一化走向多元化。

第四节　经验与反思

进入新千年，随着素质教育及基础教育课程改革的全面推进，不同时期中小学教师培训政策的价值取向发生了明显的变化：教师培训是促进教育改革与发展的重要手段，教师培训成为教师专业发展的常态，以人为本成为教师培训政策的价值导引。但从培训实践来看，一刀切，忽视实际需要的现象也十分明显。当初进行的新课程师资培训，政府提出的培训要求当然是自上而下，教师培训尽管也涉及了专业发展的培训目标，但是显然这些没有基于教师个体的需求，尽管也倡导参与式培训，但在实践中困难重重。因此如要在这方面有所突破，需要建立良好的政策体制。

一　教师培训转型：应更注重专业标准

在这近六十五年的演进历程中，由于不同时代不同阶段都存在着不同的政策问题，为解决这些问题而制定的政策内容及其重心也不尽相同，但纵观其变迁史，总体呈现出由零散到系统、由表层到深入、由片面到全面、由经验到专业、由外在规范到内在标准建立的发展，慢慢体现出专业性、科学性和制度性的特征，也体现出政策的价值理念越来越符合中小学教师专业发展的特点规律。

2012 年的《中小学教师专业标准》对教师专业发展的理念和内容作了标准性的规定。中小学教师专业发展政策也体现《教师专业标准》中提出的新的观念和要求，并成为中小学师资队伍发展的使命。教师培训的使命也势在必行。《专业标准》对教师专业发展的基本内容，包括专业理念、专业知识、专业能力等作了翔实的规定，也对中小学教师培训的改革和发展提出了要求和依据。对教师专业发展提出了明确的参照依据，在具体实施中就需要将《教师专业标准》中提出的基本要求、规范和准则变成发展的现实。

对教师的专业发展进行分层，制定不同层级逐步递进的专业标准体系，对不同层级教师的专业素质提出具体要求。如对成熟型教师，侧重教学策略等要求；而对新手教师，则侧重教学技能的基本要求。总之，以专业标准体系引领教师的专业发展，如此使得不同职业生涯教师的专业发展都有其具体的目标。

二　从关注社会价值到更为关注人自身的价值

纵观教师专业发展政策的演变，早期明显关注教育的工具性价值，即为社会服务的外在价值。新世纪以来，更为关注人自身的价值，即教育的内在价值。如1986年国家教委《关于加强在职中小学教师培训工作的意见》是在1985年《中共中央关于教育体制改革的决定》发布的第2年颁布的，是为了贯彻落实决定中提出的培训任务而制定的政策。众所周知，改革开放后随着教育事业的蓬勃发展，教师数量短缺且素质不高，为了恢复并加强教师在职培训，陆续颁布了一系列的政策，这也是我国经济社会发展的必然。目的是为保障各项建设所需人才提供师资保障，具有明显的效率意识和经济倾向。当时采取脱产、函授等形式，内容注重文化知识的传授。

同样，如《国家中长期教育改革和发展规划纲要2010—2020》发布第2年，2011年教育部颁布了《关于大力加强中小学教师培训工作的意见》，同样是为了贯彻全国教育工作会议纲要和建设专业化的高素质教师队伍。当然这也与当时的社会发展相适应。进入21世纪，随着市场经济体制的完善，政策重心开始转向社会领域，更加注重社会的公平和稳定，此其一。其二，改革开放30年，我国的社会、政治、经济和教育发生了根本性的改变，教育政策开始注重发挥人的和谐发展的本体价值。培训领域，20世纪90年代以后开始进入新的转型期，教师的供求关系在90年代中后期开始改变，对师资的要求由数量转向质量。2002年党的十六大提出科教兴国和人才强国战略。毫无疑问，教师资源必须首先得到充分开发，并实现教师培训理念、目标的大转变。

因此，新中国成立以来，教师培训价值取向从强调政治利益、经济效益到关注人的和谐发展，从重视社会需求到个人发展。2011 年教育部颁布的《关于大力加强中小学教师培训工作的意见》体现了注重"人"的发展的价值追求。

三　从注重效率走向更注重公平公正

改革开放以后，一切工作以经济建设为中心，当时的许多培训政策带有明显的追求效率的特点。新时期的许多政策则体现了公平的价值取向。一直以来的"效率优先、兼顾公平"的政策导向在某种程度上影响了社会公平。十六大提出全面建设小康社会，罗尔斯（John Rawls）提出的公平原则开始融入教师培训的理念中。

如 20 世纪 80 年代陆续发布的教师培训政策中，培训对象是那些总体学历和素质相对较低的教师，重点是通过培训让教师具备最基本的教学能力。到了新时期，在教师总体素质水平大大提升的背景下，提高专业化的业务水平和师德成为教师培训的焦点。同时，培训也开始向弱势群体倾斜，由原来的重精英开始转向注重公平。另外从培训方式来看，改革开放之初以传授知识、学历补偿为主的培训方式是当时经济发展的必然产物。新时期则日益关注农村教师，薄弱学科教师培训以及幼儿、特殊教育师资培训。同时，培训项目的招标也坚持公平竞争原则。

四　从关注社会外在需求到更关注教师内在需求

新中国成立以来，教师培训从关注外在需求到逐步关注教师内在需求。新中国成立到改革开放初期，长期以来教师培训一直比较注重教师为国家经济政治服务的工具性价值，即社会价值取向，比较少关注教师的本体价值。

到了 21 世纪，如 2011 年的《关于大力加强中小学教师培训工作的意见》，开始本着"以人为本"的原则，强调教师的需求，尊重教师的个人特质，抓住其中的问题进行培训，运用多样化的培训形式，进行适合其职业特点的针对教学中的实践问题进行多样化的培训，体现以教师为中心、为教师专业成长服务的理念。这体现了政策的本体价值和追求，改变了过去教师培训重社会需求轻个人主体价值的倾向，试图实现本体价值和社会价值的一体化，通过提升教师个人的专业素养的同时达成社会价值的实现。

从培训途径看，新中国成立及改革开放初期强调以业余进修的形式为主，脱产比例不大，尽量就近不影响教学，提高师资合格率为主要目标也符合当时我国教师数量和经费的不足的实际。进入新千年，特别是在2010《国家中长期教育改革和发展规划纲要 2010—2020》发布以后，提出了远程培训与集中培训结合、脱产进修与校本研修结合、境内培训与境外研修结合等培训原则，要求通过集中培训、脱产研修、远程培训、校本研修、海外研修等多种途径进行教师培训。体现了教师专业成长的多样性、个性化培训特征。教学方式也由原来的你听我讲的讲授式等基本进修方式改进为小班化、案例式、探究式和参与式的培训方式。

五　从注重知识培训到更注重能力提升

目前的中小学教师培训更多关注的是教师的能力及素质的提升，不再仅仅以知识扩展为重点。改革开放早期是通过培训让学历不合格的达到合格，不能胜任教学的能胜任教学。培训对象主要是文化水平较低或教学水平不合格的教师，培训目标上要求学历达标并能胜任教学，主要注重教师对知识的掌握。这一观念有深刻的历史原因。因为首先，当时教师队伍中确实有相当一部分不具备基本的文化基础知识，专业知识尚不具备，更遑论其他能力等要求了。其次，以当时传授知识为目的的教学决定了教师必须是知识的传授者，培训自然也要强调教师知识的掌握程度。再次，与当时计划经济体制相适应，决定了人们习惯于既定的东西，习惯于接受书本知识，导致当时培训也必然强调知识的掌握。随着培训工作的不断推进，大部分教师达到了国家规定的学历要求。之后，培训领域也提出要进一步提高教师的教育教学能力。同时随着知识经济对人的创新能力要求的提出，创新精神和能力成为共识。因此，在新时期，在教师培训中就必然强调以发展和提升教师实施素质教育的能力为培训重点，因为"教师素质与其可能实施的教育，与这种教育可能达到的学生的发展水平之间存在着内在的相关性，这些相关性甚至是不可逾越的"。[1] 从词频上看，改革开放初相继发布的培训政策均没有"创新""素质""研修"等词语，而在新

---

① 杨启亮：《教师继续教育中"唯学历"目标的终结》，《中国成人教育》2000 年第 1 期。

时期的政策文件中则出现的频率非常高，这明显与当下培养学生创新精神和实践能力为目标的素质教育的要求相一致，同时也是以"注重研究"等培训方式提高教师实施素质教育的能力的时代要求。

政策是在对现实判断基础上的价值选择与引导，是针对所面临的新要求和新形势的。从这个政策的价值意义上分析，对于中小学教师培训而言，要时刻关注如何通过实现专业化的培训为教师提供服务与支持，进而达到改善素质、提升能力的目的。中国是一个复杂多元的现代社会，政策发展也相对复杂。教育政策其实不是只对上层或某一社会阶层的利益做出反应，而应该是对一个多元的复杂体做出反应。[1] 在某种程度上政策的变迁是对复杂利益主体的制衡、竞逐的反应。政策从制定到变迁无不牵涉众多潜在群众的利益。教师专业发展政策又是如何被赋予权威价值的地位并最终正式执行呢？从相关政策变迁研究来看，逻辑经验主义者只强调政策的渐变性，而忽略了其间断性变迁。库恩的间断性科学范式解释了政策长期稳定过程中伴有的剧变现象，也是一种分析思路。总体而言，新中国成立以来，尤其是改革开放近40年来，意识形态在政策演变中的作用不能忽视。

豪格伍德和彼德斯在《政策的动态性》中对政策变迁的内涵和动因进行了界定，认为"政策变迁"基本上就是一种对现行政策所从事的变革活动，这种变革，或因外部环境的变化所致，或因政策自身构成要素的变化而发生，不论是受外在条件还是内在要素的影响，均很少有政策会一直维持着当初被采纳时的形式，相反，它们总是处于持续不断的演化之中。[2] 詹姆斯·莱斯特和约瑟夫·斯图尔特将政策变迁一般理解为一种对现行政策所从事的变革活动，是政策动态运行过程中的自然环节和常态行为，是政策适应社会经济环境变化的表现。[3]

---

① Svi Shapiro, H.（1980）"Education and the State in Capitalist Society: Aspect s of the Sociology of Nicos Poulantzas", Harvard Education Review, 50, 3 p. 328.

② Hogwood W. Brian and Peters B. Guy, Policy Dynamics, New York: St. Martin's Press, 1983: 25.

③ ［美］詹姆斯·P. 莱斯特、约瑟夫·斯图尔特：《公共政策导论（第2版）》，中国人民大学出版社2004年版，第165页。

第六章

教师专业发展政策制定、实施、
评价过程分析

前面几章以文本作为研究对象，从教师专业发展政策文本内容变迁的角度进行了分析，但从某种程度上说，政策并非单纯是文本，诚如有学者曾提出的批评，"人们容易把教育政策静态或狭义地理解为文本或条文，而事实上教育政策应有的过程观念在政策实践或研究中经常受到忽视"。① 因此，本章不仅把教师专业发展政策作为政策文本，更把其看作一个动态过程，基于文本又抽离于文本，从教师专业发展政策的制定、实施和评价三方面进行探究。

第一节　教师专业发展政策的制定

一　教师专业发展政策制定的概念及制定模式

综合来看，当前学术界对于教师专业发展政策的制定一般有两种理解方式，一种是把教师专业发展政策制定理解为整个政策过程，不仅包括政策问题、政策议程、政策决策等环节，还包括政策执行和政策评估等阶段。一种是把教师专业发展政策制定理解为政策形成或政策规划，指从政策问题产生到政策议程、政策决定并最终出台文本，使其合法化的过程。就其范围来看，前者是广义概念，将政策执行和政策评估等阶段纳入政策制定中。后者则是狭义的概念，认为政策制定、政策执行和政策评估是三个具有平行地位的不同阶段。本研究所探讨的教师专业发展政策的制定便是从狭义上来理解的。

---

① 张乐天：《论教育政策观念的变革与更新》，《教育发展研究》2001 年第 11 期。

在阐述相关模式之前，有必要指明的是，由于教育政策的下位概念是教师政策、教师专业发展政策又属于教师政策的下位概念，因此，基于教育政策与教师专业发展政策的共通性，本研究在阐述教师专业发展政策的制定模式时主要借鉴教育政策的制定模式。如此而言，理性模式、渐进模式和综合模式也是教师专业发展政策制定的三种主要模式。[①]

理性模式提倡制定政策必须通过理性的分析和思考，是指政策制定者根据完整详尽的综合信息，澄清其目标或价值，客观地加以分析和判断，再对所有可能的政策方式进行优劣评估，估计成本效益，并依此排序，预估可能的影响，经过理性的分析比较之后选择最合理的方案。

渐进模式是指以现行的政策为基础，再与其他新方案相互比较，然后决定哪些现行政策应加以修改以及应该增加哪些新的政策内容。该模式的代表人物是林德布洛姆，他认为仅仅"根据界定的目标，对各种选项进行全盘评价"的方法是行不通的，取而代之的是"依据过去的经验和当前的形势，对已有政策进行适当的增加和补充"。[②] 这里需要明确的是，渐进模式并不是彻底将理性拒之门外的，它所反对的只是将政策制定看作是一个周全的理性决定的过程，因此，渐进模式本身也是具备理性这一要素的。

综合模式，顾名思义就是将上述两种模式进行混合使用、有机结合的一种模式。如果说，理性模式追求的是政策制定的理性化，最终目的是要制定出最佳的方案，而渐进模式追求的是教师专业发展政策的改良，强调相关政策的可行性，那么综合模式就是两者的完美结合，即既要努力提高政策制定过程的理性程度，又重视利用现有政策，借此来获得切实可行的理想政策。

二　教师专业发展政策制定过程的阶段

关于我国教师专业发展政策制定过程的阶段分析，著名的政策学家林德布洛姆在其《决策过程》一书中对新政策的制定阶段进行了分析，他

---

① 徐庆江、陈国军：《我国教育政策制定过程与影响因素分析》，《绥化学院学报》2008年第10期。

② 沈伟：《教育政策制定过程分析：渐进调适的视角——以代课教师清退政策为例》，《教育发展研究》2010年第15期。

认为一般政策步骤需要经过以下几个阶段：第一，必须是对一个现实存在问题的分析；第二，证明其目的或价值，并进行排序；第三，列出有可能达到目标的所有政策手段；第四，核对可供选择的每项政策会产生的所有后果；第五，评估每项政策的结果与目的，并进行比较；第六，选出政策结果与目标最为适宜的政策。① 结合上述理论和我国实际，我们把教师专业发展政策的制定过程划分为四个阶段：政策问题的认定、政策议程、政策决策和政策合法化。

（一）政策问题的认定

教师专业发展政策问题的认定作为整个教师专业发展政策制定过程的起点，其重要性是不言而喻的。美国学者利文斯指出："问题的挖掘和认定比问题的解决更为重要。"② 教师专业发展过程中的问题是客观存在的，如教师积极性不高和自主性不强、学校不够重视、社会支持力度不大等。这些问题可以说是数不胜数的，因此如何在这众多问题之中进行选择并将其认定为政策问题是这一阶段的核心任务。能否成为教师专业发展政策问题首先是取决于该问题是否能够引起公众、政府及相关教育部门的关注，其次便是受到问题的性质、严重性、代价和回报等关键性因素的影响。

另外，在认定政策问题的过程中要切实做到民主化，把好第一道关，为教师专业发展政策的科学性奠定扎实的基础。因此，必须注意把握好下面两点：一是要保证尽可能多的人参与到教师专业发展政策问题的认定中，尽量平衡不同群体之间的利益，尽可能多地倾听来自不同群体的声音。二是采取程序化的问题认定方式，即按照一定的程序来认定政策问题，避免一些人为因素的干扰，避免产生不经过讨论和深入研究由个人或某一群体单独做出决定的现象。

（二）政策议程

在政策问题的认定这一最初阶段结束之后，下一个阶段要进行的便是设立政策议程。设立政策议程，就是指设定关于政策解决问题的议论、商讨、规划的议事程序。在这里需要注意的是，并不是每一个被认定为政策

---

① ［美］查尔斯·林德布洛姆：《决策过程》，竺乾威、胡君芳译，中国人民大学出版社2002年版。

② 转引自季忠发《我国民办教育政策制定过程的研究——以〈中华人民共和国民办教育促进法〉及其实施条例为例》，湖南师范大学，2008年。

问题的问题最终都会成为政策，因此这一阶段可以被看作是教师专业发展政策制定过程中的第二轮淘汰。在我国，政策议程主要有两种形式，分别是公众议程和政府议程。一般情况下，公众议程中的问题虽然对政府具有一种外在的影响力，但其中只有部分问题是可能进入政府议程中的，而政府议程中的问题却大多是无须经过公众议程的，可以由政府直接将其列入。这便说明了公众议程对政府议程只有影响作用，并不能起到决定作用。同时，由于党组织和政府是我国社会公共利益的代表者，在政策制定的过程中处于关键性的决定地位，因此结合上述情况，可以说我国教师专业发展政策问题的主要提出者便是党组织和政府，他们在政策问题的制定过程中自始至终都发挥着主导性的作用。

（三）政策决策

在政策议程设定之后，紧接着要进行的便是教师专业发展政策的决策。这一阶段是教师专业发展政策制定的主体部分，它既是政策问题的认定和政策议程的设立这两个阶段的最终成果的呈现，又是第四阶段政策合法化的基础和前提。由此，该阶段的重要性可见一斑。

在我国，教师专业发展政策的决策阶段有着其固有的严格规范的程序，是在政策制定过程中必须遵循的。但是，我们需要清楚地认识到这一严格规范的程序是一把双刃剑，它在体现有序的民主的同时，也可能带来效率低下或创新力消磨的弊端。所以说，如何解决这一矛盾，即在保障政策民主性的同时提高政策制定的效率和创新性，是这一阶段需要重点关注的。

（四）政策合法化

任何一项政策在被正式采纳、执行之前，都必须以书面的形式予以呈现，最终以官方文件的形式出台，教师专业发展政策也不例外。教师专业发展政策合法化的前提便是相关政策的文本出台。所谓政策合法化，就是指在作出政策决策之后，必须将决策结果即决策方案合法化为真正具有权威性的政策，使之能够得到有效的执行，简而言之就是教师专业发展政策的方案获得合法地位的过程。

这是政策制定过程中的最后一个阶段，同时也是教师专业发展政策执行过程的前提，其重要程度自然也是不言而喻的。因此，通过政策决策所形成的政策方案往往需要经过反反复复的修改和实践检验，直到检验成果表现出相对的稳定性之后，才可以最终以法律形式公之于众。

三　教师专业发展政策制定的概况分析

教师专业发展政策的制定过程是一个政策动态运行的过程。就纵向而言，通过对我国不同时期的教师专业发展政策的考察和分析，可以发现，我国教师专业发展政策的制定呈现下述历史性特征和趋向：一是其最初薄弱的实践性、权威性、科学性日益增强、日益凸显；二是由新中国成立初期的自上而下的政策制定过程发展到当前的自上而下和自下而上相结合的政策制定过程；三是其政策制定的模式经历了由传统经验型向理性型再向现代的综合型转变的过程。

而从横向来看，我国当前正处于政治、经济都相对稳定发展的时期，从理论上来讲这应该是教师专业发展政策实现其价值和意义的最佳时期。但是由于中国各地区发展水平不一，多数政策从中央一步步传达、落实到地方时，往往会被诠释成各式各样的不同图景，有些甚至与初衷完全背道而驰，最终导致不同地区之间相关政策的效力始终存在不同程度的差异。

考察新中国成立以来教师专业发展政策制定的发展历程，可以发现其经历了由传统经验型模式向理性型模式再向现代的综合型模式转变的过程。新中国成立初期，处于过渡时期的教师专业发展政策的实践性、科学性明显偏低，这主要是因为当时的政策制定基本上是依赖于自身的传统经验，而且过多地模仿、移植国外（主要指苏联）。这样的政策制定一方面是故步自封，缺乏与时俱进的创新精神；另一方面是一种盲目的模仿，并不能与我国本土实际情况相吻合、相适应，因此，当时所制定的政策多是一味延续旧有政策或照搬国外政策，其实践性、科学性和实效性是可想而知的。至于"文化大革命"期间，教师专业发展政策更是没有实践性、科学性和实效性可言，甚至可以把该时期的相关政策视为对教师的一场大灾难。改革开放之后，教师专业发展政策处于恢复及发展时期，政策的制定开始采用理性模式，并逐渐向渐进模式转变，同时开始把国家当时的政治、经济、教育等现状都纳入考虑范围，结合实际情况进行客观分析。因此，在这一时期，政策制定的科学化水平获得了一定程度的提高。

自2001年至今的教师专业发展政策被归类为同一时期，即剧变时期，"剧变"二字在政策制定的模式上表现为由理性模式到渐进模式和综合模式的重大转变，同时还体现在由新中国成立初期的自上而下的政策制定过程到当前的自上而下和自下而上相结合的政策制定过程的重大转变。2002

年党的十六大报告中明确指出要做到"决策民主化"，这既强调了在教师专业发展政策的制定过程中要面向民主，从公众利益的角度出发，充分考虑社会各界的意见和建议，同时也有效防止了政策制定过程中的个人或团体专制现象的产生。

第二节　教师专业发展政策的执行

一　教师专业发展政策执行的概念

教师专业发展政策一旦制定并以法律或其他形式公之于众后，即进入政策的执行阶段。艾利森（G. Alison）曾指出："在实现政策目标的过程中，方案确定的作用只占10%，而其余的90%取决于政策执行。"① 如此表述虽有夸大之嫌，但不可否认的是教师专业发展政策的执行确实是推动教师专业发展过程中的关键环节。

作为教师政策核心构成的教师专业发展政策，其执行效力高低直接关系到整个"教师政策效能"的实现程度和教师专业发展水平的高低。要把握我国教师专业发展政策的执行阶段的历史性轨迹，首先需要明确的是什么是教师专业发展政策执行，即界定其概念，在此基础上进一步地结合对不同时期内的教师专业发展政策文本的科学客观的解读，从而力求把握到位。

教师专业发展政策执行的概念有广义与狭义之分。广义的教师专业发展政策执行被认为是从问题认定、问题建构、政策分析、政策评估、政策执行、政策终结到政策检讨等的全部过程；狭义的教师专业发展政策执行专指政策执行这一单一过程，即教师专业发展政策执行主体将教师专业发展政策的思想、内容、目标转化为教师专业发展政策行动、现实、效果，为推动教师专业发展和培养高素质教师队伍提供服务的动态行动过程。

二　教师专业发展政策执行的模式

基于教师专业发展政策属于公共政策的下位概念，因此结合目前世界上已有的政策执行模式和我国的教师专业发展政策执行的模式，可以将其

---

① 陈振明：《公共政策分析》，中国人民大学出版社2006年版，第226页。

归纳为下述三大类模式：自上而下的模式、自下而上的模式、自上而下和自下而上相结合的模式。①

（一）自上而下的模式

自上而下的模式强调政策制定与政策执行这两个阶段是相互分离的，两者之间有着明确界限，而且该模式主张政策制定者决定政策目标，而政策执行者是实现目标的，两者处于上令下行的指挥体系之中。

美国政策学家范·米特和范·霍恩（Van Meter & Van Horn）在《政策执行过程：一个概念结构》中提出的系统模式是自上而下模式中最具代表性的。② 他们认为政策执行是指执行主体为实现此前由政府制定的政策目标而做出的努力和采取的行动。该模式同时指出了政策执行过程中受到的影响因素，包括：一是政策目标；二是包括信息、财务资源等政策资源；三是价值观、能力等执行者属性；四是执行者与目标群体间的互动方式等执行方式；五是政治、经济、文化、社会条件等系统环境。此外，两位学者指出了影响政策执行的两个重要因素：包括政策变化的幅度以及参与者对政策目的的共识两方面。并最终得出结论：目的共识对政策执行的影响大于政策变化的影响，因此必须同时关注这两方面，才能确保执行主体能够准确执行。

（二）自下而上的模式

自下而上的模式强调的是政策制定与政策执行之间的功能互动性，政策制定者与政策执行者通过相互协商来促进政策目标的达成，两者是平等合作的互动关系。在该模式下，决策制定者的核心任务不再是高高在上地给基层组织和地方执行机关设定政策执行的步骤和框架，而是给基层组织和地方行政机关提供一个充分自由的空间，确保其能够采取适当的措施和行为，借此自主地重构一个适宜、合理、高效的政策执行过程。

该模式的典型代表是美国学者麦克拉夫林在《互相调适的政策执行：教师编排之变革》中提出的互适模式③，麦克拉夫林认为政策执行过程是执行者与受影响者之间就目标达成的调适过程，他同时指出调适的政策执行过程是具有高度变动性的动态过程，其核心内容是要确保政策执行能够

---

① 宁骚：《公共政策学》，高等教育出版社 2003 年版。

② 同上书，第 368—373 页。

③ 同上。

顺利进行必须包括的四个方面的要素：一是政策执行者和影响者需要协调出双方都可以接受的执行方式，因为两者之间彼此的观点并不一致，因此需要基于共同的利益进行协商；二是政策执行者的目标和手段会随着环境或受影响者需求的改变而发生变化，具有一定的弹性；三是调适模式是一种平等的双向交流过程，而非单向的命令控制流程；四是受影响者的利益与观点将反馈到政策上，相应地对政策执行的利益和价值产生影响。麦克拉夫林认为这四方面本身应该互相协调，教育改革的成功依赖于成功的互动调适过程。

（三）自上而下和自下而上相结合的模式

自上而下和自下而上相结合的模式作为一种整合型模式被提出，其初衷便是为了克服上述两种模式的缺点，因此，它秉持的是多元视角，既强调政策规划、设计和完整的执行，又重视分析执行人员及目标团体的互动与认知等问题。在这一模式中最为典型的代表人物是萨巴蒂尔（P. Sabatier）和温特（Winter）。

萨巴蒂尔用政策变迁代替了政策执行，提出了"宣传联盟架构"，其基本观点一是掌握政策变迁需要进行长时间的观察和研究；二是通过政策次级体系来了解长期的政策变迁过程；三是政策执行必须包含实现目标的信仰体系。温特则提出了"规划过程/执行结果"模式，他认为对政策执行结果最具影响的四个基本变项是规划过程中的冲突程度、因果理论有效程度、象征性行动程度、受到广泛注意的程度。同时他提出了若干评估政策执行结果的标准：1. 从官方角度：执行结果与官方目的比较；2. 从利益相关人的角度：执行过程中拥有各种不同利益的行动者的利益相互比较；3. 从问题解决的角度：结果能否解决社会问题的程度相互比较。另外，基于追求一个完善的政策执行过程的目的，温特还强调在执行过程中必须注意以下三种行为：1. 组织与组织之间的执行行为：政策执行过程中应将各组织之间的影响力加强，并且加以整合；2. 基层行政行为要促进认同感及一致性，以减少阻力的产生；3. 目标团体行为：在建构整合型模式时，应将目标团体的行为纳入执行过程中①。

---

① 转引自宁骚《公共政策学》，高等教育出版社 2003 年版，第 368—373 页。

三　教师专业发展政策执行的概况分析

我国的教师专业发展政策执行的历史发展变化主要体现在教师专业发展政策的执行模式方面。随着不同时期内国家政治经济的发展变化，教师专业发展政策的执行模式也处于逐步演变的过程中。其中，最鲜明的分界点便是 1978 年的改革开放政策的实施。因此，可以说我国教师专业发展政策执行模式的演变具有明显的时代烙印和强烈的政治色彩。

（一）过渡时期我国教师专业发展政策执行模式

1949 年 10 月，新中国的成立标志着我国教育事业发展开启时代的新篇章，同时也为教师专业发展政策的新生和发展提供了肥沃的政治土壤。1949 年 11 月 1 日教育部成立，主管全国普通教育、师范教育（包括全国高等师范院校）、民族教育等，而地方教育行政管理机构（包括省、市、县三级教育行政机构）是受中央统一领导的。因此，自新中国成立以来到 1958 年，我国的政策执行模式是中央高度集中统一领导，地方执行中央政策。

这样的中央高度集中的政策执行模式直到 1956 年毛泽东同志发表《论十大关系》才有所变化。《论十大关系》中明确指出要处理好中央与地方的关系，由此揭开了中央政府将教育政策执行权力下放给地方政府的帷幕。随后，在 1958 年 8 月 4 日由中共中央　国务院发布的《关于教育事业管理权力下放问题的规定》和同年 9 月 25 日发布的《关于教育工作的指示》这两个重大政策的出台，标志着我国教师专业发展政策执行模式开始改变中央高度集中统一领导的方式，同时也标志着地方政府和地方教育行政机构的政策执行自主权的加大。但是由于中央政府的骤然放权，导致地方政府和地方教育行政机构迷失了宏观的发展方向而盲目执行政策，因此，在 1961 年中共中央八届九中全会制定了"调整、巩固、充实、提高"八字方针，其目的便在于增强国家对政策执行的宏观调控能力。为贯彻这八字方针，教育部发出了《关于保证中小学师资质量问题的两项通知》。因此，在 1961 年到 1966 年我国教师专业发展政策执行模式开始由地方自主演变为在中央统一领导下中央政府和地方政府共同执行、共同发挥作用的模式。

至于 1966 年 7 月到"文化大革命"结束的十年里，我国教育事业整体遭到严重破坏，因此，这十年里我们可以说并无所谓的教师专业发展政策执行模式可言。综上所述，过渡时期的教师专业发展政策执行模式的总体特点是自上而下的宏观控制模式，强调的是"上令下行"的畅通无阻，漠视"下情上传"的信息反馈。

（二）恢复及发展时期我国教师专业发展政策执行模式

1976 年"文化大革命"结束之后，我国各项事业都处于恢复时期，教育事业和教师发展也不例外。因此，该时期内我国教师专业发展政策执行模式也得到了恢复，仍旧延续运用先前的中央统一领导下中央和地方共同作用的模式。改革开放以来，陆续出台了许多重要的教育政策，其中 1985 年的《中共中央关于教育体制改革的决定》、1993 年的《中国教育改革和发展纲要》和 1999 年的《中共中央 国务院关于深化教育改革全面推进素质教育的决定》成为教师专业发展政策执行模式的三大分界点。1985 年，中共中央通过了《中共中央关于教育体制改革的决定》，指出实行分级管理的原则。该政策的出台标志着"地方负责、分级管理"体制的建立。随着教育体制的完善，我国教师专业发展政策的执行模式改变了过渡时期自上而下的模式，在这一大环境的影响下，地方政府的主动权得到了加强。1993 年，中共中央国务院发布《中国教育改革和发展纲要》，规定政府转变职能，运用立法、政策指导、信息服务和必要的行政手段进行管理。在中央与地方的关系上确立分级负责、分级管理的教育管理体制。随着这一轮重大改革的展开，政策执行不断下放，由原来的中央集中管理向地方分权过渡，这也是教师专业发展政策执行模式的特点。1999 年印发的《中共中央 国务院关于深化教育改革全面推进素质教育的决定》提出"形成中央和省级人民政府两级管理、以省级人民政府管理为主的新体制"，进一步简政放权，这些规定表明教育主管部门更加重视培养省级政府的统筹决策能力。

（三）剧变时期我国教师专业发展政策执行模式

剧变时期我国教师专业发展政策执行模式演变的主要标志便是 2001 年《国务院关于基础教育改革与发展的决定》，其中提出要"实行在国务院领导下，由地方政府负责、分级管理、以县为主的体制"，该政策的出台表明县级政府开始成为政策执行的主力军，意味着我国教师专业发展政策执行权力由省级政府进一步下放到了县级人民政府。

综合恢复及发展时期和剧变时期我国教师专业发展政策执行模式的演变过程，可以发现该演变过程具有下述特点：一是改革开放以后，我国教师专业发展政策执行权力不断得到下放，由中央向地方"简政放权"，地方权力由省级政府进一步下放到县级政府；二是我国教师专业发展政策执行模式由单一的自上而下模式逐步向自上而下和自下而上相结合的模式转变，既注重政策执行的"上令下行"，提高政策的执行力，也强调在政策执行过程中下级政府和上级政府之间的信息沟通，即重视"下情上传"的反馈过程。

第三节　教师专业发展政策的评价

一　教师专业发展政策评价的概念

在探讨分析我国教师专业发展政策评价的历史演变之前，我们首先需要对教师专业发展政策评价的概念有一个清晰明了的认知。基于教育政策和教师专业发展政策之间的上下位关系，本研究是在讨论教育政策评价的概念的基础上来界定教师专业发展政策评价的。

美国学者格朗兰德（N. E. Gronland）曾给评价下过一个极为简洁的定义：评价＝测量（量的记述）或非测量（质的记述）＋价值判断。[1] 该定义准确把握了评价的本质，即评价是在量（或质）的记述的基础上进行价值判断的活动。所谓的"量（或质）的记述"就是我们日常所说的事实描述，即对事物现状、属性与规律的客观描述，而"价值判断"作为一种客观性与主体性高度统一的活动，是人们在事实描述的基础上根据自身的需要和愿望对事物做出的评判。[2]

因此，我们将教育政策评价界定为教育政策评价主体按照一定的教育价值准则，采用特定的方法，对教育政策的质量和结果及其影响因素进行的事实判断和价值判断，是一个贯穿教育政策周期的动态发展的活动过程。

基于上述阐述，本研究不妨给教师专业发展政策评价下这样的定义：所谓教师专业发展政策评价，是指教师专业发展政策评价主体按照一定的教育价值准则和教师价值准则，采用特定的方法，对教师专业发展政策的

---

[1]　Gronland. Measurement and Evaluation in Teaching. 1971. 转引自陈玉琨《教育评价学》，教育科学出版社 1999 年版，第 8 页。

[2]　同上。

质量和结果及其影响因素进行的事实判断和价值判断，是一个贯穿教师专业发展周期的动态发展的活动过程。

二 教师专业发展政策评价的类型

结合教师专业发展政策运行的流程，教师专业发展政策评价可以划分为下述三种类型：预评价、执行评价、后果评价。

预评价是指对教师专业发展政策方案的评价，具体包括对政策方案的价值分析、可行性分析和效果预测分析。价值分析是指分析该政策方案是否有利于推动教师专业发展进程和提高教师专业化程度，是否有利于推动教育事业的发展。可行性分析则是指对政策方案实施所需要的各类经济、政治等社会条件进行分析，借此来判断该政策方案是否具有被较好地执行的可能性。效果预测分析主要是指对政策方案实施后可能产生的情况和效果的一个预测性的分析，进行比较从而选择出较优的政策方案。通过对教师专业发展政策进行预评价，确认各种政策方案的优缺点，明确各种政策方案所需配置的资源比例，寻求以最有限的资源发挥最大效益的最优政策方案。

执行评价，顾名思义就是对教师专业发展政策的执行过程的评价，主要包括两个方面，一是检验教师专业发展政策的实际执行过程与原定的政策方案所规定的过程是否一致，二是根据政策方案的初步执行效果，评价该政策方案的继续执行是否能够实现预期目标，是否需要做出适当的修改等。教师专业发展政策执行评价的作用在于：（一）预防不利于教师专业发展政策执行的现象和活动的肆意滋长；（二）保障教师专业发展政策的执行工作切实到位；（三）及时发现政策执行过程中的失误和不当之处，尽快采取措施加以补救，并改进工作；（四）明确了解政策执行各方面的情况，便于分析政策的效果，从而为往后的政策制定和执行提供经验。

后果评价是一种针对教师专业发展政策执行后的效果和影响所做的价值判断，包括政策效果评价、政策效益评价、政策影响评价等。所谓政策效果评价就是对教师专业发展政策的执行效果即实现预期目标的程度所做的评价，通过对比实际效果和理想效果，分析并判断教师专业发展政策的执行效果。政策效益评价的内容则是为执行该政策所投入的资源与政策执行的实际效果之间的关系，即政策投入与政策回报之间的比例关系。而政策影响评价便是对教师专业发展政策执行后在整个社会体系和教育系统中所产生的影响和发挥的作用的一个综合评价。

在这里，需要特别说明的是，教师专业发展政策评价的类型固然可以分为预评价、执行评价、后果评价三类，且这三类的主要目的和作用各有不同，预评价的主要目的在于判断政策是否具有可行性，执行评价则主要是为了检验政策的实际执行过程是否按照政策方案进行，后果评价的主要工作则是评判政策预期目标的实现度。但是，在实际进行政策评价工作的过程中，三者却绝非是完全孤立的，而是相互联系、相互融合的有机统一体。因此，要注重发挥三者各自的作用，同时注重合作，扬长避短，最终实现教师专业发展政策的效益最大化。

三　教师专业发展政策评价的概况分析

新中国成立以来，直到 1978 年改革开放以前，我国教师专业发展政策的评价总体上可以说是完全缺失的，这与我国当时的政治、经济、教育等所处的水平和状况是密切相关的。从新中国成立初到改革开放之前，无论是国家、政府层面，还是学者、研究人员层面，对于教师专业发展政策的评价都未曾提及，与国外相比，我国的教育政策研究起步相对较晚，而且最初的研究多是停留在政策制定和政策执行两方面，甚少涉及政策评价。

直到 1985 年，随着我国政府机构的改革和教育体制改革，政府职能由行政管理为主转向服务民众为主，从微观管理到宏观调控转变，以及国外政策研究的基本理论的引进和传播，促使我国越来越多的学者和研究人员把研究焦点放在教育政策上。而在政策评价方面具有代表性的是下述两本著作：1996 年出版的由华东师范大学袁振国教授主编的《教育政策学》和 1997 年出版的由华中师范大学孙绵涛教授主编的《教育政策学》。在 2010 年 12 月 18 日，由教育部教育发展研究中心与首都师范大学共同组建的中国教育政策评估研究中心的成立，则是我国教育政策评价发展史上的一大里程碑，对于教师专业发展政策评价的历史发展具有同等重要的意义。

迄今为止，我国教师专业发展政策评价依旧是有所缺失，首要表现在缺乏对政策制定环节的评估，即缺乏预评估，具体包括两个方面：一是教师专业发展政策制定的层级上；二是教师专业发展政策制定的具体环节上。其次，教师专业发展政策评价缺失还表现在缺乏对政策执行阶段的评估。从政策制定的层级上来看，无论是国家在制定宏观层面的教师专业发展政策时，还是各地政府和教育机构结合当地实际对宏观层面的教师专业发展政策进行"再制定"的过程中，都毫不例外地看不到政策评估机制的影子。这便导致了我国教师专业发展政策的制定始终停留在对教师专业发展的宏观描述上，无法落实到具体细节，同时也导致了地方政府和教育机构在制定区域教师专业发展政策时出现"个人主义"（根据领导个人意图来制定）或照搬国家教师专业发展政策的局限，严重影响到教师专业发展政策的执行效益。

政策评价的缺失还体现在教师专业发展政策制定的具体环节上。教师专业发展政策制定包括四个环节：政策问题的认定、政策议程、政策决策和政策合法化。无论哪一个环节都是需要政策评估为基础和依据的，但是实际操作过程中，各个环节中的评估组织机构的参与和评估主体人员作用的发挥都是有所欠缺的。这也是不利于教师专业发展政策的细化的，最终也会不利于实现政策的预期目标。

教师专业发展政策执行是实现政策预期目标的关键所在，政策的执行过程决定着政策的效果，而教师专业发展政策目标的最终实现，需要政策评价提供适时的监控保证、指导方向的作用。但是，在现今的教师专业发展政策执行过程中，我国很多地区都没有相关的单位和机构组织来进行专门的政策评价，这样便导致教师专业发展政策是否执行以及执行程度完全取决于地方、取决于学校，造成政策制定和政策执行严重脱节，中央和地方之间的信息交流通道被阻断，无法形成良好的反馈机制。

第四节　过程分析之小结

一　政策制定过程

政策制定是教师专业发展政策全过程中的首要环节，不仅关系着教师专业发展政策是否能够顺利执行，而且关系着具体的实际执行效果，因此，可以说政策制定是决定着教师专业发展政策能否实施和实施效果好坏的奠基过程。所以，要推动教师专业化发展，首要的便是从政策制定过程着手，为后面的政策执行和政策评估奠定坚实的基础。

（一）注重教师专业自主发展的权利与义务意识的增强

中小学教师作为接受继续教育的对象，其主体性是否得到充分发挥是教师专业发展政策是否真正发挥效果的关键。在继续教育中，教育对象不再是一般教育中所谓的学生，而是教师自身，如此，教师便成了继续教育的主体。教师主体性的充分发挥主要依赖于教师专业自主发展权利的实现，因此在政策制定过程中，国家和政府需要重点关注教师专业自主发展的权利，出台专门的相关法规，使该权利真正上升到政策层面，具有一定的法律效力。只有教师专业自主发展权利得到了法律和法规的切实保障，中小学教师才能在行使该权利时真正地做到有法可依，才能在受到侵犯时真正地通过正当的行为来维护自己的权利，才能从根本上树立起专业自主发展的权利意识。

通过对教师接受继续教育动机的调查和分析，可以发现作为专业发展主体的中小学教师缺乏接受继续教育的主动性和积极性，甚至有部分教师带有一定的功利色彩。国家倡导和开展继续教育活动的根本目的在于提高教师的专业化水平，建设高质量的教师队伍。但是，对部分教师来说，这一目的已然变质，继续教育俨然成了其评职称、升工资时所利用的工具。因此，在政策制定过程中，除了要增强教师专业自主发展的权利意识，还需要进一步增强义务意识。端正教师对培训的态度，削弱继续教育的功利性价值，形成对培训目标的正确认识——提高教师专业素质，培养教师视培训为自身义务的责任感。

（二）重视"弱势"教师的专业发展机会和权益的保障

"弱势"教师主要是指农村中小学教师、西北部的中小学教师和副课教师。通过文献查阅可以发现，与城市教师相比，农村的中小学教师的专业发展机会较少，教师专业发展权益受到损害较多；与东部和中部教师相比，西北部的中小学教师培训活动不够普遍，甚至存在一定比例的教师未曾接受过培训；与主科教师相比，副科教师的专业发展较少受到关注和重视，更遑论其专业发展权益的保障了。因此，对"弱势"教师的专业发展机会和权益保障的重视必须在教师专业发展政策的制定过程中有所体现。

近几年的教师培训政策已经开始特别关注"弱势"教师的继续教育活动的开展。就西北部等边远贫困地区而言，具有标志性意义的是下面两大政策。第一，《中小学教师继续教育规定》（1999年）中的第十七条明确指出要大力扶持少数民族地区和边远贫困地区的中小学教师继续教育工作。第二，教育部、财政部于2010年发布《关于实施"中小学教师国家级培训计划"的通知》，其中一项便是"中西部农村骨干教师培训项目"。针对农村教师培训的政策文件中最具代表性的是 2003 年的《国务院关于进一步加强农村教育工作的决定》。《决定》提出要面向农村教师开展教育培训工作，树立终身教育理念并构建终身教育体系，从而切实提高农村教师队伍的整体素质。但是，培训政策，尤其是改革开放以来的教师专业发展政策却甚少单独提及要大力开展副课教师的继续教育活动，推动副课教师的专业发展。同时，对于农村教师和西北部教师的政策指示也大多停留在概括性的文本阶段。因此，在相关政策的制定过程中，仍然需要继续关注"弱势"教师，对"弱势"教师提供更多的专业发展机会，重视对"弱势"教师的专业发展权益的保障。

（三）强调结合理论和实际来科学规划继续教育活动

一个科学的教师专业发展政策需要以教育教学理论和教师实践情况的结合为基础才能得以科学地制定，二者缺一不可。缺少理论基础的教师专业发展政策容易走向功利主义，过分强调政策对当前教师继续教育实践所显现的问题的解决，难以发现其可能存在的潜在问题，缺乏前瞻性。忽视教师职后培训实践情况，仅凭理论制定的教师专业发展政策容易带有浓重的空想主义色彩，等同于纸上谈兵，一旦将其实施便会产生问题，不但不利于培训活动的进一步开展，甚至可能对继续教育发展带来阻碍。因此，在政策制定过程中，一定要强调基于教育教学理论和教师培训实践结合来科学规划继续教育活动，保障教师专业发展政策得到更好更有效的实施。

教师培训活动的科学规划需要从职后培训的目标、内容、形式和方法四大方面着手。随着教育教学理论的不断更新和中小学教师的专业发展水平的不断提高，培训目标需要得到更进一步的提高，培训内容则是要随之更新和拓展，教育形式和方法要不断丰富和多样化。同时，地方政府在根据国家政策制定具有地方特色的具体政策时，在相同的理论指导下尤其需要强调对当地教师职后培训发展现状的充分考虑，因地制宜地规划继续教育活动，使中小学教师专业发展政策更具科学性和针对性。

二　政策执行过程

教师继续教育作为一项战略性事业，其战略地位的重要性是不言而喻的。那么，到底需要做哪些方面的努力才能在政策执行过程中确保能充分实现其战略地位呢？

（一）加大政策执行力度，保障政策执行的高效性

与发达国家相比，我国中小学教师专业发展总体水平不高，专业发展速度也较慢，而这与我国教师专业发展政策的执行是密切相关的。从执行结果来看，教育政策执行问题主要表现为以下五种：一是政策缺损；二是政策附加；三是政策扩大；四是政策替换；五是政策贪污。[①]这些问题的产生多少都与政策执行力度不足有着密切的关系。因此，为了更好更快地推动教师专业化发展，加大政策执行力度已然迫在眉睫。

教育行政部门要加大对中小学教师专业发展政策的执行力度，具体主要可以从下面几个方面着手：一是大力开展政策宣传工作，提高中小学教师对教师政策的认知度和认可度；二是做好基层调研工作，为政策执行提供科学依据，以期有针对性地推广和执行政策；三是设立用于教师继续教育活动的专项经费，将所有专项经费都用于实处，落实到每一所学校和每一位教师，保障政策执行的物质基础；四是提升教师政策执行者的素质，开展对政策执行人员的相关培训工作，避免政策执行过程中人为导致的问题。

（二）下放政策执行权力，保障政策执行的自主性

改革开放以来我国教师专业发展政策执行模式是随着不同时期的教师专业发展政策的出台而不断演变的，从最初的中央统一领导下的分级管理体制到1985年的"地方负责、分级管理"体制再到2001年的"地方政府负责、分级管理、以县为主"的体制。政策执行模式的演变所体现的最大的也是最主要的一个特点便是教师专业发展政策执行权力的下放，省、县两级政府的政策执行权力不断加大，政策执行的自主性不断增强。在这一趋势导向下，中、小学校作为教师培训活动的初级组织机构，中小学教师作为教师专业发展政策目标群体都是政策直接作用和影响的对象，因此他们也应该拥有教师专业发展政策的执行权，在继续教育活动中享有更多的自主性。

中、小学校的政策执行权力主要是指由学校根据自身办学的特色及其教师队伍建设和发展的实际需要来自行规划教育活动、自行确定教育内容、自行组织培训者班底等，并不一定要完全服从于政府的统一安排和统一组织，可以在继承和秉持政府教育理念的情况下结合自身学校的实际情

---

① 范国睿：《教育政策的理论与实践》，上海教育出版社2011年版，第157页。

况适度地做出修改和补充。中小学教师的政策执行权是指教师在履行接受继续教育义务时可以根据自身的专业发展状况和客观实际情况在培训活动的某些方面享有一定的自由选择权,例如教育内容、教育方式、进行教育活动的时间和地点等。当然这一自由选择权是在一定的范围内享有的,并不是由教师肆意地选择和决定的,而这一局限也不是对教师权利的侵犯,而是为了让教师更好地享有教育权利的保障。综上所述,教师专业发展政策执行权力下放至学校和教师个体是大势所趋,这也正是我们所应该为之努力和奋斗的,通过权力下放增强政策执行的自主性。

(三) 均衡教育经费分配,保障政策执行的公平性

《中小学教师继续教育规定》第十三条对教育经费作出了明确的指示,指出要以政府财政拨款为主,多渠道筹措,在地方教育事业费中专项列支。地方教育费附加应有一定比例用于义务教育阶段的教师培训。同时,国家还明确规定了教师继续教育经费支出不低于全体中小学教师工资总额的1.5%,如此便从政策上保障了教育经费的投入。但是,关于教育经费的均衡分配,却少有政策文本提及,导致继续教育经费的分配失衡,尤其是在城市和农村之间。由于继续教育经费的不足和挪用,在农村的中小学,并非每一个教师都能享有由《中华人民共和国教师法》规定的参加进修和其他形式的培训的权利。因此,为了实现每一个教师都有接受专业发展的权利,需要对继续教育经费进行均衡的分配,保障政策执行的公平性。

均衡分配培训经费,并不是一个简单的平均数,而是要通过考察不同地区、不同教师的实际需要,实行按需分配继续教育经费制度,保障不同地区的不同教师享有同等的继续教育机会和资源,优化继续教育资源的配置,提高继续教育经费的使用效率和效益。同时,建立继续教育经费的动态监测体系,时刻关注继续教育经费的分配和使用状况,以便随时做出调整,更好地为教师继续教育服务。另外,实行继续教育经费公开制度,将其实际的分配和使用状况公布到公众平台和网站上,便于公众能够监督继续教育经费的分配,并提出相关的意见和建议,建立有效的反馈机制。通过采取上述一系列具体措施,在政府机构、社会组织和公众之间形成一个有效的循环体系,共同致力于经费的均衡分配,保障政策执行的公平性,保障所有中小学教师的专业发展机会和权利的平等。

三　政策评估过程

一项好的政策仅仅具有科学的制定过程和有效的执行过程是不够的，还需要完善的政策评估机制的配合。真正科学的教师专业发展政策是不可能一蹴而就的，需要经历多次的政策评估，并根据评估结果进行反复修订才能逐步完善。因此，如何更好地建设和完善政策评估过程是值得我们深思的。

（一）确立政策评估标准，使其具有可行性

政策评估就其本质而言是针对教师专业发展政策价值而展开的一项评估工作，其中评估标准是政策评估工作顺利开展的基础和核心，是政策价值判断的尺度，是衡量教师专业发展政策好坏、优劣的重要依据。一个科学、可行的政策评估标准应是全面而具体的，既针对政策制定决策过程，也针对政策执行过程；既包括政策过程，也包括政策结果；既有"质"的评价，又包含"量"的尺度评价。

基于可行性和全面性的要求，学者胡伶提出了"3E + 3F + 3C"的教师专业发展政策评估标准，这一标准是值得我们借鉴和学习的。其中，"3E"指的是效率（Efficiency）、效果（Effect）和公平性（Equality）；"3F"指的是可行性（Feasibility）、可预测性（Foresee ability）和程序公正性（Procedural Fairness）；"3C"指的是兼容性（Compatibility）、简明性（Conciseness）和满意度（Contentment）。① 其中，每一个标准都贯穿教师专业发展政策的整个运行周期，即政策确认——政策制定——政策执行——政策评估——政策变更的循环周期。

通过借鉴"3E + 3F + 3C"的教师专业发展政策评估标准，确立专用于中小学教师的专业发展政策评估标准，保证评估标准的全面性和可行性，为政策评估工作的顺利展开奠定基础。

（二）落实政策评估工作，使其具有实效性

落实对教师专业发展政策的科学评估工作，是各级各类部门和机构开展中小学教师培训工作的重要环节，是推动教师专业化快速良性发展的有效手段。既然全面、可行的教师专业发展政策评估标准已经确立，下面需要做的便是落实政策评估工作，真正地将教师专业发展政策评估工作落到

---

① 胡伶：《教育政策评估标准体系的架构研究》，《教育理论与实践》2008 年第 12 期。

实处，切实保障政策评估工作的普及性和实效性。

建立具有较高的权威性的教师专业发展质量评估机构是政策评估工作顺利开展的前提。可以建立不同级别的评估机构，从上到下逐步推广，力求构建教师继续教育质量评估机构的网络体系。接着需要做的第二步便是明确质量评估机构的工作对象和工作内容，大体应包括培训活动组织机构、实施者和接收者、活动具体规划、活动成果等。第三步，可采取多样化的政策评估方法，做到定量与定性相结合、理论与实践相结合，及时、准确地提供客观、科学的评估结果。第四步则是要求质量评估机构的工作态度要认真，工作作风要严谨，严格按照评估标准来展开评估工作，做出科学的评估报告，并将评估结果予以反馈，从而更好地指导教育实践。

（三）完善政策反馈机制，使其具有科学性

为保障教师专业发展政策的科学性和执行实施的高效性，在完成确立继续教育政策评估标准和基本落实政策评估工作的任务后，我们接下来需要展开的便是完善教师专业发展政策的反馈机制，尤其是要注重对"下情上传"的反馈路径的开拓。政府和有关部门不仅要及时做好政策信息宣传工作，同时还应提供及时、有效的反馈渠道，以便公众能够直接地表达自己的看法和观点，也有利于政府和有关部门能够相对容易地获得真实的政策反馈信息。如此，便形成了"上令下行"的命令过程与"下情上传"的反馈过程有机结合的政策反馈机制。

在实现政府机构和公众之间的有效交流的同时，我们也需要关注政府机构之间的交流沟通情况。要做到既强调上级政策执行部门和下级政策执行部门之间的纵向沟通，也重视同级别的政策执行机构和部门之间的横向交流，形成一个有效循环、相互沟通的良性的政策反馈机制。

通过构建政府和公众、上级和下级、同级和同级之间的良性沟通机制和政策反馈机制，教师专业发展的评估工作将更具科学性，教师专业发展政策也将越发全面、完善，能够更好地指导教师专业化发展进程的发展，有利于提高教师整体素质，建设高素质的专业化的教师队伍。

第七章

新近教师专业发展政策的走向
——浙江省的案例分析

教师教育改革自 20 世纪 80 年代以来逐渐成为全球教育改革的显著特征，随着教师专业化的观念不断深入，教师专业发展培训也慢慢步入快车道。本章以浙江省为案例，通过解读新近的主要是近十年的浙江省教师专业发展政策了解其发展轨迹和演变路径，分析教师专业发展政策形成的时代背景、政策的具体内容及政策实施的实践过程。从"提素工程"的全面普及，到"领雁工程"的效益优先，一直到"十二五"期间教师专业发展政策的公平优先，近十年浙江省教师专业发展政策既有内在的连贯性，又有其突破性和创新性。

教师专业发展政策是连接教师专业发展理论和实践的桥梁。最近十年，是浙江省教师专业发展政策出台最密集的十年，也是教师专业发展政策发展最快、变化最大的十年。那么教师专业发展政策是基于什么价值取向，孕育了何种脉络和启示，本章选取了十年来最具标志性的三大教师专业发展政策，从当时的政策背景、政策内容特征和政策实施三方面予以深度剖析，以浙江省为个案从整体上把握教师专业发展政策的连贯性和突破性，总结经验，并对其进行反思。

第一节　全面普及时期：2005—2007 年素质提升工程

一　政策背景

"浙江省农村中小学教师素质提升工程"是当时根据教育部推进教师教育网络联盟计划，组织中小学教师全员培训组织开展的，目的是通过全员培训，提升浙江省农村教师队伍的整体素质，进一步提高教师实施素质教育的能力和水平。根据浙江省教育厅《关于实施农村中小学教师素质提升工程的实施意见》，各市、区、县教育局都成立"提素工程"的工作领导小组，同时及时制定相应的实施意见，以便动员部署并扎实推进。不少培训机构实施校本培训，推进开放式培训，注重实际问题解决能力的培养，开展特级教师与农村教师结对下乡活动，健全教师专业素质竞赛机制，办好教育网，提高远程培训，创造农村教师脱颖而出的机会。

（一）国家对农村教育的重视

很长时间，我国的城乡教育发展不够均衡和协调，其中农村教育更是处于弱势，尤其是农村教师队伍整体素质不高。教育部在 2004 年发布《2003—2007 年教育振兴行动计划》，提出要重点推进农村教育发展与改革，不断提高在职教师的学历层次以及教育教学能力，组织骨干教师和优秀高层次教师的培训和研修。

（二）课程改革的需要

本世纪初开始的新课程改革是基础教育改革的标志和主要内容。新课程改革在诸如教育理念、评价系统、教学方式等方面有很大的转变，必然也对教师提出了更高的素质要求。实施"提素工程"，旨在使广大农村教师能尽快适应新课程改革的需要。

（三）浙江省"四项工程"的实施

为落实国家的推进农村教育改革发展战略，浙江省从 2005 年起提出农村教师素质提升工程，连同其他三项工程：家庭经济困难学生资助扩面工程、食宿改造工程以及爱心营养餐工程，统称"四大工程"。浙江省教育厅"提素工程"的提出，也预示着浙江省开展大规模的教师培训工作。

二　政策文本分析

（一）政策目标

实施"提素工程"的主要目标是使浙江农村教师更新教育观念，提升职业素养，提高实施素质教育和新课程改革的水平，包括运用现代教育技术进行教育教学的能力，全面提升农村教师队伍的整体素质。计划从 2005 年暑期开始，到 2007 年年底前完成浙江省 17 万农村中小学教师的轮训任务，3 年内分三批，平均每年完成三分之一的教师培训任务。按照统一培养目标、教学计划、教材和质量标准的"四个统一"原则，对农村中小学教师培训任务进行统筹规划。

（二）政策内容

按照"统一培养目标、教学计划、教材和质量标准"的四统一要求，采取集中培训和校本培训相结合的方式，课程分为公共课程与专业课程，共计 144 学分，具体包括：师德与教师职业，集中培训 10 学时，校本培训 10 学时；E—环境下的中小学学科教学专题研修，集中培训 15 学时，校本培训 20 学时；新课程教学设计与案例分析，集中培训 20 学时，校本培训 34 学时；新课程学科教学评价，集中培训 15 学时，校本培训 20 学时。

教师们的培训需求都集中在教学业务能力的提高上，如进行上课、评课环节上的指导、参加课件制作及如何查找与教学相关资料方面等的培训，内容求精求扎实，最好能紧密联系教学实际。

（三）政策支持

浙江省成立了"提素工程"领导小组，负责对工程的统筹规划、指导管理和评估，同时还成立了各级行政部门的领导小组，工程的有效实施离不开政策支持，为了更好落实浙江省农村中小学教师素质提升工程，五个配套政策以此制定，分别是"省级骨干教师和校长选拔办法""全员培训教学计划""全员培训教学用书目录""全员培训考核办法"以及"全员培训时间计划表"。此外，培训经费的筹措也按照浙江省财政厅和教育厅的专项资金管理办法进行管理。

三　政策实践分析

（一）实践成果

为实现"让全省所有农村孩子都念上书，念好书"的目标，省政府决定在全省实施"提素工程"，对全省 17 万农村中小学教师开展内容为"三新一德"的全员培训，以"新理念、新课程、新技术及师德修养"为主要内容，从 2005—2007 年年底，完成了 21 万人次、86 万课次的全员培训任务，完成了 1000 名省级骨干教师和 10000 名市级骨干教师的培训。三年来，浙江以"提升素质工程"为契机，全面推进教师培训，农村中小学教师队伍的整体素质得到了全面提升。

对这次"提素工程"，不少人认为是成功的，为教师素质的提升搭建了平台，教师们的教学理念和技能都有了不同程度的提高。

1. 农村教师教育得到了进一步的支持和关注。相对市区和县城，农村学校是欠发展的，农村教师的专业素质亟待提高。"提素工程"使得各级政府更加重视农村的学校发展，更加支持农村中小学教师素质的提升。

2. 农村中小学教师的专业素质得到大幅提升。如本次工程三门课程的培训，包括《新课程教学设计与案例分析》《新课程学科教学评价》和《E—环境下学科教学专题研修》的考核，使得农村教师的教学设计、信息技术、学科整合以及实例分析的能力得到全员大幅提升。农村教师的课堂教学能力得到提升。通过培训使其了解了新课程理念下教学设计技能，课堂教学评价趋势，制作课件进行辅助教学能力也得到提升，涌现了一批课堂教学能手，他们专业知识扎实、教育技术应用能力强、课堂教学水平高。总之，"提素工程"关注教师的理论素养和实际教学能力的共同提升，拓展了农村中小学教师专业素质提升的空间，提高了农村中小学教师教学技术和教学反思能力。

此外，农村教师的教学研究、科学研究能力得到提升。随着农村学校树立"科研育人"的办学理念，把教育研究能力作为提高教师素质的重要途径，农村教师教育教学论文写作、教学案例分析以及课题研究能力得到了提高。

总之，实施"提素工程"，为全面推进农村教师的专业发展营造了良好的氛围。培训点基本做到了培训内容与受训需求、教育现状以及教师实际水平相吻合。

（二）实践不足

由于是浙江省的首次大规模培训，不管是机构、学校还是教师本人对"提素工程"都显得准备不足，表现在培训时间和质量上不能得到完全保障；讲授式的培训方式仅是增加了农村中小学教师对新课程概念的了解；专业引领及制度建设上尚有不足，培训的内容、形式和效果都不够理想。

具体而言，培训应更有针对性，减少学科培训班的人数，增加互动环节，理论和实践要有效结合，有些批评比较尖锐，认为形式主义较强，没有真正提升教师的素质，费时费力低效，建议改变培训方式，避免在双休日开展活动。

（三）实践启示

1. 了解教师的需求是培训走向实效的前提

培训通常都是自上而下进行的，其实效是会有折扣的。事实上，不同区域、不同年龄、不同学科的教师对培训需求也各不相同。统一的教学计划、培养目标、教材，对教师的全员培训任务进行了统筹规划，这更有利于组织实施和操作，但是不利的方面是忽略了教师的心理需求，其次是课程的设置没有考虑到教师的实际需求。所以，需要制定具有针对性和实用性的课程，满足教师的实际需求。唯如此方能使培训走向实效。

2. 改变单一的培训方式，采用灵活的培训方式是基础

首先，更新观念、变革模式。只有把学习内容置于教师的教育教学实践情境中，促进教师将学习理论与技术运用到实际工作中。从而提高经验，将其概括为规律性的认识；其次，落实校本培训跟进是实效转化的基本保证。理论学习需要实践内化，才能成为真正的知识、能力和经验。因而建立相应的培训指导系统并加以落实显得非常重要。最后，要发挥培训评价的督导力量，凸显培训实效。同时组建高质量培训者师资队伍是根本。

教师培训都力图实现其实效的最大化，促进教师的专业发展。系统化、制度化、规范化的教师培训是世界教师教育的大势所趋。领导重视，为"提素工程"提供了有力的组织保障；财政资助则提供了充足的经费保障；责任明确，有序推进，提供了制度保障；注重创新和实效，则为"提素工程"注入了生机和活力。

第二节　追求效益时期：2008—2010 年"领雁工程"

2008 年，浙江省教育厅按照科学发展观要求，深化落实党的教育方针，进一步贯彻省委"创新强省、创业富民"战略，省政府推出为期三年的庞大而周密的培训工程"领雁工程"，这是在教育均衡理论指导下的重大举措，引领农村中小学更好地实施素质教育，培养农村中小学骨干教师。针对农村学校"名师少和骨干教师少"的现象，"领雁工程"计划培训全省 3.5 万名农村骨干教师，整体提升农村教师素质，以促进城乡教育均衡发展。为保证工程顺利实施，省财政每年斥资 5000 万，其中 3000 万资助省级骨干培训，2000 万资助市、县两级，均为专项资助。

这次培训有四个方面的不同，其一是培训对象不同，主要为农村中小学骨干教师；其二是培训选拔不同，培训人数的确定按照自下而上、上下结合的原则；其三是培训机构选择方式不同，通过方案比较，优胜者获取培训资格；其四是培训强度和形式不同，注重实践培训。

一　背景分析

（一）浙江省第十二次党代会提出"创业富民，创新强省"的发展战略，是在科学总结浙江改革发展经验，深入分析浙江省面临的新的挑战基础上反复论证、集思广益形成的，是符合浙江省情、具有时代特征和浙江特色的科学发展之路。

这对教育提出了更新的要求，党代会提出要加大统筹城乡基础教育的发展力度，高质量普及义务教育和高中阶段的教育，其中重点要解决好农村和欠发达地区的教育薄弱问题。实施"领雁工程"是落实"创业富民，创新强省"战略的重要措施，也是深入贯彻科学发展观，加强教师队伍建设的关键性和基础性工作。

（二）进入新的发展时期，满足人们"读好书"的愿望，一段时间以来，盛行择校风的本质就是选择教师，只有提升了教师素质才能从根本上缩小办学差距，高水平的教师队伍是高素质教育的前提，农村教育的重点仍然是提高教师队伍的整体水平。

（三）巩固"提素工程"成果。提素工程对农村义务教育阶段的老师进行了全员培训，但由于培训时间较短，内容与形式也相对单一，系统性有缺失。"名师少、学科带头人少、骨干教师少"的尴尬局面并没有有效改变，需要通过"领雁工程"有效改变这一现状。通过培养一批可以辐射和引领广大农村中小学教师专业发展的领头雁，如此在总结"提素工程"经验的基础上实施"领雁工程"，可以起到以点带面的作用。

（四）形成浙江省鲜明的区域特色。"领雁工程"针对教育的关键和难点问题，对农村中小学教师进行培训，试图切实提高农村中小学教师的教学能力。

"领雁工程"在区域化视野中进行整体规划，以省为教育区域，依托、立足、服务地方，合理配置各类培训资源，促使省域教育特色的进一步形成，遵循了教育的规律。犹如人的发展既有共性又有个性，教育需要在共性的基础上满足个性发展方能取得教育效果，由国家到关注地方特色再到关注个性，是教育发展必由之路。"领雁工程"所体现的区域特色，符合时代发展的趋势，有助于形成浙江省教育鲜明的教学特色。

同时平衡了省域内的师资力量，利于形成省内中小学教育区域特色，必将促进区域社会经济与基础教育发展的良性运行与协调发展，既增强了教育发展活力,又能为地方经济发展服务。浙江省区域特色的形成也会促成我国其他区域之间的教育竞争,从而推动我国教育事业的发展。

二　政策文本分析

(一) 政策目标

与城市教师相比,农村教师的工作条件艰苦,自我发展空间小,可持续发展的能力弱。浙江省"领雁工程"的总体目标就是提高农村教育质量,提升农村教师素质,培养一批农村教育"领头雁",从而带动农村教师队伍乃至整体教师队伍,更好实施素质教育,提高教育教学质量。具体计划从 2008 年至 2010 年,培养至少 3.5 万名农村中小学骨干教师,其中省、市各培训 1 万名,县级 1.5 万名。以提高教师的执教能力为重点。

(二) 政策内容

为确保"领雁工程"的培训质量,按照总原则"突出骨干,倾斜欠发达地区"进行统筹规划,三级骨干培训都要求一次性脱产培训,同时至少保证教育实践培训占总学时的二分之一。采取理论指导、案例分析、专题教学和课堂实践相结合的方式;实行双导师制,包括理论导师和实践导师各一位,充分发挥特级教师等一线名师在培训中的"带徒授艺"作用。培训内容包括以下模块:教师职业素养、教育理论和现代教育技术、学科知识、研究方法、教育管理和教学实践等,学员可以选择不同的模块和内容。

培训重点是提高教师的执教能力和专业引领能力。为加强对培训工作的指导,教育厅组织专家编写《浙江省农村中小学教师骨干培训指导方案》,其中校本培训能力被列入单独的一个模块,包括"专业引领"和"活动策划",虽然只有 24 课时,但已经显示该项目的辐射与引领特点。

(三) 政策新理念和政策支持

在新课程改革背景下要求培训机构从新的培训理念出发,切实保证培训的质量和效果。在新课程改革背景下实施"领雁工程",要求各培训机构从新的理念出发保证培训质量和效果。首先树立质量意识,以增强培训的实效性和针对性;其次树立以人为本的理念,根据培训学员的基础能力需求,联系农村教育现状,了解其中的热点和难点。总之,根据受训者需求的多元、实用和有效原则来设计培训内容和课程,以培训对象为中心,一切从农村骨干教师的可持续发展需要出发，是必须坚守的基本理念。

"领雁工程"的政策支持力度比较大。浙江省委省政府将"领雁工程"列入"关于全面改善民生促进社会和谐的决定"，省教育厅将其列为为民办事的"十件实事"和对教育科学发展的业绩考核内容之一。此外，成立相应的讲师团、学科培训指导小组、骨干培训工作专题研修班等，加强对"领雁工程"的指导与服务。

（四）培训新形式

1. 四结合

培训学员是农村教育的"领头雁"，为了在今后的工作中真正起引领作用，需要做到以下四个结合：理论与实践、培训与反思、交流与学习以及个人与集体的结合。

2. 双导师制

以往农村教师的培训大多在假期开展，多以理论培训为主，存在理论性过强而实践性不足的问题，很难真正提高教师专业发展水平。双导师制中的理论导师负责学员的专业规划和教学科研等，实践导师一般是资深教师或特级教师，由培训基地的教师来担任，主要负责对学员进行教学示范。师徒结对式的实践培训，是为了克服培训重理论轻实践的弊端。

3. 实践加反思

实践加反思是对培训学员学习方法的引领，更是一种培训思路，着力提高培训学员的执教能力和科研能力，促进学员学科的专业发展，使其更好地发挥学员在中小学教改中的"领头雁"作用。

三　政策实践分析

（一）实践成果

截至2010年年底，"领雁工程"共完成近40000名农村骨干教师培训任务，占农村中小学教师总数的22.9%，从省教育厅对学员的问卷统计来看，学员对培训效果的满意度达96.7%，超过一半的学员希望培训的时间能够更长一点。总体而言，"领雁工程"提升了培训机构的整体培训水平，提高了骨干教师的教学能力，推动了培训和"教研与科研"的实践联动，在培训选拔、组织、资源建设及顶岗实习等政策制度上都有了较大的模式创新。

　　"领雁工程"使省域内的师资力量基本趋于平衡，有利于中小学教育区域特色的形成，这将推动全国其他各区域间的教育竞争与发展。"领雁工程"经费充足、组织明晰、分工到位，突出了公益性政策倾斜的特点。首先直接作为省政府的"惠民工程"来抓，决策权是省教育厅；其次是由组建的"省教师教育基地"来实施培训，这种招标的方式使各个培训单位都动用了最好的资源。因此，"领雁工程"作为一项惠民工程，其政策的成功都归因于从决策到执行的各项制度保障。

　　（二）实践不足

　　不足之处有，首先，由于培训时间长、强度大、人数多，工学矛盾依然存在；其次，虽然选拔方式有变化，但是依然有些优秀教师不能参加培训，培训采用运动式推进，难以兼顾针对性和培训需求；再次，没有改变培训经费依靠指定性项目筹措保障的局面。另外，所有参与培训的教师除了要提高自身的教学科研能力，还要回去组织开展校本培训。所以培训重要，后续跟进则更为关键。因为"领雁工程"完成的作用也不是一劳永逸，而是阶段性的。随着教育改革的加快，中小学教育会不断出现新情况和新问题。另外由于"领雁工程"需要大量的人力、物力和财力投入，加上脱产培训会对正常的学校教学产生一定的影响，因此以"领雁工程"为契机，建立农村教师的持续学习机制，可以帮助省域内农村骨干教师持续提高能力。

四　培训建议

　　（一）完善实践教学环节

　　备受培训学员关注的重要环节是实践教学。由于实践学校所配备的指导老师水平参差不齐，有些老师在对学员的指导上显得力不从心，导致部分学员收获不大，事实上也只有在实践过程中和学员多沟通，实践教学才能收到好的效果。因此实践学校应尽可能挑选水平比较出色的教师来担任实践指导教师。

　　（二）"后领雁时代"的跟进

　　"领雁工程"除了要培养农村的精英教师，更需要"领头雁"带领群雁齐飞。所以学员培训结业同时也是领雁的开始。培训主体单位要了解学员培训后的引领作用就需要积极跟进，并反馈给培训单位。此外，还需后续的有计划培训来保证农村中小学骨干教师的可持续发展。

（三）工学矛盾解决之道

农村教师教学任务重，编制也一向紧张，如何解决工学矛盾这个老问题？总体而言，"领雁工程"对学校工学矛盾影响是有限的。为了妥善解决这个问题，省教育厅作了统筹安排。"领雁工程"期间每年安排四期培训，同时还增加了师范生顶岗实习的实践活动。尽管如此，有些县市还是因为培训力量不足而出现了一些问题，所以矛盾程度会有所不同。

（四）处理好与其他培训工作的关系

在保证"领雁工程"实施的同时，统筹兼顾好中小学教师其他的日常培训工作。继续进行已有的各项行之有效的培训，同时充分发挥校本培训的作用。对参与"领雁工程"培训的中小学教师，都对其提出回去组织开展校本培训的要求，加强对农村学校校本培训的要求及培训形式、内容和方法上的指导，以不断提高培训质量。

五　培训创新

（一）用需求微调培训方案

由于来自全省各地、各学科的学员专业素养参差不齐，在课堂教学、教育科研、教学管理、教育技术、校本培训和自我发展等方面存在的问题也各不相同，因此需要对培训做些微调。

（二）用多元创新形式实现培训突破

培训形式是培训工作的载体，理论培训和实践培训各占一半学时，可以采用新型的培训形式，以充分激发学员学习热情，并增强培训工作的实效性。如理论培训除了讲座，还可以采取论坛、交流、读书报告、论文答辩等形式；实践培训课采取跟岗实习、外出考察、技能比武和观摩研讨等形式，切实增强培训的实效性。

（三）用研究提升培训效果

提升培训的有效性和专业性有赖于培训和研究的结合，即在培训中研究、以研究促进培训。在培训中一边积累资料，一边开展教师专业发展培训规律的研究，不断总结经验，并转化为理论成果。

后领雁时代，农村教育的步伐不会停止，培训将覆盖全部教师，真正做到城乡一体。同时教师专业发展培训能充分体现教师的自主选择性。

第三节　关注公平时期："十二五"浙江省中小学教师专业发展培训若干规定（试行）

一　政策背景

加强教师专业发展培训，是促进教育科学发展、推进教育改革的重要举措；是全面提高教育质量、深入实施素质教育的必然要求；也是广大教师实现自身价值、加快专业发展的内置需求和迫切愿望。

为了在制度和政策上促进每一位教师的专业发展，国务院发布了《关于加强教师队伍建设的意见》，规定建立教师学习的培训制度。为了深入推进教师专业发展的政策创新，为贯彻全国教育工作会议和全省教育工作会议精神，落实《国家中长期教育改革和发展规划纲要（2010—2020年)》和《浙江省中长期教育改革和发展规划纲要（2010—2020年)》，不断提升浙江省教师队伍的职业道德、专业知识和技能，打造高素质的专业化教师队伍。省教育厅在认真总结以往教师培训经验的基础上于2010年12月，下发了《浙江省教育厅关于印发〈浙江省中小学教师专业发展培训若干规定（试行)〉的通知》（浙教师〔2010〕175号，以下简称"若干规定"）。

（一）国家教师培训政策的变化

教育为民生之本，当前，我省处于全面实现现代化的关键时期。面对加快产业转型升级、提高自主创新能力的新形势，面对人才强省战略、加快创新人才培养的新要求，面对人民群众对优质教育的强烈渴望，必须更加注重教育的内涵发展，关键要通过促进教师的专业发展来提高教师队伍的整体素质，提升我省的教育质量和发展水平。

面对转变经济增长方式，面对教育发展新阶段新形势，社会对教师培训提出更高更新的要求，过去那种纯粹补偿式的、单一运动式的、消极被动式的、政府指定性的教师培训显然已经无法满足要求。因此，省教育厅在广泛调查和借鉴先进经验的基础上，以改革的思路，深入开展中小学教师培训制度改革，并作为惠及教育长远发展的战略工程和民生工程来抓，也被列为国家教育体制改革项目，同时也是省教育体制改革的重大项目。

（二）实施教育现代化战略的提出

随着国家中长期教育改革和发展规划纲要的颁布，浙江省中长期教育改革和发展纲要（2010—2020），围绕"加快教育现代化进程，努力建设教育强省"的总体要求，提出到 2020 年全面实现教育现代化的目标。教育现代化的核心是关注教育公平和教育质量的现代化，要推进课程改革和素质教育，解决轻负高质，需要具备现代素质的教师。

（三）教师自身终身学习的需要

教师作为人类文明的传承者，应率先成为终身学习的典范。中小学教师专业发展政策及制度的改革既是对之前"提素工程"和"领雁工程"的继承，也符合教师培训自身发展的规律和要求，而那种指定性的、运动式的培训则根本无法满足个性化的教师需求，因此教师专业发展培训制度必须具有选择性和常态化的特征。

二　政策文本分析

（一）政策目标

以教师为本，由教育行政部门统筹规划，由培训机构提供培训项目，依法有效地进行组织和开展，教师可以自主选择培训项目。要求培训以 5 年为一个周期，周期内参加的培训时间累计不少于 360 学时，其中校本培训时间不超过三分之一，同时每年参加培训时间至少 24 学时，还有一次至少 90 学时的集中培训。

始终坚持以促进教师专业发展为本，培训要体现教师的自主选择性以及教师主动参与的积极性；提高教师培训的针对性和有效性，体现《若干规定》对教师培训工作的重大改革，第一，建立覆盖全员的教师专业发展培训制度；第二，建立开放竞争、自主选择的培训体系和机制；第三，建立与教师专业发展制度相适应的培训管理制度与体系。改革的核心是坚持以教师为本。

（二）政策内容

参加培训是教师的权利和义务，组织培训也是教育行政部门和学校应尽的义务。每个学校都应制定教师专业发展培训的 5 年规划和年度培训计划，并根据教学需要，经费情况以及教师个人的申请，统筹安排教师参加培训。教师应根据学校要求，制定个人专业发展的 5 年规划和年度计划，并在此基础上结合自身专业发展的需求，根据机构提供的培训课程、项目、形式和时间来选择培训项目。同时对教龄在一年以内的新任教师以及到岗一年内的新任校长作了特殊的要求。

1. 坚持以人为本的核心理念主导改革

第一，改革计划指令式的培训模式，采取自主选择。专业发展培训政策改革坚持以教师为本，改变由教育行政部门制定培训计划、指定受训教师按照指定的相关项目进行参训的运行模式。现行的教师专业发展政策是在学校的统筹指导下，由教师进行自身的发展规划设计，并根据需求自主选择培训项目、时间和机构。这与过去相比，一是主体地位发生了变化，教师由被动参与变成自主规划和选择的主体；二是管理方式发生了变化，由原来的供给方主导变为需求方主导。将培训内容由原来教育行政部门自行设计变为根据教师的需求进行设计。

第二，开放竞争，改革分割封闭式的培训管理模式。教师专业发展政策改革坚持培训机构的开放竞争原则，突出体现政府购买服务的管理理念，彻底打破垄断，但凡能满足我省教师专业发展需求的，经过资质认定，均可参与教师专业发展培训工作，使得我省中小学教师能更多共享全国优质的培训资源。

这样使得行政主导的培训组织和服务方式发生了大转变。由计划指令自上而下转为自下而上需求拉动。教师自主选择和规划，培训机构开放竞争也成为亮点。培训机构为了吸引教师参加培训，需要根据教师需求来设计，使教师培训更有针对性，并促进教师终身学习的动力机制建设。

2. 坚持体制机制并举整体设计改革

教师专业发展政策和制度着重构建确保教师专业发展长效机制和保障制度。

第一，建立覆盖全员的专业发展培训制度。教师专业发展培训的实施对象覆盖各级各类学校的教师和校长，而且还包括了教师专业发展各个阶段和岗位的培训。

第二，强化教师的参培权益。教师专业发展培训政策除了提高教师的培训学时，还建立了定期集中培训制度，保证我省每一位教师在专业发展一定阶段都可静心参加一次高质量的集中脱产培训。

第三，构建开放有序的教师参与制度。在坚持培训机构开放竞争，积极扩大优质培训资源的同时，加强对培训机构的管理。出台《浙江省中小学教师培训机构资质认定办法（试行）》（浙教师〔2011〕103号），对教师培训机构的认定、审批、监管、评估乃至资质都作了明确规定，建立了科学规范的运作程序。

第四，建立教师培训经费保障机制。在《若干规定》中，规定各地财政按每年不少于当地教职工工资总额3%的比例用于教师培训（其中的70%按人均拨到中小学）；中小学校要按每年不少于学校年度日常经费总额10%的比例用于教师培训。建立强有力的中小学教师培训经费保障制度。

第五，建立完善教师培训激励机制。2011年浙江省教育厅启动了教师资格定期注册制度试点工作。该制度把教师参加专业发展培训作为延续教师资格的必备条件，打破教师资格终身制，激励教师参加专业发展培训。各地中小学校普遍将教师参加专业发展培训列入年度考核指标，并将考核结果作为教师聘任、晋级、评优的必要条件。通过制度和机制创新，强化教师培训激励。

3. 坚持以现代理念和方式实施和管理改革

第一，加强顶层设计。成立了浙江省中小学教师专业发展指导委员会负责政策制定、项目审核等提供决策指导，不再是教育行政部门直接审批培训项目。

第二，下放权力。把参加培训的权利还给教师，管理权还给学校。教育行政部门是宏观指导，由学校从实际目标出发，制定教师培训的年度计划和五年规划；教师根据学校的规划和个人专业发展定位，并根据培训课程，在学校统筹指导下进行自主选择。

第三，转变方式强化服务。为方便培训机构开发培训项目，编制了《浙江省中小学教师专业发展培训设计指南》，使得开发设计项目更有科学性和规范性。

（三）政策支持

把是否有效落实教师培训列入浙江省教育现代化的评估操作标准。建立教师培训工作分级考核制度和教师培训项目考核制度，省教育厅将各地规定开展的教师专业发展情况列入评估考核指标。成立浙江省教师专业发展培训指导委员会，并建立全省教师培训网络的管理平台。

同时，重视抓配套制度建设。省教育厅围绕教师专业发展长效机制建设，从政策措施保障、强化培训服务等方面着力强化改革配套制度建设。除了下发《浙江省中小学教师专业发展培训若干规定》，还先后出台了《浙江省中小学教师培训机构资质认定办法》《浙江省中小学教师专业发展培训项目设计指南》《浙江省中小学教师资格定期注册制度试点工作实施办法》《浙江省物价局浙江省财政厅关于核定全省中小学教师培训收费标准的复函》等一系列确保改革顺利实施的政策和措施。

三　政策实践分析

《浙江省中小学教师专业发展培训若干规定》的出台，标志着浙江省已经全面建立起一种专业发展培训制度，它可以真正体现中小学教师自主选择性和培训机构的竞争性。最大亮点是最大限度保证了培训质量和教师的公平参与，教师通过自主选择，满足自身的个性学习需求；同时通过引入竞争机制吸引了大量的优质培训资源。无论对教师抑或培训资源，都从根本上改变了培训的实践方式，充分调动了双方的积极性。当然如何处理指定培训和自主培训的关系；如何真正落实教师专业发展的自主选择；如何监控各培训项目的培训质量以及相关管理制度，也有待教师专业发展政策的不断完善。

改革的主要工作成效

1. 教师培训得到普遍重视

实施改革以来，各地都将教师专业发展培训纳入教育事业的发展规划，制定政策并落实，全面加强中小学教师培训工作，惠及 40 万教师的重大改革顺利起步。

2. 教师培训的支持服务能力显著提高

随着培训体系开放性和竞争性的建立，极大地激发了培训机构参与教师培训的热情。能根据教师专业发展不同的时期、特点及要求作针对性的设计，并且培训内容丰富多样，给了广大中小学教师较大的自主选择余地。

3. 教师专业发展培训内在动力普遍增强

新的教师专业发展政策凸显了教师的主体地位，调动了广大教师参与培训的内在动力，使教师们的学习主动性明显提升，这在某种程度上体现了广大教师对自主选课培训的热情。

此外，教师培训管理通过网络管理平台，提升了为教师服务的能力和水平，教师们普遍认为新的中小学教师培训制度促进了浙江省教师培训工作从量到质的转变，这必将是教师培训走向专业化和制度化的重点跨越。

四　后续政策推进

为了进一步完善教师专业发展培训制度，提升培训质量，浙江省进行了重大改革，于 2016 年 9 月出台了《浙江省中小学教师培训学分制管理办法》，通过实施分类、分层培训旨在尊重教师的实际需求、遵循教师成长规律，真正确保教师的自主选择权，以建立更具科学性和人文性的专业培训制度，进一步提升中小学教师专业发展培训的系统性和针对性。根据该办法，教师专业发展培训学分可以通过四种途径获得，包括自主选课、指令性培训、校本研修或其他形式转换等。

与前几项培训工程相比，全员学分制管理更加注重科学引导和分层分类，更有利于因材施训。在培训学分的计算方法上，一改之前仅仅以学习时间为计量单位，而调整为学习数量和质量综合计分，并同步考虑学员诸如培训时间长短、课程难易程度、考核成绩高低等因素，最终根据实际予以差异赋值。同时教师在征得所在学校同意后可以自主参加一些优质特色培训，并获得学分，也可以根据新的学分计量方法进行折算，这无疑将极大提升教师参加培训的主动性和积极性。为确保学分制的管理质量，在政策制度上做了相应规范，建立了细化量化的考核标准，将学员的有效参与度、纪律维护、作业完成情况、实际培训成效等一一纳入考核标准，确保最真实地反映教师的达标状况与提示情况。同时，浙江省教育厅全面放开了教师培训体系，吸引了一大批优质培训机构和培训资源参与竞争全省的教师专业发展培训工作，将尊重教师的自主选择权真正落到实处，有效调动了教师们参与培训的自觉性和有效性。

该培训项目正在实践中，其成效尚有待进一步检验。

第四节　近十年浙江省教师专业发展政策演变及启示

一　演变趋势

通过解读新近浙江省教师专业发展政策文本及实践，从政策的价值取向、文本内容和政策实施三方面分析：

（一）价值取向

浙江省教师专业发展政策体现从普及到效益再到公平。最初的"提素工程"面向全体农村中小学教师，体现了全面普及的方针，也是一个关注"基础性"的培训。紧紧围绕教师参与专业发展培训的观念普及和新课程改革的学习普及。之后的"领雁工程"开始注重效益，表现在面向农村的骨干教师，由于重点突出，再加上培训强度的加大，因此培训效益得到了很大的提升。2011年颁布的《若干规定》更为关注公平，体现在面向每位在职教师，同时满足教师培训的个性化需求，随着培训质量的提升，真正做到了促进每位教师的发展。2016年出台的《浙江省中小学教师培训学分制管理办法》则更具科学性和人性化。

（二）浙江省教师专业发展政策文本内容转向

从封闭到开放。素质提升工程对培训的课程、计划、形式、考评等作了详细规定；"领雁工程"虽然对培训对象、形式和时间上仍有严格规定，但在内容上留下很大余地，仅仅做了范围的指导。2011年后的培训政策只规定了总学时和各类别学时，其他诸如培训时间、内容、形式、地点等都是开放性的，能为教师的不同选择提供可持续的培训资源，同时培训除了注重教师的专业发展所需之外，更为关注教师职业生涯规划和幸福感的本体需要。当下的全员学分制则更加注重教师的自主选择权。

（三）浙江教师专业发展政策实施转向

从管理到服务。"提素工程"和"领雁工程"基本采取了运动式的推进模式，行政主导并全程参与，政府既是管理者又是实施者，新的培训政策实施开始走向常态，政府从直接实施者到制定者到服务者，包括培训标准的制定、培训质量的监控、经费的保障以及吸引更多的优质资源。与此同时，受训教师也从被动参与到自主选择，从制度规范到培训自觉。新近几年的变化表明，浙江省教师专业发展政策已经从补偿性、适应性走向个性化和超越性的阶段。

二　现实启示

教师专业发展政策联结教师专业发展理论和教师教育改革实践，教师专业发展政策的变迁，伴随着对教师教育理论的不断深入以及教师专业培训的不断发展，浙江省教师专业发展政策的内涵演变，也带来了丰富的启示。

（一）教师专业发展政策要有效实施，必须达成行政共识。如"素质提升工程"和"领雁工程"都被称为省长工程，非常强调政府的责任归位，包括各种考核、激励机制以及经费供给政策。当然行政共识的达成，并不意味着对所有培训工作的大包大揽，而是有智慧地推进，根据教师专业发展政策的不同时段和不同需求有选择性介入，以确保政策的有效运行。

（二）教师专业发展政策按照规律、回应实践观照，既保持政策的连贯性又凸显其突破性。新近浙江省教师专业发展政策有着清晰的演变脉络，保持了政策变迁的连贯性和突破性，主要原因是政策回应了教育的现实需求。这几次教师专业发展政策都有着深刻的政治、经济和文化背景，政策的制定符合国情和省情；同时也顺应了教师专业发展的内在规律，符合终身教育理念，并遵照特定时期对教师专业素质的培养要求。

（三）教师专业发展政策需要弥合文本与实践之别，注重协调。教师专业发展政策文本是教育实践的需求和目标，而政策实践是具体动态的，两者体现了"应然"和"实然"的两种状态，常会出现不合拍的状况。如要使教师专业发展政策实施能接近文本的要求，需要加强内外协调，而非政策或实践本身，如培训经费或培训待遇等问题，工学矛盾的解决则需要适当增加教师的编制，使其相对富余。

（四）教师专业发展政策需形成合力，关注多方利益，方能顺畅执行。教师专业发展政策涉及多方主体，包括教师、基层学校、培训机构和行政部门，存在一个多方利益的博弈。如教师会揣思培训给自己带来什么，学校则考虑本校教学质量和培训教师的素质提升，培训机构会考虑培训供给以及收益，而行政部门则要考虑教师专业发展政策的顶层设计为何。因此，教师专业发展政策应针对不同发展时期不同主体的需求，加强对话和调研。

第五节　浙江省教师专业发展政策变革取向

一　变革特点

（一）面向全体的全纳式培训

《国家中长期教育改革与发展规划纲要（2010—2020）》指出要树立终身学习理念，为持续发展奠定基础。终身学习和终身教育的思想已经走入每个人的生活，教师作为文化发展的引领者必须主动适应社会和教育发展的需要。今天教学已经成为一项日益复杂的工作，教师需要不断优化知识结构，达到专业实践的最高标准，以便更好地胜任这项工作。

（二）在价值取向上重视实践性

《教师教育课程标准》把"实践取向"作为核心理念，指出教师作为一名实践反思者，在反思自身经验和改进教学行为中实现专业发展。其教学工作是教育理论指导下的实践活动，因此为改变教师培训中轻视反思、脱离实践的倾向，必须关注实践问题，强化实践意识，将理论学习和实践反思结合起来。

（三）突出教师的自主性和选择性

教师的发展最终必定表现为教师的自主发展，突出教师的自主性和选择性即体现在培训中"以教师为本"理念。《浙江省教师专业发展培训若干规定》在全国掀起了教师培训改革的创新，其核心是打破传统自上而下的培训观念，实现教师培训的自主，凸显参训主体的主体地位，把培训的自主权与选择权交给教师，尊重教师发展的差异性和个性化。这在《浙江省中小学教师培训学分制管理办法》中得到更大体现，无疑在政策层面促进了教师专业发展现代化的转变。

（四）培训资源凸显开放性和竞争性

要实现《浙江省中长期教育改革和发展规划纲要》提出的"增强教师选择培训各方面的自主权，激发参与培训主动性，从而提高培训的有效性"等目标，《浙江省教师专业发展培训若干规定》要求引入竞争机制，实现市场化运作。目前，浙江省教育厅全面放开了教师培训体系，这种政策既维护了参训教师的自主权和选择权，又确保了教师培训的质量和效益。

（五）培训形式注重参与性与体验性

"授—受"培训难免让教师惰于创造性的运用。要强化教师在培训中的主体作用，一定要增强教师培训的参与性，构建实现教师专业发展的研修共同体，在参与中体验，在体验中发展。目前实施的《浙江省中小学教师培训学分制管理办法》有效调动了教师们参与培训的自觉性。

（六）强化培训者队伍建设

在教师专业化建设的热潮之中，日益关注培训者的专业化建设。大规模的教师培训工程无疑对培训者的素质和能力提出了巨大的挑战。理想培训团队开设的"教师培训师培训"有效地提升了浙江省各级培训者的素质，并对其他省市的培训机构进行辐射，产生了较好的影响。

二 经验与反思

从最近五年内浙江省实施教师专业发展政策创新及相应改革来看，取得了很多实效，惠及 40 万教师的培训政策全面实施，教师专业发展的支持力度显著提高、教师发展的内在动力普遍增强、行政机构的办事效能极大提升。当然与此同时，我们也应该反思一些亟待解决的问题：

（一）工学矛盾的问题。由于新时期的教师培训是全纳式的，教师需要在每五年内完成 360 学时的研修，其中每年集中学习时间至少 24 学时，同时五年内还得参加一次 90 学时的集中培训，这在很大程度上激化了工学矛盾，虽然新的教师专业发展政策在培训形式上作了多样化的设计，但是有些学段和学科的教师，在其外出培训时的工学矛盾依然突出。因此如何在政策实施过程中有效应对这一矛盾，既需要教育行政主管部门和管理者的规划，又需要在实施过程中对培训形式与理念的探索创新。

（二）教师自主选择与项目设计的问题。新时期的教师专业发展培训政策进一步凸显了参训者的主体地位，突出教师参与的自主性和选择性。但在改革实施的过程中，经调查发现有不少教师在自主选择时有比较大的功利性和随意性，并没有结合自身的专业发展需求进行科学、合理的选择。同时，通过对培训项目统计和研究也发现，在所提供的培训主题上有很大的随意性和重复性，缺乏科学性和适切性，这一方面要加强对教师专业发展方向的指导，另一方面要加强培训项目的政策研究，切实根据教师专业发展的需要、专业知识的逻辑体系以及现代社会经济文化的发展趋势，制定出更为科学有效的促进教师专业发展的相关培训政策。

（三）开放竞争与市场化倾向的问题。浙江省在实施新的教师专业发展政策时的一个亮点是打破传统的垄断，培训任务分配也由指令性走向竞争性，即在教师专业发展政策改革中创立开放申报和教师自主选课机制，借助竞争机制使教师政策中的主体适切度、实施质量和支持服务都能及时跟进。当然需要对随之出现的功利主义倾向、地方保护主义做法以及实施中与原申报项目不一致与缩水现象引起高度重视，需要加强对政策实施过程的评估和监控。

（四）培训规范和质量监控机制的问题。信息技术为教师专业发展培训提供了技术支撑。目前，浙江省教师培训管理平台实现了教师专业发展培训项目的申报、审定，参训学员的自主选择等方面的网络化和规范化。真实有效实施教师专业发展政策仅有现代化的技术手段还远远不够，除了培训机构和教师努力之外，还需要培训系统的协同支持。

第八章

研究结论、问题探讨与展望

第一节　研究结论

教师自身的专业发展是促进人才培养和国家发展的基础，也是教育改革成败的关键。由于历史的局限性，教师工作很长时间内一直未被视为专门职业。只有到了近现代，教师职业的专业性才慢慢得到重视。在我国，如果以1993年《中华人民共和国教师法》的颁布为标志，基于教师专业发展的教师政策体系的建构和发展至今也尚不足二十五年。当前我国教师队伍建设已进入"后学历"时期，教师专业发展呈现出科学性、标准性和专业性的特征。教师培训政策将突出地表现出基于专业发展规律、基于专业价值导向、基于专业标准规范、基于能力为本的趋向。其中研究内部标准的教师专业发展与作为外部标准的教师专业发展政策，两者是紧密相依的。因此，以提高教师业务素质为目标的教师职后培训政策更适合被称为教师专业发展政策。

一　教师专业发展政策的变迁

纵观当代教师政策及其发展历程，从其演变的脉络来看，体现了不同时期的不同教育观，可以说新中国成立以来教师专业发展政策的发展史是一部由片面到全面、从散乱到系统、从宏观到微观不断合理渗透的发展史，相应地，其政策所体现的公平性、专业性和自主性也在不断增强。

（一）政策发展的总体走向

回顾历史，在当下新的历史发展起点上，教师专业水平亟待提升，教师职业吸引力亟待增强，教师管理机制亟待完善。所有这些都依赖于教师政策与研究意识的沟通，决策意识与研究意识的有机结合，可以减少政策制定的随意性和滞后性。随着教育事业的蓬勃发展，出台的相关教师政策不断增加。在社会转型期，一个大的变化即把相对成熟有效、能合理引领教师队伍的政策具体化，并上升为法律法规。① 如 1986 年《义务教育法》的出台，规定了义务教育阶段教师的任职资格、考核、培训管理等，这对制定教师政策意义重大。1993 年颁布的《教师法》，包含了两层指导思想内涵。第一，维护教师的合法权益，以保障教师的待遇和社会地位的提高，使教师真正成为令人羡慕的职业。第二，确保教师队伍素质不断提高，加强师资队伍管理。它是我国教育史上首部教师的法律，是以后制定教师政策的重要依据。

概括起来，教师政策发展的总体走向有以下三方面：首先，教师任教资质标准更高。新中国成立以后的计划经济体制时期，为了与当时的国情相适应，教师政策主要集中于教师的要求方面，因为当时的师资队伍不管从数量还是质量上都不尽人意。教师角色更多地被定位为政治角色，尤其强调教师的政治素养，专业素质并没有引起足够重视。这种状况在改革开放后有了极大改观，1993 年《教师法》的出台，明确规定"教师是履行教育教学职责的专业人员"，教师的专业地位在法律上得到确认。1995 年和 2000 年，国务院和教育部相继颁布了《教师资格条例》和《教师资格条例实施办法》，使教师资格证书制度开始在全国全面实施。2000 年，《中华人民共和国职业分类大典》出版，这是对职业进行科学分类的第一部权威文件，该文件首次将职业分成了八大类，教师属于"专业技术人员"一类。总之，相比计划经济体制时期，教师的素质要求越来越受到关注。其次，教师待遇大幅提高。计划经济体制时期，教师待遇主要参照国家工作人员，改革开放之后，教师待遇问题引起国家的高度重视，特别是20 世纪 90 年代开始教师待遇直接比照国家公务员，提高了教师的待遇。之后开始出台的重要政策，其核心就是不断提高教师的社会地位。最后，教师管理更为规范。进入社会转型期，管理政策由原来的比较缺乏到日益增多，甚至相当部分写入教育法规，表明国家高度重视教师管理，开始建立健全教师管理制度。与《教师法》相配套的，诸如《教师资格条例》等相关配套法规的制定与颁布，教师管理政策体系的建立，必将促使教师管理走向规范化。

---

① 苏渭昌、雷克、章炳良主编：《中国教育制度通史》，山东教育出版社 2000 年版，第 491 页。

（二）教师专业发展政策价值取向的变迁

教师发展政策的价值取向是指政策的不同主体在处于各种复杂、矛盾甚至冲突关系时基于自身的价值观所持有的基本立场、态度等基本价值倾向。其价值取向的变迁可概括为以下几个方面：

1. 系统观：从职前职后的二元分离到教师教育的融合

新世纪初，教育部在 2001 年下发了《关于基础教育改革与发展的决定》，在此文件中"教师教育"首次取代了传统的"师范教育"；2002 年教育部下发了《关于"十五"期间教师教育改革与发展的意见》，首次明确了"教师教育"所包含的内涵，它不仅仅指师范生的职前培养，还包括了对教师的入职教育和在职培训。

2. 正义原则：从重视效率到体现公平

长期以来，"效率"优先的政策导向使得城乡、学校和不同教师间的差距越来越大，影响了社会的公平和稳定。进入新的历史时期，罗尔斯等提出的公平理念也融入教师专业发展政策的文本之中。这在比较 1986 年国家教委下发的《关于加强在职中小学教师培训工作的意见》和 2011 年教育部下发的《关于大力加强中小学教师培训工作的意见》中就表现得非常明显，从这两份《意见》的关注点可以看出，前者是针对当时教师总体学历和素质水平低的现状，后者则是在教师总体素质水平已大大提高的背景下，以提高师德素养和业务水平为培训重点，同时开始向弱势群体倾斜。总体而言，新时期的中小学教师培训更加注重全员培训，具有鲜明的教育公平色彩。

3. 终身教育观：数量应急到教师自主专业发展

历史原因导致改革开放之初对教师的需求数量严重不足，因为先天不足，培训政策自然将学历补偿作为首要任务。当教师开始趋于饱和之时，对教师的需求便由数量转向质量的提高，以往以学历补偿为任务、以培养"终结性"教师为目标的传统的教师培训政策便不能适应了。

"学习型社会"中的教师也应是一个终身的学习者、自主的专业发展者，如此，引导教师在职业生涯中自觉地自主学习实现专业发展才是第一要务。从这个意义上讲，以主体性和回归性为基本特征的终身教育自然成为我们制定中小学教师专业发展政策的基本理念。

4. 精神观照：从工作专注走向生命关怀

教师的需要及生命意义却被有意无意地忽视了，教师的发展被"简化"为工作成绩。这种状况一直持续到 20 世纪 80 年代末。随着教师专业化的推进和对教师自我发展的重视，人们越来越意识到作为生命主体的教师在培训中的地位。教师在职教育不再只关注职业能力的培训，"更重要的是培养一种积极的生活状态，以积极的生存心境，积极的人生态度对待生活"；"只有弘扬教师的主体意识和创新精神，树立终身学习观念和唤起自我发展的意识，师资培训才能事半功倍"。①

于是，中小学教师的培训过程便被看作是促进其专业发展的过程，亦被视为教师开启智慧与觉悟、彰显个人生命价值的过程。当对教师价值的确定处于工具性的位置时，教师作为一个生命存在的个体角色被忽略是自然的。而当我们将教师发展纳入专业发展视野和终身教育背景中时，教师培训政策的制定就特别突出教师对自身生命存在状态的主动审视与把握，教师亦不再把职业当成谋生的手段而看成是实现自我价值的舞台，专业发展就成了教师生命中的一部分，在促进学生发展实现教师社会价值的同时谱写出自己的生命之歌。从这个意义上讲，通过培训实现专业发展本质上就是教师发挥潜能、体现生命价值的过程。

5. 生涯发展观：从职业提升走向生涯设计

教师专业发展政策都应充分研究教师，从成人学习者的需要出发，考虑教师的不同的状态及可能性。特别要引入职业生涯发展的视角，尊重不同时期教师的特点。教师专业发展政策要认真分析处于不同生涯发展阶段教师的特点和要求。

从生涯发展理论来看，教师生涯是一个有着明显阶段性特征的动态发展过程，有上升期和停滞期，是一个起伏不定的非线性过程。并非所有教师都能伴随职业变迁而最终成为专家，除了系统的培训，教师持续的专业成长还需要自身的反思、充分的指导。在价值取向的变迁中我们可以发现，新中国成立初期教育促进政治与经济的发展的价值取向；"文化大革命"时候教育的政治价值至高无上；改革开放之初，教育旨在促进经济、科技和文化的发展。

总之，教师专业发展政策在越来越促进教师专业发展的同时，也表现出更加着眼于解决实际问题，同时越来越受到"专业标准"的影响，且

_____

① 张贵新：《发达国家中小学教师继续教育发展趋势及对我国的启示》，《外国教育研究》2000 年第 5 期。

政策执行的有效性被持续关注，并体现出制度性的发展趋势。有效的培训根植于培训目标，是对决策和执行进行评价的尺度。培训目标体现与教育教学改革目标的一致性，并且与教师的个人目标相统一，只有如此方能激发教师最大的自觉性，从而更好地解决问题。

二　教师专业发展政策体现政治、经济、教育之间的和谐关系

教师政策也体现了可持续发展，政治变革、知识经济以及教育对象的多元都向教师的职业发展提出了挑战。为了帮助教师适应社会需求的变化，需要这样一种政策，提供帮助而非控制，使得教师有更多的发展机会，能使教师获得更多的教学自主权。

（一）"三元结构理论"与政策视角

如用"二元结构"来分析教育定位，则要么把教育归结为上层建筑，要么把教育归结为经济基础，导致教育政治化和教育商品化。

社会"三元结构理论"是人类社会结构的基本理论工具，从该角度出发，教育既不属于政治领域，也不属于经济领域，把教育与政府和企业区分开来，教育被认定为"非营利组织"。如此，便能避免教育的泛政治化或纯粹按经济规律来办教育的不良倾向。

这是中国社会转型之下的必然发展趋势，逻辑前提是我国已经建立了社会主义市场经济体制。我国学者把"非营利组织"概括为 10 个方面的特征，即非营利性、中立性、自主性、使命感、多样性、专业性、灵活性、开创性、参与性、低成本。[1] 教育组织的活动宗旨是教育领域的公共利益，提供教育服务，满足各种教育需求。教育政策是政府决策的结果，又是调整教育领域的社会关系，在教育领域实施教育问题的公共政策。教育政策的价值特征不能仅仅是政治价值的体现，更非利益、金钱之间的博弈。还须面对政府的强制性和教育组织的志愿性之间的矛盾，在运作形式上追求两者的统一。应该是政治价值与社会教育理想与需求之间的博弈的结果。

1. 教育政策的根本价值目标是如何理解教育问题而促进个人的完善

---

① 王绍光：《多元与统一：第三部分的国际比较研究》，浙江人民出版社 1999 年版，第 47—63 页。

发展，政策不仅仅只注重制度建设或效率，更应体现"以人为本"，重视"人"的发展，以此来配置各种资源。

2. 作为组织中的教育工作者，教师是具有志愿性的教育工作者，教师和学校间不是"命令—服从"的人身依附关系，两者在法律和人格上都是平等的关系。因此，"教育理想与政治价值并存""公益性""人的根本性""平等与交流的关系""强制性与志愿性统一"，是我们审视教育政策应遵循的基本价值要求。

3. 政策合法性和合理性。教育政策的合法性来自政府和教育自身，合理性取决于决策者的科学研究。

（二）长期以来教师专业发展政策的政治色彩过于浓烈

教师价值定位的阶级化：在"文化大革命"前近30年的教师政策中，阶级观点是其主导观点，对于教师的界定，阶级定位占了相当大的比例。政策价值的政治化选择明显：新中国建立后的最初三十年，政策一直是一种自上而下的单向模式；政策主体和客体是一种主动和被动关系。对有关解放前过来的教师的教育改造、对未来教师的培养及给予的待遇问题，几乎所有的政策评价都是围绕政治展开的，如是否符合政治要求、是否适应国家的政治需要、是否能为政治服务等。

方针一直是事业或工作的总要求，体现了政策目标追求的最高价值。"团结、教育和改造"一贯是教师政策的价值追求，沿用至"文化大革命"结束。改革开放之后，1978年中央明确宣布不再提团结、教育和改造的方针。同时社会大力提倡"尊重知识、尊重人才"。教师政策的价值取向从"团结、教育、改造"到"尊重知识、尊重人才"转变。政策目标的转变带来了政策制定和内容的巨大变化。

（三）市场经济体制下的挑战

社会转型为新体制的发展提供了动力。在市场经济条件下，社会变革更利于构建多元开放的教师教育体制。表现在：一是各种经济领域的活跃因素逐渐向教育事业渗透，市场的介入极大地激活了教师教育市场，打破了以往对教师教育一味的封闭管理；二是市场经济条件下要求政府对教师教育的管理作出相应转变，必将更注重在教师教育规划、立法与调控上的宏观管理，逐渐实现间接管理模式，即重视对教育质量的监控以及对教育市场秩序的维护。这样便为确立多元的教师教育体制提供了开放宽松的政治环境。

（四）体现与教育的关系

随着新课程改革的不断深入，都比较认可"教师即研究者"，在教师的培训实际中普遍以"研究"作为教师专业发展的途径，以"教师研究"为载体的教师专业发展模式日益受到重视。也不断有学者试图构建教师专业发展政策的理论基础与适合我国国情的新范式。对如何培训教师使其更完善地教学和如何在教师教育中将理论与实践相联系等问题也有了更多的探究和论述。

第二节　问题探讨

一　政策制度保障的缺失

影响教师发展的因素有很多，但政策与制度的影响无疑是最深刻和持久的。

在教育管理的金字塔形科层组织中，教师处于最底层，只是政策的实施者、课程的操纵者、秩序的维护者，是完全的"客体"，这就是在教育行政制度权力挤压下教师发展退化的反映。没有参与决策和管理的权利，因此，教师很容易被矮化成一个从事非创业性劳动的雇工，愚化成一个贬抑自身的思想附庸，僵化成一个只知灌输的传声筒。[①]

另外，长期以来，师资与管理培训制度的封闭性也阻碍着教师的发展。改革开放以来，相对其他部门，学校很难有流动的可能，同行之间也少有交流的意愿。教师的自由流动与进修很难如愿，教师在人事上基本还是单位或部门的所有制，这些都是对教师作为人的异化。

促进教师的发展不仅要求广大教师对提升自身能力的自觉践行，也迫切需要教师教育整个过程的制度与政策保障，一要重视教师教育制度，二要重视现实的社会地位，这两者密切相关。在教师教育制度的根底有教师地位，应该根据理想的教师地位来构建教师政策及相关教育制度。然而，这两者在我国经常得不到协调发展。古来我国就有佛教、道教、儒教三教合一的思想。依据这样的融合理念，应以迄今称为教师发展理论的道德性、社会性和学问性三者合一为基础，构建适应当前时代的新的教师地

---

① 吴康宁：《教师是社会的代表者吗》，《教育研究与实验》2002 年第 2 期。

位，以及进行教师教育制度改革之基本。教师专业发展政策的理念如何在现实层面具体化，这是今后教师教育政策制定的一大重要课题。

总之，教师总体经济和社会地位的不确定性，学校制度的工具性，导致教师主体意识的缺失，工作仅仅为了谋生，而非完善自身的智慧与人格，慢慢失去了独立的个性，忽视了自我发展与创作。对他们而言，"教师职业的尊严和欢乐，主要取决于社会公众的外在承认和给予，取决于过程的结果而不是过程本身；它是用工具价值换来的"。[1] 在封闭的环境中工作，容易导致从业者视野狭窄、心灵压抑，消解了其自我发展的本性。任何政策和制度都要能满足教师作为人的基本渴求。"近处无风景"，从人类学和心理学的视角看，人具有追求新异刺激、丰富多彩、变化流动的本性，具有走出狭窄空间的种种冲动。[2] 如教师参加异地培训，就能满足人性的某些渴望，使其大脑处于兴奋活跃状态。

二 对教师自身力量的忽视

当下的教育改革基本都是自上而下的技术性变革，通过政策的出台，然后设定标准并监督实施来推动教育变革。在这种情况下，教师其实被要求与过往的经验决裂，发生根本性的转变以便在各方面跟上改革的步伐。然而教师个人的愿景，教师对于自身作为从业者的价值和职业认同感均被忽视。于是，在变革中，教师成了"工具"和"角色"，而非"主人"，也无"身份"，比如在实施课程改革的过程中，对教师专业角色的相关政策性规定往往因为缺失了教师的认同而难以发展。诚如麦克尔·富兰所言"有成效的教育改革的核心并非是实施政策的能力，而是当发生非预期的千变万化的情况时，能够在教育发展过程中生存下去的能力"。[3]

（一）重塑角色规范

从教师角色规范上看，教师往往被置于道德超人境界，易使教师形成焦虑、苛刻的处事心态及挫折失利体验，从而产生职业倦怠感，影响自身发展。如果教育改革仅仅是从政策上要求教师转变过时的角色，将其作为

---

① 叶澜主编：《教师角色与教师发展新探》，教育科学出版社 2004 年版，第 10 页。

② ［德］德博尔诺夫：《教育人类学》，李其龙等译，华东师范大学出版社 1999 年版，第 86 页。

③ ［加拿大］麦克尔·富兰：《变革的力量——透视教育改革》，教育科学出版社 2000 年版。

实施变革的工具，而不注重教师自身的变革力量，不关注个人愿景，那么改革就会因教师不愿或不想改变，而成为政策制定者的一厢情愿，最终难以持久推行下去。

人文关怀不足也是教师发展动力不足的原因之一。所谓人文关怀，即立足人的尊严与自由的个性，关注人的发展，启迪人的思维，以提升人生价值。调查表明，教师的发展在外部的规约中迷失，在人文关怀的缺失中逐渐迷失。

(二) 教师专业发展政策知觉调研

所谓教师政策知觉，是指教师对国家制定的教师政策信息进行的个人理解和解释，包括认知过程、情感过程和意志过程。制定教师专业发展政策的目的是提升教师的专业知识、能力和专业地位。

本研究主要以中小学一线教师为调查对象，通过问卷法，收集教师对教师专业发展政策的主观印象和认知材料，以及满意度状况，通过数据分析，考察二者的关系。在借鉴以前研究问卷的基础上，采用自编"教师专业发展政策知觉问卷"，问卷包括三部分，分别是"政策熟知度""政策认可度"和"政策配合度"，代表教师政策知觉的认知成分、情感成分和意志成分。问卷采用李克特5点评分法，针对教师专业发展政策的具体问题，让调查对象对每个问题进行5个不同梯度评分。得分越高，表示对应的熟知度、认可度和配合度越高。

教师政策知觉及对政策的满意度都涉及教师主观感受的心理过程，这与期望和差距理论的内涵基本一致。即满意度的程度取决于个体的预期价值与实际所获价值的差距，若差距较大，满意度就比较低；反之则较高。可见，影响教师态度或行为最重要的因素并非是组织或环境中的"客观"特征，而是人们对这些客观特征的主观感受和解释。

通过调查发现，中小学教师在政策知觉程度上，评分最低的是政策认可度，其次是政策熟知度，评分较高的是政策配合度。不同性别教师在整体知觉方面存在一定差异，男教师优于女教师。但在政策配合度上则是女教师评分高于男教师，不同教龄教师政策知觉也存在一定差异，在政策熟知度上，教龄6—10年的教师要比教龄1—5年的老师对政策更了解。而在政策认可度和配合度上，情况则恰恰相反，教龄1—5年的教师比那些教龄6—10年的教师表现出更积极的倾向。可能是新手教师处于熟悉阶段，尚在经验积累时期，一般能遵从各种要求，而随着经验的丰富以及业务的成熟，开始关注各类相关信息，并注重发出自己的声音，有了更强的表达意愿和对话意识。学历较高的教师一般学识丰富些，思辨能力也较强，许多高学历的教师大多通过在职进修得到学位，在进修过程中会更进一步关注教育问题，工作积极性更高，政策知觉度也相对较高。

三 重新审视教师专业发展政策的价值定位

当前我国教师专业发展政策价值取向应进行以下两个方面的调整。

（一）从阶级到职业——教师社会定位的调整

阶级定位逐渐丧失了其存在的合理性。长期以来，我国教师政策决策者基本是用阶级观点来确定教师定位的，这种政策也曾在新中国成立初发挥了一定的作用，对于当时新政权刚刚建立的特殊情况，执政者将教师划定在适当的阶级之中有利于政权的稳固，但是也造成了负面作用，如带来的是教师政策的政治化导向过浓，且不稳定。

改革开放之后，阶级定位丧失了其存在的合理性。因为阶级定位不能全面反映教师群体的本质规定性，过于强调阶级利益间的冲突，忽略彼此间的依赖，造成对教师群体特殊性的轻视。在我国政治生活的不同时期，不管政策本意如何，都不能正确反映教师职业的特点和规律，也不利于相关教师政策的科学合理性。

1. 教师是专业人员。教师职业是特殊的专门职业，主要体现在教师职业的专业性上。只有具备了相应资格和素质的专业人员才能从事。

教育者必先受教育。几乎所有国家都规定了教师的受教育程度。我国《教师法》同样具体规定了从事不同类型、不同层次的教师的受教育程度，一是对从事各级各类不同类型的教师作了具体规定；二是教师从业者还需具备教师资格证以及其他相应的知识和技能。

新时期还提出了尊重劳动和创造，形成新的社会价值认同，主要应抓好三个环节：一是可通过舆论宣传系统和激励措施等，进一步崇尚创造性劳动的主流价值意识和社会风尚，形成相应的舆论环境；二是可通过立法和实施法律，保障社会各阶层从事辛勤劳动、大胆创新的劳动权利，形成相应的法制环境；三是可通过实施改革和体制创新，优化社会各阶层利益分配，形成尊师重教的制度环境。

2. 实行中小学教师政策职能机构的专业化和专门化，合理调整教师政策的价值取向并提供组织和人员保证。建立教师政策职能机构，进行职能调整。尽可能建立专门从事教师政策制定和研究的人员，不断提高其专业化水平。

3. 建立开放互动的政策制定系统，为教师政策价值取向的合理调整提供制度上的支持。优化决策机构，实行分级决策。

需要改变人们习惯中央出台政策而地方执行的模式。要尽可能发挥地方政策整体的政策决策作用。因为中央决策机构很难及时准确掌握基层的实际情况和教师专业发展的价值诉求，必然导致难以制定高质量的教师专业发展政策。

第一，政府内部要有专门的负责机构，要将相关教师专业发展政策制定的职能更多集中到政府。

第二，中央和地方实行分级决策。中央主要负责国家教师政策的制定；地方负责制定具体层面的政策，因为政策的地方性差异很大；国家与地方的教师政策精神应相符合，若有相左之处，则地方政府应和中央决策机构沟通。

第三，发挥学校在教师政策决策中的作用，以便在政策执行中主动反映教师的价值诉求，同时进行校内政策的决策。

建立教师专业发展政策的专家咨询制度，强化教师的理论研究。由于长期以来，教师作为研究对象的成果并不多，这直接制约了教师政策研究的科学性，也暴露出研究者对自身关注的忽略。因此必须大力加强教育科学研究机构和教师政策以及理论研究，尽快充实教师研究的专业力量，同时有必要建立教师专业发展政策的专家咨询制度，在充分听取教师问题专家意见的基础上制定政策。

教师专业发展政策应该体现国家和教师利益的共同表达，缺失任何一方都是不可想象的。因此要尊重教师的价值诉求，建立教师相关政策的听证制度。

目前教师专业发展政策存在的最大问题是忽略教师的价值诉求，一项政策不管是否理解都必须执行，或者干脆不执行也行。主要原因便是没有充分体现政策客体的诉求，也没有充分反映广大教师的愿望和要求。应该用法律保障教师政策的听证制度。听证须有正式的形式，有政策主体和客体代表参加。

4. 建立教师专业发展政策的评价制度，为政策的合理调整提供反馈

政策是变化的产物，人类对已有利益的保护和长远利益的追求，形成

对政策稳定性和应变性的要求。作为人群政策的教师政策更具应变性。但其应变性并非建立在政策制定者的主观臆断上，而是建立在政策执行过程中的运行状态和客观反映上。这就提出了教师政策评价的要求，教师政策评价制度即通过权威和信誉机构，依照一定的法定程序，对当前教师政策的执行情况进行评价和督查，并反馈给政策制定机关，以供政策机关决定是否继续执行或调整。

从普遍意义上说，公共政策具有应变性和稳定性的特征，应变性对于教师政策而言则更为突出。应变性建立在政策执行效果的客观反映上，而并非是决策者的主观判断。这也说明了政策评价制度的重要性。通过权威机构，一方面评价政策的执行情况，另一方面反馈给相应的决策机关。

（二）价值目标体系

政策价值的引导应如此体现：把当前和长远发展结合起来，既有针对解决现实问题的可操作性制度和规范要求，也要建立直抵培训本质的行动取向。因此，创新中小学教师培训政策，有以下趋向：

1. 基于专业

第一，基于专业价值。首先挖掘教师培训的专业价值的力度和深度，以此促进教师的专业发展，充分体现培训作为教师权利的基本精神实质，其核心意图应该成为教师政策的坚实基础。

第二，基于专业标准。教师专业标准除了国家对中小学教师统一规定的政策性标准之外，还有具体的专业发展标准，即为业务性标准，包括专业伦理、专业知识、专业能力标准等。此外，教师专业标准具双重特点：基础性和导向性。基础性为教师的专业伦理、专业知识、专业能力等方面的素质规定了基本标准；导向性则指具备基础标准的同时还具有发展功能，不断引导教师朝着更专业的方向发展。

第三，基于专业发展。从促进教师专业发展视角看，教师的培训必须能体现教师的专业成长规律，并根据教师的需求，按照教师专业标准、学科教学能力的不同要求来进行，关注教师作为一个成人学习者的实现，满足其专业学习的特性与需求。

第四，基于专业能力。从"技术取向"走向"能力为本"是教师专业发展的必然。教师培训自然应以促进教师的专业发展能力为目标，能力发展要求培训政策不断强化教师的专业实践，强调教学的实践性，以凸显在专业体验中形成的教育及反思能力。

　　因此，教师职后的专业发展政策需要从教师培训的专业性上来反思，重新认识"培训者"和"受训者"。"培训者"不是已有知识的单向传授者，而是培训过程的引导者、协助者、合作者，是和教师平等的参与者。同样，作为"受训者"的教师是新知识的建构者和创造者，不再是被动接受现成理论的人，是与他人合作交流的贡献者，既是重要的培训资源，也是和培训者合作的重要伙伴。

　　要使得教师培训政策真正体现出教师专业发展的核心本质，基于能力为本的政策制定，需要不断思考一些问题：何为有效的教师培训？培训者需要怎样的培训？培训方案如何设计？培训的效果何以转换为实践的效果？如何让培训成为帮助教师的过程？等等。完善教师专业发展体制，将政策的制定与其不同生涯发展阶段的特点与需求结合起来，并且保证政策间的协调平衡。

　　2. 关注教师主体

　　第一，体现教师的主体角色。教师在整个专业发展过程中应该也必须是积极主动的，在专业发展的各方面具有一定的自主选择权，而不是一味地被动接受。教师专业发展的相关政策必须立足于教师是专业发展的主体，才能更好地推动教师专业发展。

　　第二，生命关怀和生涯设计。教师发展具有过程性和持续性。强调"教师职业生涯"，需要让教师扮演适合的人生角色，达成个人的认知和探索，不断促进个人的专业成长和进步，以促进个人潜能的发挥。

　　第三，教师参与政策的制定。教师参与教师专业发展政策的制定是民主政治的有效体现，强化教师的积极参与十分必要，只有培训直接改进课堂教学和实际，才能最大限度激发教师的参与动力。可从以下两方面做起：第一，通过明确教师在培训中要达成的要求，通过不断的追问，以明确那些与教师专业发展相关的知识与技能，并付诸行动；第二，根据内容使用技巧，用多种方式来提高培训实效，如理论讲座、案例教学、跟班研修、反思实践、课题研究等。

　　3. 重视与教师沟通对话

　　教师是教育实践的建构者，也是教师专业发展政策的执行者。政策制定者和执行者都要及时做好与教师的沟通与对话，提高政策的民主和科学化水平。与教师沟通的重要形式是对话，通过与教师的对话将教师纳入政策体系中。决策者和执行者学会倾听来自教师的意见和建议，或尽力让教师理解政策和改革还不是真正意义上的对话。"对话的实质不仅仅是对话各方在意义层面上进行交流，而且是对话各方通过互动进行意义的重构"。[①]

因此，要实现真正意义上的对话，决策者和执行者应创设良好的氛围，弱化自身的权力意识，平等对待每一位教师。同时，教师要充分表达意愿，有强烈的对话意识，并对提出问题有足够的信心和勇气。

四　构建与教师专业发展政策相协调的政策体系

在终身学习的大背景下，发达国家使用"继续的专业发展"（Continuing professional training）这一术语，目的是建立真正意义上的一体化的教师教育体系。[②]

首先，保证教师专业发展政策与相关政策的协调。教师专业发展政策最重要的应该是改善教育教学的质量，因此，有成效的教师专业发展在目的、内容乃至方式和时机，均非自我导向，而应与课程和教学改革以及学校的整体改进紧密相联。这就意味着教师专业发展政策不是孤立的，不论在政策的制定和落实上都应注意与其他相关政策的配合。其次，重点关注专业发展的相关领域。按教师需要程度来分，有许多相关领域的知识，如沟通技术、学科知识、教学法知识、信息技术、通识知识、课堂管理策略、心理咨询、发展策略、宏观教育改革理念、教育教学研究方法、学习理论等。教师专业发展活动应重点关注上述领域，特别是教师最需要的前几个方面的研习内容，重视提升教师教育教学的能力，为教师提供能够满足其专业发展需要的培训内容。

（一）缺乏明确的理论基础

要构建完整科学的教师政策体系，必须有明确的理论基石，并在其理论的总指导下，对中小学教师的要求政策、待遇政策、管理政策进行科学的合理规划，使之互相支撑和配套，从而形成科学有效的国家教师政策体系。

同样，也只有在科学的政策体系下教师专业发展政策才能被有效执行。总之，只有在总的理论基石的指导下，才能对政策体系合理规划，才

---

① 陈向明：《质的研究方法与社会科学研究》，教育科学出版社 2000 年版，第 383 页。
② 王艳玲：《教师专业发展：教师教育的核心理念》，《全球教育展望》2008 年第 10 期。

能层层配套并落实。

通过对新中国成立以来我国教师专业发展政策内容的考察，发现似乎没有一种明确的理论作为指导思想，并一以贯之地在整个政策体系中加以体现。新中国成立初，由于对教师队伍建设的重要性的认识偏差，始终没有一个统一的理论来指导，导致各个时期教师政策内容没有很好的继承性，有些甚至存在冲突之处。随着对教师的科学定位，20 世纪 80 年代之后情况渐渐好转。《中国教育改革和发展纲要》高度评价教师的重要性，该政策的出台为我国教师政策的理论奠定了基础。

我们讨论的是教师的专业发展政策，接近培训政策，属于要求政策，但是要真正发挥教师专业发展政策的效用，还必须注意要求政策、待遇政策、管理政策等的有机统一与配套。

（二）教师政策体系没有达成有机统一

1. 国家教师政策体系内部不配套

理想的教师政策体系应该是要求严格、待遇优厚、管理规范的有机统一。纵观教师政策变迁，可以概括出如下特征："文化大革命"初期要求政策与待遇政策基本一致，但管理不够规范；改革开放后各项政策渐趋统一与规范。但在某些阶段，又出现"低待遇""弱要求"或者出现重视待遇与要求，管理水平却又较低的状况。

总之，所谓教师政策体系不配套，是指要求政策、待遇政策和管理政策这三大子系统不配套。如我国的要求政策与管理政策就存在不配套之处，导致政策体系不能很好发挥作用。如教师培训的激励机制缺失，致使教师参加在职培训的积极性受到影响。

2. 三大教师政策体系内部不配套

有关教师专业发展政策体系构建，有学者将教师专业发展政策分为教师准入政策、任用政策和待遇政策，本研究所指的主要涉及任用政策中的培训政策。教师政策体系一般由准入政策、任用政策和待遇政策构成，培训政策则属于任用政策。

第一，教师要求政策内部不配套

单从教师要求政策来看，教师培养和培训方面的规定似乎有不协调之处。要求政策中反映出职前培养与职后培训之间的不协调，缺乏自己的联系和统一。抹杀了教师职业发展中职前、职后的阶段性特征，影响了教师的职业发展，有些"倒挂"也不能适应教师终身学习和职业发展的要求。

导致各类政策之间力度不够，有些方面还有矛盾之处。教师专业发展政策需要有相应的政策予以配套，构建和谐的培训体系。

第二，教师培训要求不配套

1985年中共中央发布《关于教育体制改革的决定》，指出把发展师范教育和在职教师培训作为发展教育事业的战略措施，必须对现有教师进行认真考核和培训。1993年的《中共教育改革和发展纲要》再次明确要制定教师的培训计划，促进教师不断进修提高，使中小学教师能更好地胜任教育教学工作。通过师资补充和在职培训，争取到20世纪末使中小学教师基本达到国家要求的合格学历，同时高学历者比重也逐年提高。1995年颁布的《教育法》也规定了一系列教师教育政策，如实行教师资格和职务聘任制度，通过培养和培训提高教师素质。从以上几项政策可以看出，人们已经日益重视教师的在职培训问题，但是仔细来看在政策法律条文上尚没有具体可操作的规定。

五　完善教师专业发展政策效用的适切性

我国已基本建立起一套中小学教师专业发展政策体系，当然在具体实施过程中仍需要进一步完善。尤其在政策建设方面还有待于进一步思考，包括：继续教育的社会化问题、教材和课程的审定等。如何促进教师专业发展政策的有效性，已经成为教师政策改革的刻不容缓的任务。有效的教师培训首先需要做需求分析，以此作为重要的决策参考。同时关注教师培训的起点，首先需要深入一线教师的群体中，对他们在教育教学中碰到的问题进行收集和分类。通过明确具体问题之后，创设问题情境、总结转化等步骤进行研究教学，从而解决问题和困惑。通过之前对教师专业发展政策知觉的调研和结果分析，可以得到若干启示，如加强政策沟通，开展民主对话，提升教师对政策的熟知度。通过建构多元化的沟通模式和途径，促进教师对政策的理解；加强政策宣传，增强政策体验，鼓励教师积极参与政策的制定，借此获得积极正面的政策感悟，进而提高教师对政策的认可度；加强政策合理性，实现教师自主，提升教师对政策的配合度，在执行政策的过程中需要充分实现自身的自主性。最后，加强整体联动，注重全面调动，提升教师对政策的满意度。

（一）开展校本培训，实现专家引领

校本教师培训，是指基于学校和教师发展需要，由学校规划，立足于本校教育教学实际的培训活动。如果说传统师资培训体现了教育教学和科研的共性的话，那么校本培训则体现了个性。因为不同的学校有着各自的特殊需求，而这些具有个性的培训需求在共性的教师培训过程中难以得到满足，这就需要学校根据自身实际来设计教师培训的内容和方式。所以校本培训并非是对传统教师培训的否定，而是对传统培训的发展和补充。校本培训的组织方式相对灵活，可通过举办短期培训班、师徒结对、示范课、学术报告、反思性教学、组织教师研讨等，提高教师的教育教学和科研水平；校外通过校际间的交流等方式，不断促进教师的专业成长。不能一味地办纯理论的灌输式的讲座，而应注重操作层面的培训，其直观形象易吸收。类似观摩研讨式的培训，更受一线教师的欢迎。

校本培训是由校长、教师和学生共同参与，以学校为培训基地，利用各种培训资源服务学校教育教学。如以学校教育改革来促进中小学教师的专业发展，这也是叶澜教授提出的造就新型教师的校本培训模式。校本培训能兼顾全体教师，是更适合贫困地区的教师培训的一种方式。而且相对于其他培训，其投资小收效好，是促进教师和学校发展的最佳方式。

一般而言，校本培训直接服务于本校的教学改革，目标明确，并且直接与教师的日常教学相结合，实践性强，对教育教学的促进效果明显。其实施策略能培养教师的专业发展意识，对教师的学习、研究、反思等能力的提高作用显著，能最终调动教师专业发展的积极性，成为主动的学习者和研究者，只有通过实践、研究、反思、再实践的过程，才能真正实现教师自身的可持续发展，从而实现自身的专业发展。

（二）提高教师培训实效

1. 树立以人为本的培训目标

培训目标既是培训的出发点，也是其最终归宿。因此培训目标的确立要以教师的实际需求为出发点，体现对教师的信任和尊重，以教师为主体，积极为教师创造自由宽松的进修氛围，提高教师培训的积极性和主动性，满足其学习和发展的各种需要，施展其才干，真正把教师发展放在第一位，使教师培训主旨不仅仅是提升学历，更是教师专业水平的提高，也是完善教师专业素质的基点。

2. 加强培训课程建设

首先，选择培训内容要以教师需求为出发点，培训内容要强调内容的实效性和针对性，培训机构要多了解教师在教育实践过程中的困惑和困难，针对教师专业发展最迫切需要的知识和技能，尽心选择具有开放性、前沿性和新颖性的培训内容，如此方能提高教师对接受继续教育的吸引力和满意度，从而保证培训目标的实现。

其次，培训方式要注重教师的参与性。基于参与的针对性和目的性，教师可以有多种形式参与，教师不仅仅是学习者，更是一个参与者。因此培训者不再是灌输和控制，而是要调动教师的积极性，注重对教师的引导和激励。对教师尽量避免消极评价，使教师体验到快乐和成功的喜悦。

3. 加强培训机构建设

首先，加强专业建设，特别是培训机构的管理者，他们必须具备教育和管理两方面的理论基础和技能。管理者要提高自身的研究和创新能力，提高专业化程度。创造条件为管理者提供各种机会，通过不同途径丰富管理者的经验，提高他们的专业水平。

其次，加强培训师资的专业化建设。教师培训机构的专业化离不开一支素质优良、结构合理的培训机构教师队伍，培训师资质量直接影响教师培训质量，两者呈正相关。首先，培训教师要根据培训者的不同特点采取多种教学方式，准确完整地表达培训内容。培训师资要注重理论与教育教学实践的有效结合，减少培训内容的盲目性。同时为了改变目前培训机构师资质量参差不齐的状况，最有效的方法就是建立培训师资资格认定制度，有了统一标准，便于师资培训有法可依，促使教师培训的科学化，从而确保中小学教师培训的效果和作用。

4. 进行脱产培训

为了保证缓解教师培训的供求矛盾，保证教师的培训时间，除了校本培训，还可进行脱产培训。现阶段，经济发达地区基本具备推行教师脱产培训的条件。可以结合实际情况，尝试带薪培训、脱产培训。

20 世纪末，联合国教科文组织在适应社会变革和人才需求多样化的背景下，曾这样描述："……教师的培训必须使人了解和尊重个性的各个方面；指导必须代替选拔；那些使用教育机构的人们必须参加管理和制订政策；教育活动中的官僚主义习气必须消灭，而教育管理必须实行分权制。"[①]

---

① 联合国教科文组织教育发展委员会编著：《学会生存——教育世界的今天和明天》，教育科学出版社 1996 年版，第 110 页。

（三）教师培训的不足与缺陷

1. 培训行政化导致培训过剩

行政化导致负面影响加大。这是因为，第一，教师水平的差异性和不平衡性。我国地域辽阔，城乡差距大，不同区域教师水平差异很大。因此教师培训的行政化并不能掩饰对弱势教师群体的忽视。第二，培训内容脱离教学实践。教师虽然也渴望高效、实用的教师培训，但由于教学内容不能有效联系各级实际，因而无法满足不同的个体需求。

"培训过剩是指培训教师任务过多而使教师变得厌倦，受训教师的参训率即培训的有效性没有得到有效评估。"[①] 按照教育部门的各项培训部署，既有全员培训，又有骨干教师培训；既要参加县市级培训，又要参加省级培训乃至国家培训，因为不少内容重复，既浪费了培训经费和受训教师时间，又挫伤了教师参加培训的积极性。

2. 教师需求与培训资源相脱节

首先，经费短缺。教师培训必然以培训经费作保障。部分地区教师参加培训都要自己埋单，再加上工学矛盾，教师参加培训积极性受到打击。对农村教师而言，支付培训费也是比较大的经济压力。其次，培训师资不足。需要参加培训的人员需求各异，但是能够培训教师的师资缺乏，很难实现大面积的教师培训。很多培训师资很难做到灵活施教，仅仅是转述培训内容，没有起到真正有用的实效，这也与培训师资的遴选机制有关。最后，培训设施缺乏。教师培训需要相应的培训方式，很多学校尤其农村的学校没有钱购买培训设施。单向传递式的培训方式不能有效激发教师的学习动机。没有基本的设施保障，再高效的培训方法也是徒劳。教师培训经费没有专项专用，都可能造成培训设施的虚设。

3. 教师激励制度的缺失

培训离不开相关的评价和激励，并需要将评价和激励制度化。实践证明，对教师培训结果能否作出恰当反馈直接影响教师参加培训的主动性。很长时间以来，受训教师一直处于被动无奈的状态，即使有培训热情的也由于对结果的失望以及其他工学矛盾的困惑，导致热情并不能维持太久。

从目前来看，教师培训制度建设的盲区是教师激励制度的缺乏，培训

---

① 黄伟：《当前中小学教师培训工作中的问题和对策》，《中小学教师培训》2008 年第 10 期。

政策中很少提及激励措施。教育部 1999 年 5 月发布的《中小学教师继续教育规定》提到培训考核成绩应作为教师聘任的依据之一。但事实上，教师参与培训的成绩单或结业证书对教师的业务考核、评聘等并无太大作用，还有不能解决工读矛盾等，都是让教师无法感受到激励的原因。即使有对教师参与培训进行的奖励，也很少涉及精神层面的鼓励。虽然也都曾提到对教育工作者进行奖励，给予荣誉称号等，但是国家颁布的教师培训政策从未涉及制度性的教师激励制度。

当下的教师培训存在培训观念滞后、培训需求缺乏针对性、培训组织强制化以及培训效果低下等问题，应该关注教师内心世界的变化，具有一种内在自我反思批评的能力，而非培训者传递了什么。现代中小学教师的培训目标取向是要强化教师持续的专业发展能力，包括学习能力、科研能力和创新能力。

（四）教师培训的现状及结果分析

教师培训是教师专业发展的重要途径。国际性的研究表明，虽然终身学习这一理念相当具有说服力，但对于大多数教师而言，正式的发展机会仍然屈指可数，主要是接受一些短期的在职教育和培训。[①] 根据调研结果，对以下五方面做一探讨：培训内容、培训课程、培训时间、培训形式、培训效果。

1. 加强培训内容的实践性

据调查了解，很多教师都表示目前的培训内容过于理论化，脱离教学实际，教师最想接受的培训是能够帮助他们诊断日常教学中的不足的培训，小到一句话该怎么讲，大到一堂课该怎么管理，例如针对某一知识点，大家各抒己见分享有效的方法，还有诸如如何针对突发事件、辅优补差工作等。这也引起了培训课程设计者的注意和重视，他们发现，培训的效果最终还是体现于教师的教学质量，如果不能够解决教师的实际问题从而提高教学质量，教师的培训在教师看来就是无效的。因此，培训内容必须紧紧与教学实际联系起来，培训者应该深入课堂场域掌握教师的实际工作现状及难题，帮助他们发现答案并给予启发，例如在培训中结合教师的教育教学工作案例，对培训后的现场教学予以"追踪指导"，组织访问学

---

① ［英］阿尔玛·哈里斯、丹尼尔·缪伊斯：《教师领导力与学校发展》，许联、吴合文译，北京师范大学出版社 2007 年版，第 67 页。

习等。实践证明，这类实践性较强的课程更受教师的欢迎，更能提高教师参加培训的积极性。

2. 开发个性化培训课程

个性化即要有针对性，可从下述三方面予以把握：

第一，根据成人学习理论的假设，要针对成人的特质，如成人在工作中积累了很多学习经验，希望进行自我指导，经常带着问题去学习。成年人的学习方式与一般儿童有着本质区别，教师的知识形成具有情境性、建构性和社会性等复杂特征。因此，师资培训者要根据成人的这种学习规律，要把培训课程建立在教师已有教学实践经验之上。

第二，根据教师岗位的特征进行个性化培训。应事先明确教师岗位所需的各类相关知识技能等，而目前对此几乎没有明确说明和区别，仅仅以学历、教龄、奖励情况等作为能否胜任岗位的依据，由于没有对某一岗位的具体要求予以分析，这种不明晰直接导致教师的需求与提高培训课程之间的偏差，很多所谓的综合课程显然很难引起教师的兴趣，很少有教师能从中获益，原因就是缺乏个性化。所以，首先要建立各学科教学标准，以此来明确教学岗位的不同专业需求，再来设置不同课程。如教育部教育司曾编写了《中小学教师继续教育课程开发指南》，教师可在其中自由选择想要培训的课程，当然其中所列的 800 门课程还有待于进一步开发。

第三，尊重教师个人的兴趣爱好。培训课程若能满足教师的兴趣爱好，就能激发教师的学习动机；反之，教师会感到培训难尽人意。培训者虽然不能满足所有学员的兴趣爱好，但可以事先进行调研，关注那些需要重点关注的，并尽量予以满足。总之，要开发具有针对性的培训课程，一定要做到三结合：把培训与教师已有经验相结合、把培训与教师岗位需求相结合、把培训与个体主观需求相结合。

3. 合理安排培训时间

据调研，教师参加培训的主要困难是工学矛盾。相对而言，教师比较喜欢脱产培训的模式，但是实际情况是中小学教师的编制不充裕，教师的教学任务都比较繁重，若请代课教师，教学质量、代课教师的待遇以及培训效果都成了比较难解决的问题。因此，要有效解决工学矛盾，首先必须从政策中予以保障，如是否可以在教师脱产培训期间能为派出学校增加经费编制，以解决代课教师的待遇问题。对于在职培训的时间冲突问题，需要学校在培训员、培训者和课程安排者之间进行协调。如此交叉培训既为教师安排出了专门用于培训的时间，也在一定程度上减少了对于教师人手的需求，落实这一规定的关键是课程安排的合理优化，否则将适得其反。

4. 以合作促培训

单个人的信息相对封闭，难免有保守的一面，能发现问题的空间也有限。以此来看，教师培训是教师与培训成员间互相交流和学习的平台。培训者的重要作用在于将受训者的"个体知识"转化为"社会知识"，并帮助其在同行中获得认可，从而促进教师的专业发展。因此，教师培训需要通过合作分享经验，形成共同的价值观。

5. 做好培训效果评估

培训效果是国家、学校、教师一致关注的问题，国家希望所投入的人力、物力、财力没有"打水漂"；学校希望培训后的教师能够为学校带来更高的教学成效；教师也不是为了消磨时光或者仅仅为了获得培训学分而参加培训，而是希望通过培训提高自身的专业水平。到底培训的效果如何，却是很难衡量的。

第一，培训效果具有滞后性，教师在培训中获得的知识技能需要在教学实践中慢慢消化，不能马上转化为自己的，因为这些知识技能有些可能稍加领会就能运用，而大量的则需在实际教学工作中慢慢消化，因此短期内很难看到培训效果。

第二，培训内容的多样性。教师培训除了提高教师的知识技能，还会培训教师的情感态度等，导致培训内容不易量化。因此在具体培训效果的衡量上，除了关注数量，更要关注质量。

第三，培训效果涉及多方群体，包括受训教师、同事、家长等。如常见的情况是教师本人在接受培训后，会通过自身的影响力带动其他同事更为有效地工作，因为如果从培训形式上仅仅单独对培训者予以效果衡量显然不够全面。

从近来的各类培训中，可以发现在培训人员构成、内容及方式上都有新的变化。其一，受训人数越来越多，开始由特定教师群体过渡到教师整体的普及式培训；其二，从单纯的学历弥补到综合素质的提升；其三，从常规性的培训到为某一项教育改革而进行的培训，如2000年开始的新课程培训；其四，从学科专业培训到教育专业培训，更重视教师的专业素养，新课程改革之后开展了针对教师教育改革理念、教学理念等方面的培训，不再停留于理论的学习，开始尝试通过理论和实际的联系，帮助教师掌握理论工具去观察和研究身边的具体教育教学问题。

教师培训发生了诸多符合教师变革要求和教师发展的变化,但仍有若干问题和局限:

第一,培训的受众面不均衡,有些省市一级的国家级培训还比较稀缺,许多教师没有这种机会。而且,在具体实施过程中,培训的初始目标由于受现实的冲击或行政的强制而出现不同程度的偏离,这样不仅促使教师专业发展的意义受到一定程度的削弱,而且在整个培训过程中,也没有很好地把教师发展的自主性作为重要因素加以考虑,出现脱节。

第二,培训内容也有偏狭。基础性、应急性和技术性的培训内容在一定程度上提高了教师教育教学的技巧,但尚缺乏从观念到行动、从设计到反馈等系统整合,没有对专业发展内容的聚焦。

第三,培训方式与教师实践需求有隔阂。知识普及性的常规培训方式比较多,以教师参与性的方式展开得比较少。即便是基础理论知识的普及,也缺乏系统性。许多教师反映培训之后不知如何具体操作,通常不了了之,没有了当初培训时的激情。

概括而言,试图通过外在培训的方式解决所有的教师发展问题是不现实的。但是,通过培训来促使教师观念和行为的改变既是教育改革的需要,也是教师自身发展的要求使然。

第三节　研究展望

我国教师专业发展政策的变迁伴随着社会政治经济的发展,必然是对当时社会发展的适应。教师专业发展政策的制定总是与基础教育的发展与改革直接关联。早在20世纪70年代,美国教育家杰克逊就曾预测教师被动专业发展将被尊重教师主动专业发展所取代。按照他的观点,要实现教师专业发展,教师专业发展政策也应该实现由"缺失"向"发展"的转移。因为"缺失"观是我们先假设教师存在着某种错误或不足而加以修正;"发展"观则是教师作为实践者不断发展的过程。社会变革与教师职业专业化趋势是政策变迁之导向,具体可聚焦以下几方面:

一　社会变革及教师的职业化趋向

我国中小学教师专业发展政策的变迁伴随着社会政治经济的发展,必然是对当时社会发展的适应。如改革开放之际，经济建设的重心转移，便凸显了人才缺乏问题。20 世纪 90 年代之后，开始由计划经济向市场经济转轨，这一时期的变革对教育提出了新要求。反之亦然，教育发展同样需要政策的支持。制约国家教育改革的因素是多重的，但所有的因素都必然借助政策的反映，并由政策予以支持。

此外，基础教育改革与发展是内部动因。中小学教师专业发展政策的制定总是与基础教育的发展与改革直接关联。新世纪，我国基础教育改革和教师专业化促成了"全员参与、注重专业发展"的教师专业发展政策的制定。

二　夯实教师专业发展政策的基础和内涵

（一）知识系统

教育学家叶澜教授剖析了教师的素质结构，她认为，教师素养包括教育理念、知识结构、能力结构素养及教育智慧等四个方面。其中教育理念包括基本的教育观和学生观；知识结构包括基础知识、学科专门性知识与技能、相关学科提供的独特的视角、层次以及思维方法等，还有相关教育学科知识；能力结构素养包括管理能力、科研能力等。综上所述，本研究中关于教师专业发展政策的内容主要是知识系统和专业能力系统等与教师的业务能力直接相关的素养。

对诸如教师实施优质教育所需的知识是什么，课堂上又如何有效运用等问题，历来是改进教学质量的重大话题，也是促进教师专业发展的焦点话题。在教学领域，专家教师理解其优质教学的重要条件是知识基础，他们明显拥有更多的高度组织化和结构化专业领域知识。随着教学专业化的推进，人们开始关注究竟教师需要哪些知识类型。该问题的提出基于两个原因，一是专业化领域的推动，二是教育评价的需要，正是基于这两种推动，教师能更清晰了解所需的知识类型。

Cochran – Smith 与 Lytle1987 年发表在《哈佛教育评论》上的《知识与教学：新改革的基础》提出教师应该掌握的知识如下[1]：一是学科知识，包括诸如概念、规则的学科知识、学科内范式的实体知识、学科内部间联系的句法知识，以及对待学科看法的知识；二是一般教学法知识，主

---

[1] 李琼：《教师专业发展的知识基础》，北京师范大学出版社 2009 年版，第 125 页。

要指如何教的知识，如如何激发学习动机、如何管理课堂、如何设计与评价知识等；三是对教学计划和教学媒体熟练掌握的课程知识；四是如何针对具体内容施教的知识，即与专门内容有关的教学法知识。这类知识体现了教师专业知识所特有的形式；五是学生个体发展及其发展特征的知识；六是教育背景知识；七是有关教育价值与其哲学、历史观的知识。

（二）能力系统：主要包括教学能力、科研能力和终身学习能力

1. 教学能力

教学能力指教师从事教学活动并能顺利完成的直接有效的可能性心理特征。[1] 国外许多研究者探讨影响教学效果的教学能力因素，认为从事教师工作所不可或缺的特殊能力，包括逻辑性思维、表达能力、组织教学能力等与教师教学效果有较高的正相关。教师和学生在教学过程中互为主体，教师通过向学生施加教学内容、教学手段等教学影响，必须具备三类教学能力：一是对教学对象的调节和改造能力；二是对教学影响的控制和调节能力；三是教师的自我调控能力。[2]

2. 科研能力

教师科研能力是指其进行研究所需的各种能力的总称，也是一个探索未知领域并创造知识的能力。其核心就是创新能力，而创新能力必须经过严格的方法训练，同时具备扎实的专业基础和深厚的基础知识。根据科研能力性质的不同，可分成这样三类：认知能力、实践技能和缄默知识。[3]

3. 终身学习能力

终身学习的思想最早源自中国古代的学习观，是贯穿人的一生的旨在不断发展个人潜能以满足社会发展需要和自身发展的过程。终身学习具有全面性和连续性、统一性和开放性、自主性和灵活性、目标性和需求性等特点。[4] 拥有终身学习能力的先决条件是教师的反思能力，教师只有在反思过程中才能促进教师的专业发展和提升，同时又推动教师更好地反思，教师的专业能力便在这良性循环中得到健康发展。

---

[1]　陈顺理：《教学能力初探》，《课程教材教法》1988 年第 9 期。

[2]　同上。

[3]　边国英：《科研过程、科研能力以及科研训练的特征分析》，《教育学术月刊》2008 年第 5 期。

[4]　王建勤：《终身学习：教师专业化的根本要求》，《中国成人教育》2009 年第 12 期。

（三）新的培训理念

新课改以后，提出了相对于传统培训理念的新的培训理念，新课改对教师、课堂、学生等做了大的改进，也要求教师改革传统的教学方式。新的培训理念强调教师在培训中的主动角色，是培训的参与者和决策者，善于培养自己的总结和反思能力，并且在同伴的互助下产生新经验的过程。培训理念需要在实践中进行贯彻，课堂教学中注意启发学生的独立思考和解决问题的能力，只有在实践中深入理解培训的新理念，才能真正有实效。

1. 教师发展具有鲜活的实践性和情境性

"教师专业之门在于'目中有人'，有人的发展，有人与人之间的交往，有他们共同的活动和各自的理解，这是教师所专有的领域，只有在教育教学的现场亲身实践的教师才能够真实地感受和把握，这是任何别人所难以获得的。"[1] 中小学教师专业发展被认同的基础及实现的途径便在于此，教师专业具有职业伦理追求和强烈的意向性。中小学教师专业发展的根本在于课堂教学，因此就要回到真实的教育教学中研究和实践教师发展，教师在教育实践中的具体过程就是教师的专业发展过程。

2. 教师发展具有专业性和内在性

教师发展具有强烈的主体参与性和价值取向，其核心内容是在教育视野下的教师专业发展。具体看来，对教师专业发展有两种理解，一种是教师专业的发展，另一种是教师的专业发展。按照构词方式，前一种可以理解为教师从事的职业是专业以及其发展的历史过程；后一种可以理解为教师的发展过程是由非专业人员成为专业人员的过程。[2]

三　基于《专业标准》的教师专业发展过程的模式创新

分析教师专业发展政策的目标之一是为政策规划提供思路，而教师专业发展政策规划既要关注具体政策问题，同时也要体现政策的长远性、整体性和具体政策之间的协调性。

（一）教师专业标准制定的背景和意义

教师的专业标准从思想道德本位到知识本位，进而到以人为本，这些

---

① 宁虹：《教师成为研究者》，首都师范大学出版社 2002 年版，第 21—22 页。

② 叶澜等：《教师角色与教师发展新探》，教育科学出版社 2001 年版，第 199 页。

演变都需要一个教师专业标准。制定并实施教师教育专业标准体系是国际教师教育发展趋势的必然结果。其主要原因有三，一是教师专业化的呼唤；二是城乡教育均衡化的客观需要；三是教育以学生为本的必然要求。

教师专业标准是基于教师教育改革背景，同时思考时代究竟需要什么样的教师专业标准？这个专业标准又该承载怎样的历史使命？其合理性与否取决于教师教育改革及当下的需求。在目前教师教育改革的语境中，教师专业标准应该是动态多维的。当代教师教育发展需要的不是一种"实践描述"式教师专业标准，而是"发展轨迹描述"式教师专业标准，因为"标准并不只是描述现在的实践"，它必须"说明教师在长期实践中应改进什么"，必须"描述专业发展的轨迹"。[①]

自20世纪80年代以来，世界各国先后制定并实施了一系列的相关教师专业标准，各标准都以促进教师的终身专业发展为目标。其专业标准的框架维度既体现了对教师综合专业素质的要求，又强调了教师的专业理念。

构建教师专业标准既是指明教师专业发展的方向、利于科学评估教师专业发展水平、促进教师专业发展的自主性和合作性，也是明确教师专业素质要求、健全教师管理制度的一项重要内容，必将促进我国教师专业发展水平，建立教师专业标准体系。严格实施教师准入制度，对于提高教师队伍整体素质、提高教师教育质量、促进义务教育均衡发展和教育公平都将发挥重要作用。这也符合国际上教师专业化发展的潮流和趋势。

2011年12月教育部公布了《中小学教师（幼儿园）专业标准（试行）》，在全国范围内征求意见。该专业标准是国家对合格中小学（幼儿园）教师专业素质的基本要求，也是贯彻和落实《国家中长期教育改革和发展规划纲要（2010—2020年)》的切实之举，这也对我国教师资格考试制度的改革与发展起到了引领作用。

（二）教师专业标准的实施要求

为了衡量教师专业发展的质量规格体系，国家专门制定了教师专业标准，目的是规范教师发展走向，彰显教师个性，引领教师专业的持续发展。制定教师专业标准的根本使命是服务和加速教师的专业发展。

---

① 熊建辉：《构建我国教师专业标准的思考：国际比较的视角》，《世界信息》2008年第9期。

教师专业标准颁布后，在实施方面提出如下要求：首先，教育行政部门要将教师专业标准作为教师队伍建设的基本依据，根据教育改革发展的需要，充分发挥教师专业标准的引领和导向作用，建立教师教育质量保障体系；其次，是要将教师专业标准作为教师培养培训的主要依据，完善中学教师培养培训方案，科学设置教师教育课程，改革教育教学方式，加强教育实践，提高教师培养培训质量；最后，是学校要将教师专业标准作为教师管理的重要依据，制定教师专业发展规划，完善教师岗位职责和考核评价制度，健全教师绩效管理机制。

要形成具可操作性的实施方案，应主要做好以下工作：一是分层制定并实施各类教师专业标准；二是制定并实施教师教育课程标准；三是制定并实施教师教育机构认证标准；四是制定并实施教育质量评估标准。

（三）辅之以教师专业伦理规范

为了适应教师专业发展的需要，促进教师专业化，体现出以学生为本的理念，以师生平等的观念来规范教师的专业行为，以进一步推动当今教育改革，首要任务是尽快制定并实施教师专业伦理规范。

具体说来，制定并实施教师专业伦理规范主要是基于以下几点：

第一，教师专业发展要求建立教师专业伦理规范。1966 年，联合国教科文组织和国际劳工组织在《关于教师地位的建议》中首次以官方文件的形式指出，教育工作是一种专业职业，要求教师具备经过严格并持续研究才能获得并维持专门技能及专业知识的公共业务。[1]

第二，建立教师专业伦理规范是经验型教师向专业型教师转变的体现。经验型教师用职业道德来约束，带有被动制约性；而专业教师须通过专业伦理来导引，体现出教师的自主性与自觉性。专业伦理规范应该从专业角度出发，从而体现教师的专业素质与专业精神。譬如，教师专业不像其他职业对他人有所保留，而应毫无保留地将自己所知道的知识都教给学生，这样才能有利于提升教师的专业品质，有利于保障学生的教育权益，有利于维护教师的专业自主权，从而确保其独立地、高效地开展专业工作。

制定教师专业伦理规范，应注意以下几点：一是立足大众伦理和世俗

---

① ［日］筑波大学教育学研究会：《现代教育学基础》，钟启泉译，上海教育出版社 2003 年版，第 453 页。

性道德；二是从以学生为本的角度去规约教师专业伦理；三是应趋于多元化。

（四）实行国家统一教师资格考试制度：保证教师的专业化

世界各国普遍在 2009 年采取新的教师职业许可制度，规定以后每隔五年重新进行一次认证，合格者才能继续获得教师从业资格。如美国全国教师教育认证委员会在 2009 年 6 月宣布对教师教育质量认证要求进行调整，6 月 30 日，英国基础教育协会发布基础教育白皮书《你的孩子，你的学校，我们的未来：建设二十一世纪学校系统》，勾勒了英国中小学教育改革蓝图，规定中小学教师将实行五年一年检，合格者方能继续获得教师从业资格，不合格将被开除。同年日本政府也开始实行"教师资格证书更新制度"，要求教师在资格证书更新期限的两年前必须接受强制性学习，考试合格者教师资格证书才有效。如今，成为美国教育改革和立法焦点的便是其教师终身教职制度。自 2010 年开始，我国启动了新的教师资格定期注册制度，这必将有助于提高教师职业的专业地位。

教师资格制度是教师专业化的制度保证，也是教师专业发展水平的政策导向，对提高教师整体素质将发挥重大作用。但相关政策配套建设和法规完善等方面还有不足。

（五）政策体系的保障、完善和转型

十七大以来，基础教育进入更加注重提高质量、更加重视内涵发展的新阶段，对基础教育的教师队伍提出了新要求。

但是，反思目前教师专业发展现状，由于在新课改背景下，基础教育阶段不断深化素质教育，强化"减负"，没有升学压力似乎也就没有了专业发展的动力，或者有些职称到了高级，也缺乏继续发展的动力了，导致老师们的积极性和主动性没有被充分激发。大部分教师仍然是依靠外部的强制力量被动走专业发展的道路，甚至是接受职务晋升或职称评审所必需的继续教育。

总之，中小学教师专业发展的政策体系必须实现从"服务型"向"激励型"转型。这就要求教育行政部门在完善保障的同时，还应提供丰沛的服务资源，并建立全面的激励机制，以便充分调动教师专业发展的主动性和积极性。

1. 关注教师专业发展体制的完善

有研究表明，教育体制是教育机构与教育规范的结合体或统一体，特定的教育实施机构与一定的规范相结合，就形成了具体的教育体制。①

据此理解，教师专业发展体制有两方面：一是教师专业发展的组织系统，包括各类培训机构；二是相关规范和制度，如各类法规及教师专业标准等。

同时还需要思考的问题是：组织系统是否完整，培训系统能否提供足够的课程与活动；如何在组织系统中激发教师的作用；怎样的教师专业发展标准才能为学校的教师专业发展提供最佳的引领。

2. 构建有效的教师培训反馈系统

反馈系统包括反应评估、学习结果评估、工作表现评估和业绩评估四个方面。反应评估包括：教师是否喜欢培训内容，内容是否有效，培训过程中教师的反应是否积极；学习结果评估包括：培训中能应用到实践的知识有多少，能力有多大程度的提高；工作表现评估包括：培训前后的变化，能多大程度运用所培训的知识；业绩评估主要指教师在培训前后的教育教学质量是否有所提高。

3. 重视教师教育政策的评价与监控

教师教育政策评价对教师相关政策运行过程进行综合和判断，并总结经验，揭示问题，从而为完善教师政策、实现政策的良性运行服务。

在我国的教师教育政策评价过程中存在的主要问题：一是客观性缺失。评价主体大部分是行政官员，参与政策的制定与执行，难以做到评价的公允；二是对政策的全过程的评价，侧重执行后的评价，忽略了执行前和执行中的评价，从而不能很好地做出应有的预测与适时的调整；三是评价标准不一，不够稳定，从而导致评价的失范。

对教师专业发展政策评价进行规范，首先，应建立一个中介性质的评价机构，尽量避免教育行政权力的干预，保证评价的客观性。其次，综合运用政策过程的环环相扣的三类评价，协同发挥评价的整体功能。最后，遵循发展标准、效率标准、效益标准，为政策的完善提供依据。此外，对教师政策有效的监督和控制能使教师政策的制定、执行与评估过程更为严肃和认真，以保证政策的各项规定和要求得到真正的落实。

由于教师教育政策的监控体制没有理顺，因此虽然主体众多，全方位且多层次，仍无法起到应有的作用，导致监控乏力：一是监控主体缺乏协

① 孙绵涛：《教育体制理论的新诠释》，《教育研究》2004年第12期。

调和配合；二是缺乏应有的法律效力；三是社会力量的监督比较弱。

四　实现政策制定和理论研究的协调统一

（一）加强决策者与研究者的沟通

教师专业发展培训事业的有序健康发展首先依赖于决策者和研究者的统一，这就需要决策者研究意识和研究者决策意识的交融。

在我国，对教师政策的决策者来说，长期以来似乎存在一种研究意识较弱的缺陷，政策失误乃政策制定的失误所致。因此，从政策决策者而言，一方面，在对教师专业发展政策的决策中，要尊重并借鉴相关研究者的研究成果。另一方面，决策者自身应以研究的态度对待各种政策现象与问题，强化自身的研究意识。具体来说有三种意识：意识过程意识，需要关注政策的全过程，包括执行、评估和反馈；二是距离意识，即以一种价值中立的心态参与政策的制定，尽量保证政策的客观；三是代价意识，即以最小代价获取最大效益，以实现有限资源的最大收益。

教师专业发展政策研究的缺失似乎由来已久。研究者对相关的政策研究关注度不够，或以政策诠释代替政策研究。因此，研究者应将教师专业发展政策的研究视为最重要任务，增强政策意识。具体而言，也有三种意识：一是转化意识，即以政策取向指导研究，将自己的研究成果转化为政策应用，影响政策的决策过程，提高研究成果的转化率；二是当下意识，即有一种时刻关注现实并作出深刻思考和理论应答的意识；三是操作意识，即通过不断提高研究成果的应用，使研究成果具有可操作性。这就要求理论研究者要增强政策思维的能力，改善教师专业发展政策实施的行政管理文化之倾向，同时实现理论话语与行政话语在政策层面的有效对接。

（二）针对"教育文化"与"决策文化"的分离

1. 教育政策研究理论基础较为薄弱

教育政策研究开展的基点是基本理论研究，这也保证了政策研究的实践进步和健康发展，这也是目前我国政策研究的热点。当然从研究内容分析来看，尚不足以支撑我国政策的实践研究。指导政策研究和指导决策的理论同源且具排他性，缩小了分析政策的理论视角。

教师专业发展政策研究一直是教师政策研究中相对薄弱的一个环节。直到各国政府对教师专业化运动的广泛参与以后，才开始受到关注。而政策研究也仅仅被看作政府行政部门的职能，属于教育行政管理机关的行政活动，没有被纳入专业的研究范畴，这些都导致教师专业发展政策研究缺乏专业性。在我国，教师诸多的要求政策由于长期由中央统一管理，教师们似乎也习惯于服从，尚未有自身自主的专业发展意识，这样，教师、政策研究者和决策管理者都对教师专业发展政策中所涉及的问题漠不关心。

2. 教育活动存在着"教育文化"与"决策文化"的两分现象

在很长时间内，教育政策的出台缺乏理论支撑，理论脱离实际，缺乏应用价值，仅仅体现了研究者和决策者的主观意识。随着教师政策研究的不断加强，两种文化不断融合发展，满足了教育发展以及各自发展的迫切需要。

新中国成立后实施的一系列培训政策，促进了我国培训事业的发展，但是建立完善有效的教师职后教育框架需要加强对教师培训政策的研究，唯如此，方能真正发挥政策的作用。

本研究基于这样的视角，通过对教师专业发展政策的环境背景的改变进行分析，对我国中小学教师专业发展政策的历史脉络进行全面梳理，分析演进过程的特点，提出今后的政策发展趋势，以期对今后我国中小学教师专业发展政策的制定提供借鉴和参考，以辨明历史和现实。其中研究内容标准的教师专业发展与作为外部标准的教师专业发展政策，两者是紧密相依的。

3. 决策者与研究者的矛盾

研究者和决策者必然存在分歧。原因是：（1）地位不同：研究者要为决策者提供服务，而决策者处理研究成果有某种操纵权。（2）角度不同：研究者喜欢从事自由的学术研究，对成果的实用价值和可行性关注不多，而决策者喜欢立竿见影地用行政手段解决问题，对科研性质不太熟悉，只希望研究成果简洁实用，不太关心长期性的基础理论。目前，随着决策因素和环境的日益复杂，难度也随之增加，为使决策更为民主和科学有效，我们有理由提出决策者是研究者的要求，使决策者成为"研究型决策者"，具备"过程意识、距离意识和代价意识"；同时为使学术成果发挥最佳的社会效益，也应该提出研究者应该是政策参与者的要求，研究者应尽力成为"政策研究者"，具有"当下意识、转化意识和操作意识"。[①]

研究者和决策者之间保持适度合理的张力，调和彼此之间的矛盾，彼

---

① 袁振国：《政策型研究者和研究型决策者》，《教育研究》2002 年第 11 期。

此接纳，才能进行真诚沟通与合作，因为大家的态度是一致的，那就是对人对事的负责精神。

五　以教师专业自主发展为突破口

（一）中小学教师在培训中的地位

中小学教师在培训过程中应该处于一个主体地位，体现在三个方面，即教师是教学者、学习者和资源者。只有理解了这三种角色的特殊性，才能理解其对培训的实践要求。教师主体地位在培训过程中的体现并非是容易的事，存在多种制约因素，包括培训制度与观念、培训模式与机构能力以及中小学教师自身。

众所周知，教师专业自主发展的实现是一个渐进的过程，是多种因素综合作用的结果。自主性是人的主体性与能动性的本质内涵，是个体成长的核心要素，每个个体都有追求自主意志的欲望，都不愿意被外界所约束、限制。教师从初出茅庐的模仿者再到自主授课的教育行家，这种化被动为主动的过程让教师完成了蜕变。经过自我与外界环境的不断相互作用，教师明确了自己的职业地位与自我价值所在；经过教师不断地唤醒自己的专业发展意识，教师明确了自己的职业信念；经过教师不断地努力与自我反思，教师明确并慢慢地实现了自我的价值。教师专业自主发展的实现不仅需要国家、学校发挥导向作用，更需要教师自己唤起自我发展的意识、提高自我发展能力、不断地进行自我建构，这样才能真正实现自我价值。

1. 通过培训促进教师专业自主发展

教育部在 2011 年 1 月颁布《关于大力加强中小学教师培训工作意见》，从培训模式创新、培训内容优化、培训方式改进、远程培训建立以及校本研修制度完善五个方面提出了要求，为教师培训拓展了新的途径，特别是在鼓励教师自主选择培训上的突破。为促进教师的专业自主发展，需要以教师的需求调查为依据展开培训活动，以充分调动教师自主参与培训的积极性，并将培训收获更好服务教育实践，进一步提高其专业自主能力。在培训方式上针对理论培训和实践培训要有所区别，前者宜采取"问题—研讨—提炼—精讲"的培训模式，通过互动调动受训教师原有的知识，实现对新理论的认知；后者可采用"案例—诊断—对照—提升"和"问题—假设—改进—实践"的双模式，促使教师在探索教学问题和修正自我教学行为的教学实践中获得新的经验和能力。

应以分层施训为手段，促进教师的专业自主发展。学校对处于不同发展水平的教师提出不同要求，按需施训，从教师基本功等方面为教师量身定做阶梯式培训计划，让每位教师寻找到自己职业发展的新高度。

2. 完善法制，促进教师专业自主发展

加强教育法律制度建设是促进教师专业自主发展的必然选择。首先，要完善有关教师权利的相关法律法规，以便形成系统、规范的法律体系，尤其要对教师的专业自主发展权利进行详尽表述，以期得到有力的法律保障。其次，要坚决抵制校内、外教育行政部门侵犯教师专业发展权利的行为，建立良好的监督机制。要健全教师职业准入制度，加强对教师内在职业观念的考察，要完善教师资格的认证标准和考察内容的范畴以及建立教师专业发展专项资金投入政策，保证经费供给。

我国政府近年来在教育方面的投资力度加大，目的就是逐步追赶上发达国家的教育步伐。教育事业的发展及教师作用的发挥程度是教育事业能否取得进步的关键，所以，教育政策在制定与实施的过程当中，应当适当地偏向促进教师的自主发展。例如，切实提高教师的待遇，让教师在物质生活中无后顾之忧，切实引领社会文化，提高教师的社会地位，自上而下地完善教师管理体制，切实改进教师的职前、职中、职后的培训，让教师的专业自主发展步入正轨。

促进教师专业自主发展的内外部途径很多，主要应以教师自身内部动力为主、外部支持为辅，强调最多的就是教师自主发展意识的培养以及反思实践能力的提高，在外部因素中，学校发挥着至关重要的作用，但因为有些途径可操作性不强，所以众多学者忽视了对社会文化、教师个人家庭因素以及学生家庭因素的研究，笔者将从教师和学校这两个视角进行阐述，为他人提供借鉴。

教师专业发展涵盖教师的被动发展与主动发展两个方面，本研究提到的教师专业自主发展指的就是后者。后现代教育理念认为教师不能被动卷入教师职业中，而应该自觉自动地建构自己的专业知识和技能，建构个人的情感、态度和价值观。具体而言，教师专业发展有两个方面的内涵：一个是教师的专业知识和技能，另一个是教师的情感、价值和需求。对于每一种内涵，都有教师发挥主体性的空间。教师专业自主发展不仅意味着教师要对职业发展负责，更要对自身发展负责。用马克思主义理论来讲，教师专业自主发展这个部分发展得越好，对于教师专业发展这一整体而言发展得也就越好，因为部分功能之和才能大于整体功能。不得不承认，教师专业发展的核心是教师的专业自主发展。

教师专业发展与教师专业自主发展相互影响，相互促进。教师专业自主发展是教师专业发展的内在要求与核心，只有通过教师专业自主发展，教师专业发展才能有效开展下去。换句话说，没有教师个体的自主发展也就不可能达到教师群体的专业发展。教师专业自主发展中的自我发展意识，在教师专业发展中也起着举足轻重的作用。传统教师的专业发展一般都倾向于被动性，经一系列教学改革之后，现代的教师专业发展开始强调教师主动发展的重要性，进而教师专业自主发展成为人们关注的焦点。根据建构主义的"个体的主动性"理念，促进教师的专业自主发展就是充分尊重教师内在发展需求，激活教师"个体的主动性"，使教师自觉地提升自我，实现自我价值。教师专业自主发展要求教师能够拥有自主发展意识，不断地进行反思和实践，最终实现教师专业发展，但是事物的发展都不是孤立的，教师专业自主发展不可能完全依赖于教师自身的努力，还需要外在环境的支持与帮助，如教师的职前、职中、职后的培训，教师政策实施情况的监督以及教师的社会地位、工资、福利等方面的内容。所以，教师专业发展与教师专业自主发展相互影响、相互促进，教师专业自主发展是教师专业发展的核心所在。

（二）完善教师专业发展政策，凸显教师专业自主发展

1. 暂行国家教师政策分析

暂行的关涉教师职业的政策性文本有很多，上至国家的法律、法规，下至地方的施行制度，它们从教师的使命、社会地位、经济待遇、任职资格和管理培训等方面规定与保障教师的基本权利与义务，大力推进教师职业向专业化发展。综合我国现行法律、法规，可将关涉教师发展的政策内容分为以下三类：

第一，教师的保障性政策

教师的保障性政策，主要是对教师的生活进行基本保障的法律、法规，包括对教师的社会地位、经济待遇、工作条件、住房条件等最基础性条件的规定。如《中华人民共和国教师法》规定教师可以按时获取工资等福利并可享受带薪休假，且教师的工资会逐步得到提高；《中华人民共和国教育法》规定，"国家保护教师的合法权益，改善教师的工作条件和

生活条件，提高教师的社会地位"。

以上政策的实施为教师的发展提供了生存和发展的基础保障，尽量使教师在职业发展中无后顾之忧。按照马斯洛的需求层次理论，只有教师的低级需求得以满足，教师才会出现更高层次的需求，并为满足需求而不断努力，正如笔者所期，最终实现教师的专业自主发展，实现教师的生命价值和职业价值。

第二，教师的管理性政策

为了保障教师有效开展教育活动，承担国家和社会赋予教师的使命，国家颁布了众多法律、法规对教师的任职资格、考核、职业道德等方面进行管理。

1993 年颁布的《中华人民共和国教师法》规定了获取教师资格的条件，小学教师至少应该具备中等师范学校毕业水平，并且中小学教师资格应由县级以上教育行政部门认定，国家依据此法制定了《教师资格条例》，对获取相应教师资格作了具体规定。2010 年的《国家中长期教育改革和发展规划纲要》提出要健全教师管理制度，严把教师入口关，完善教师准入制度。由省级教育行政部门统一组织中小学教师的资格考试和认定，具体的招聘录用、评聘、培训考核等管理职能由县级以上教育行政部门履行。

《中华人民共和国教师法》关于教师的考核规定为："学校或者其他教育机构应当对教师的政治思想、业务水平、工作态度和工作成绩进行考核。教育行政部门对教师的考核工作进行指导、监督。考核应当客观、公正、准确，充分听取教师本人、其他教师以及学生的意见。" 2008 年教育部下发的《教育部关于做好义务教育学校教师绩效考核工作的指导意见》规定必须建构符合教育教学规律和教师职业特点的绩效考核制度，这也是义务教育学校实施绩效工资制度的要求，同时绩效考核结果也是绩效工资分配的依据。2009 年出台的《中小学教师职业道德规范》对教师的职业道德作了全面要求，具体阐述了教师对祖国、社会和学生需要履行的职责。

通过以上政策，国家对教师的职业素质、任职资格和考核作了具体要求，各地方政府及教育部门严格按照国家指示对教师进行管理，确保教师工作顺利开展。

第三，教师的发展性政策

在对教师进行生活保障与管理的同时，国家政策必须给予教师一定的发展空间，对教师的继续教育、培训、教学研究等作出指示，让教师发展有章可循。如 1994 年实施的《中华人民共和国教师法》规定对有突出贡献的教师，学校、地方或者国家将予以奖励。同时规定"各级人民政府应当采取措施，加强教师的思想政治教育和业务培训"，"教师有权利参加进修或者其他方式的培训"以及"各级教师进修学校承担培训中小学教师的任务"。

2001 年 5 月 29 日《国务院关于基础教育改革与发展的决定》指出要加强中小学教师的继续教育工作，健全教师的培训制度，加强培训基地建设。2007 年《国家教育事业发展"十一五规划纲要"》指出："加强教师教育与培训。不断提高教师的师德水平和业务水平。加快实施全国教师教育网络联盟计划，进一步完善培训制度，创新培训机制，加强教师培训，进一步提高教师专业水平和学历水平。"《中小学继续教育规定》要求中小学教师继续教育原则上每五年为一个周期，并要求中小学继续教育采取学用结合、分类指导，注重质量与实效。

2011 年颁布的《基础教育课程改革纲要》进一步强调教师要对自身教学行为的反思和分析。建立一种评价制度，倡导以教师自评为主，校长、教师和学生共同参与，同时使教师多渠道获得信息，以便不断提高教学水平。

国家在法律、法规层面为教师的继续教育、教学研究等方面做出指导，尤其注重教师的继续教育问题，如此才能保证教师素质的更新，试图建立一个终身教育体系，切实促进中小学教师的发展。在教育领域，教师政策大致是按照教育基本法—教育单行法—教育行政法—地方性法规、条例—政府规章五层，教师的发展都必须以《中华人民共和国教育法》为准绳，地方各级教育机构制定的规章制度不得与其相违背。

2. 完善国家、地方教师专业发展政策

众所周知，教师政策作为国家重视教育、关注教师发展的宏观政策，其对教师专业发展起着举足轻重的作用。国家的教育政策大都从宏观角度对教师的发展进行指引，缺乏有效的监督评价机制，导致各个地方在施行教师政策时千差万别，有些地区甚至搞形式化，教师政策的导向与调节作用难以有效发挥。所以，应建立更加完善的教师专业发展的政策体系。

第一，深化教师专业发展政策的制定

因为教师承担的使命与责任重大，所以教育政策在制定过程中，应着力促进教师的发展。如切实提高教师的待遇，让教师在生活中无后顾之忧，切实引领社会文化，提高教师的社会地位；制定促进教师专业发展的教育政策并保证实施等。深化教师专业发展政策的制定，可以从两方面入手，一个是教师职前的政策，另一个是教师职后的政策。

目前关于师范生的培养主要依靠师范类院校、综合性大学及其他专科类院校，其培养师范生的模式都存在一个弊端：理论与实践脱离，致使绝大多数院校培养的师范生专业性不强，职业特质不明显，难以满足国家、社会的要求。2007 年国家颁布了《教育部直属师范大学师范生免费教育实施办法（试行）》，希望通过试点院校实施后在全国内推行。国家在师范类学生培养方面的政策相对较少，只是规定成为教师必须获取一定的教师资格。关于教师资格的获取国家出台了《教师资格条例》及其实施办法，但是这只是教师任职资格的一个基本规定，虽然其涉及教师的专业知识与综合素质，但是仍难以全方面地考察教师的整体素质。为此，国家应出台更多的关于师范生培养的一系列政策，使得其有法可依。

教师职后的教育政策在教师的待遇、考核、继续教育方面都有规定并逐渐完善，可见国家对于教师的专业发展给予了一定的重视，为教师的职后发展提供了法律依据。但是不难发现，国家作为政策的制定者，其制定政策的过程是自上而下的，政策实施的对象——教师并没有参与到政策制定中来，那么政策制定的客观性、公正性、合理性、科学性就值得怀疑；同时，国家制定政策后，各地方政府或者教育行政部门是政策制定的主体，其依据地方发展情况，因地制宜地制定适合本地区的教师发展的规章、制度，教师很有可能仍未参与到此过程中来，那么政策的实施就会受阻，不利于政策的执行。

总之，笔者认为国家在制定政策过程中，应广泛汲取民意，不仅要在宏观上规划教师发展的长远目标，还要在微观上将目标细化，如在地方规章制度的监督办法、考核标准与实效性评估，教师培训机构的资质、教师的职前培训、职后教育的体系等方面给予地方教育部门以明确的方向，使得上至国家、下至地方，教师的发展都有法可依。而在地方性规章制度制定过程中，首先要跟随国家的步伐，其次要密切结合本地区的实际。我国经济发展不均衡，教育的开展必然面对众多难题，不仅要将国家政策落实下去，而且要将教师纳为规章制度的制定者，赋予教师一定的参与权，切实解决教师群体面临的问题，如培训滞后、落后地区教师老龄化、教师综合素质不高等问题，进一步深化、细化教师专业发展政策的制定。

第二，完善教师专业发展政策的评督体系

教师政策评价是指依据一定的评价标准，对教师政策运行的全过程进行系统、综合的分析和判断，总结政策运行的成绩与经验，揭示存在的问题与不足，从而为修订和完善教师政策，并为实现教师政策良性运行服务。①

目前，我国教师政策的评价存在很多问题。第一，评价内容表面化。对教师政策评价时，量化的评价方式居多，如开展培训的次数、参培的人数、教师学历情况、教师的工资等可通过数字传达的内容，评价主体据此进行整理，然后给予某教师政策以评价。这个过程看似有理有据，实际则是表面化的评价，缺乏对政策实施质量的评价，甚至处处体现官本位的气息。第二，评价主体单一。对教师政策进行评价的多是教育行政人员，可这部分人员又是规章、制度的制定者，其评价内容难免带有主观色彩，缺乏客观公正性。第三，评价过程单一。在我国，政策评价多注重结果性评价，而对过程性评价和形成性评价有所忽视，缺乏对政策实施的及时反馈与监控，评价缺乏前瞻性与灵活性。第四，评价标准混乱。国家的教师政策比较宏观，而且我国各个地区的教育差距甚大，政策实施难以统一，导致评价陷入混乱之中。

正因为我国教师政策的评价存在以上弊端，因此建立一个完善的政策评价、监督体系非常必要。首先要防止政策评价的表面化，评价主体应综合运用量性和质性的方法研究、分析、评价教师政策，还原教师政策实施过程的真实面目，为教育部门发现问题、解决问题提供参考；要防止评价主体单一，政策的评价权应从教育行政部门下放给一线教师，只有他们才能对政策的实施给予最真实的评价和最权威的解读；要防止政策评价陷入混乱，国家应对地方进行指导，共同建立一个良性的评价机制，使评价有目的、按计划地进行；要避免政策评价的滞后性。在预测评价时，不能在政策实施后才予以评价，而应该在政策实施之前及政策实施的过程中不断预测与评价。其次，要建立一个完善的监督机制。教育体制中的监督机构并不少，但发挥的作用却不尽人意，如各部门之间的"推诿"现象，导

---

① 张乐天：《教育政策法规的理论与实践》，华东师范大学出版社 2002 年版，第 82—83 页。

致谁都管却又谁都不管；教育行政部门滥用职权，导致利益分配不均，虚假化、形式化盛行。所以，我国要充分协调各个监督部门之间的关系，做到权责明确，防止相互推诿，酿成无法挽回的教育事件；要将监督主体扩大，充分利用媒体、民众、教师的力量监督政策的落实，保证政策的有效性；要加大监督力度与惩治力度，让教师政策从制定到实施都能够良性循环。最后，要加强评价与监督机制之间的合作，形成一个双向互通的综合体系。以监督促评价，以评价促监督，最终达到以评价、监督促进教师政策的制定与实施之功效。

3. 政策凸显教师专业自主发展

国家相关教师政策从教师专业发展的角度对教师的权利、义务以及教育部门的权责进行了一系列的规定，使得教师的发展有法可依，但在教师专业自主发展方面的规定却寥寥无几，致使部分地区对此有所忽视。所以，国家、地方在制定与实施教师政策时应凸显教师的专业自主发展。

第一，政策制定凸显教师专业自主发展

教师政策主要涉及教师的保障性、管理性和发展性三类政策，在每一类政策中都可以凸显教师专业自主发展，如在规定为教师提供工资等待遇时，可加大对专业自主发展方面有突出成绩的教师进行适当补助，用最简单的物质激励给予教师鼓励；在对教师的管理方面，可以为自主发展的教师提供便利或者将自主发展纳入考核机制中，切实重视教师的专业自主发展；教师的发展性政策不仅要为教师的自主发展提供条件，而且对表现突出者仍给予物质或精神奖励。只有将教师的专业自主发展纳入教师政策中，才能真正促进教师的专业发展。在教师政策制定中凸显教师的专业自主发展可在以下方面加以改进：

首先，于教师的职前培训政策中凸显教师的专业自主发展

《教师法》明确要求办好师范教育，采取各种措施鼓励优秀青年进入师范院校学习，出台了有关免费师范生的相关政策，而有关培养师范生的专门政策较少。对此，也应加强制定职前师范生的相关政策。本研究认为教师培养应走专业之路，师范院校不宜发展成综合性大学，一定程度上解决师范生专业性不强的弊端。国家应对师范生培养给予政策引导，教师资格制度不能从根本上解决教师的知识、能力等问题，应从源头抓起，在教师政策中凸显教师专业自主发展并给予教育行政部门以具体指导。

地方教育行政部门在制定地方教师规章、制度时，应以促进教师专业自主发展为准绳，充分考察本地区教师的实际情况，制定科学、有效的政策。教育行政部门需从教师的自主意识、能力和教师发展的环境三方面加以规定，如培养师范生的自我意识、职业意识和自主学习意识，让其获得自我认同、职业认同和终身学习理念，为以后的职业生涯打好心理基础；切实开展师范生入校实习制度，为师范生的理论与实践结合做好制度保障，师范生在校期间的培养也严格遵循未来教师的职业需求和专业自主发展的要求。

笔者认为，教师的职前培养政策应凸显教师的专业自主发展，首先是对师范生专业自主发展意识的培养，促使其形成正确的人生观、价值观和职业发展观，其次挖掘、锻炼师范生的能力，为其长远发展打下能力基础。教师的职前培养政策对教师的专业自主发展发挥着基础性作用，国家和地方需加强此方面政策的制定。其次，于教师的职后发展政策中凸显教师的专业自主发展。我国颁布的教师政策绝大部分针对教师的职后发展，所以在此方面国家的教师政策只需进一步完善，凸显教师专业自主发展。教师专业发展政策对教师入职前的培训、新教师入职培训及骨干教师培训等作了相应规定，《中华人民共和国教育法》《中华人民共和国教师法》《中华人民共和国义务教育法》等法律、法规对教师的任职资格、职业道德和权利义务都有明确规定，这在一定程度上为教师的专业发展指明了道路。如前文所述，因缺乏良好的监督评价机制导致部分政策流于形式，因国家的教师政策过于宏观、笼统导致教师专业自主发展找不到法律归宿，所以教师职后发展政策应凸显教师的专业自主发展。

国家应完善在职教师的相关政策，尤其是在继续教育和考核机制方面。进一步完善教师教育的监督评价体系，为教师考核和管理提供更系统的政策引导，使地方教育部门有章可循、有力可施。地方教育部门根据国家政策制定可良性循环的规章、制度，为教师的专业自主发展提供平台。可首先对各个省市的教师进行调查，然后再出台与国家政策相配的地方教师政策，如在教师的继续教育方面，虽然将任务下达给各省、市、县的教师培训负责部门，却缺乏系统的管理。经济落后地区的教师培训，只注重教师的学历和被培训的次数，忽视培训质量，"自上而下"的培训方式扼杀了教师的主动性，不利于调动教师的积极性，阻碍了教师的自主发展。所以在地方教师政策中，应大力提倡校本培训，辅助中小学建立一套科学的校本培训体系，让教师培训走进教师的生活，从教师的教育教学出发促进教师的专业自主发展等。

无论是对教师职前政策还是职后政策的制定，都应遵循社会的发展要求和教师个体的需求，无论是国家政策还是地方政策，都应切实为教师的管理、考核、发展提供法律支撑，建立一套完善的制度体系，凸显教师专业自主发展，为各部门实施教育政策提供指引。

第二，政策实施凸显教师专业自主发展

国家、地方教师政策的实施包含经费保障、资源配置、管理机制等方面内容。制定符合国家、地方实际的教师政策，凸显教师专业自主发展只是一个开端，在教师政策实行中注重对教师专业自主发展的重视才会切实促进教师的专业发展。

首先，国家政策颁布后，各地方应根据本地实际做好教育资源配置。在教育经费方面，国家财政逐年提高教育事业支出，为提高国民教育质量不懈努力。同样，地方政府应逐步增加教育经费支出并偏重于促进教师的专业自主发展。地方教育部门可增加教师培训预算，如聘请专家、学者到各地方定期培训或者提高教师培训学校任课教师的师资水平，可对积极进行自主发展的教师给予物质奖励或者外出学习培训的机会等；在教育设施方面，除国家配备的教育设施外，地方政府在配置教育设施时，应侧重为教师专业自主发展提供硬件设施，如教师图书馆、教师计算机、教师研究室及教师心理咨询室和身体检查室等；在教育制度方面，应从管理制度出发，建立教师自主发展档案，将教师的专业自主发展纳入考核机制中，并给予相应奖惩，教师管理制度应减少对教师的硬性束缚，为教师的专业自主发展提供一定的时间与空间。

其次，学校作为教师政策的最直接实施者，应明确实施方向，凸显教师专业自主发展。对于某些条件相对比较薄弱的学校而言，教师专业发展水平较低，学校环境和地方政策环境不利于小学教师的发展，所以地方教育行政部门应着力解决本地区小学教师发展中存在的问题。校长应以身作则，提高自身素质，规划学校发展，建立科学的发展目标，并营造良好的教师文化，激发教师发展的内驱力，将教师个人发展目标与学校目标相结合，建立教师自主发展的管理制度和有效沟通机制、教师合作机制，体现制度的人文色彩，以教师为本，切实满足教师需求。正如前文所述，校本培训也许是小学教师专业自主发展的有效途径，学校充分利用国家政策的支持、地方规章、制度的引领和社会培训机构的支持带领本校教师走上专业自主发展之路。

总之，国家、地方的教师政策在制定与实施过程中，应充分联系地区实际凸显教师的专业自主发展，对于本地区而言，中小学教师的专业自主发展是促进教师专业发展的必经路径，教师政策应充分发挥其导向作用，使得教师的专业自主发展有法可依、有力可施。

六　教师教育理论发展的新趋向

（一）　符合教师教育规律

人们对教师教育关注的关键问题是：能否通过培训帮助教师解决实践中遇到的问题。教师培训的理论在于寻求理论与实践中的平衡。

1. 现实主义教师教育。自教师教育建立后，一直沿用"技术理性主义"的教师教育范式，其基本假设是：基于科学研究的理论帮助教师在他们的职业中表现更好，同时教师教育者必须对这些理论做出选择并包含到教师教育方案中。但这一范式在后来的实践中被证明并不能缩小理论与实践之间的差距。

在此背景下，荷兰学者 Korthagen 提出了现实主义教师教育主张，他认为，教师知识是在其反思过程中形成的，教育者提供的是实践知识，是面向专业知识和技能的具体问题，同时还提出了教师实践学习的三种水平，即格式塔、图示和理论，是三种学习水平不断转化的循环过程，十分强调如何通过培训缩小理论和实践之间的差距，通过学习如何反思，形成一种成长的能力。这有助于我们更进一步认识外在的教师培训任务。如图8－1所示：

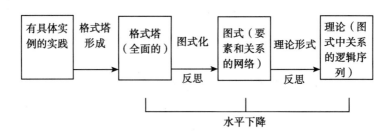

图8－1　教师学习过程的阶段

2. 教师教育理论的新观点。在以往有关教师专业发展的理论及描述中，一般比较关注教师个体成长，注重理想教师的知识结构、能力要求等。基于已有的不同的复杂的专业发展模型，Steven Higgins 和 David Leat 描绘了一个整体图来更好地理解，如图 8 - 2 所示：

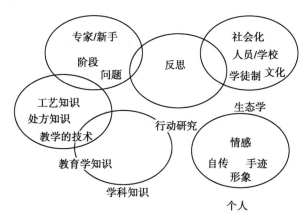

图 8 - 2　教师专业发展模型①

意味着各种模型并不排斥，每个模型都有自己的假设和规定，源于不同的背景和观点。每一个模型都必然有自己要考虑的关键问题，如图 8 - 3 所示。

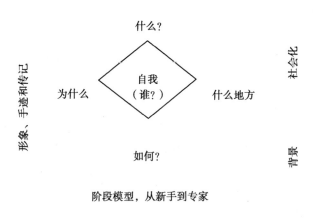

图 8 - 3　教师成长概念②

---

① Janet Soler, Anna Craft, Hilary Burgess (editors)：Teacher Development：Exploring Our Own Practice, p. 60. The Open University 2001.

② Janet Soler, Anna Craft, Hilary Burgess (editors)：Teacher Development：Exploring Our Own Practice, p. 62. The Open University 2001.

在教师培训中，必须思考几个前提性的问题："个体和群体分别是谁？""我们正在寻找什么？"以及"选择不同的方法可能会有什么结果？"如对模型中概念的假设和界定不清楚就可能出现问题。这对理解教师的专业发展意义重大。如对教师培训前必须对在职教师有一个清楚的认识：既认识自己，也了解教师群体。同时，教师除了有清晰的自我认识，还要了解教育、社会等的制约与要求，唯如此教师教育才有针对性。

教育改革离不开教与学的训练。教师专业发展政策的制定应该在教师专业化的指引下，形成合理的学科框架和体系，以培训适合专业需要的教师。随着社会变革的加快，要求教师教育超越传统的技术理性，使在职教师更具创造性。政策制定的前提是对实施教师培训的教育本质的认识。

3. 教师专业发展的实践新动向。教师专业成长的共同指向：回归生活世界。对于教师的专业成长，不管是从哲学的反思性视角还是心理学的自我效能感视角，最终都必将指向生活实践，一旦离开现实生活则无法产生理性和自我效能感。传统教育理论倡导以教师为中学，以知识为中心，强调规范化、标准化和程序化的教学过程，在某种意义上缺失了教育的真正价值。只有教师的专业成长和生活实践紧密相连，并在生活实践中发挥自身的创造力，方能形成教育教学的智慧，实现教师职业生涯的良好发展。

教师专业发展的教学要求要体现教师培训教学的政策意义。具体如下：

第一，营造学习氛围。教师专业发展很大程度上依赖于教师个体的学习能力以及团体中的学习文化。学习氛围涉及本质是合作、探究、自主的教师学习文化。教师培训必须努力实现培训与教师自身学习之间的互动。

第二，强调校本培训。以校为本更加凸显教师与学校的发展，能使培训面向教师实践的真实情境，促进教师培训的开放与创新。当然并不排斥与其他培训的结合，校本培训也非全员培训。

第三，以信息技术促进教师培训。在教师培训中，提高教师的信息素养，将信息技术、学科、课堂教学实践等联系起来，使技术服务于培训方式的改进。

第四，尊重教师的生命成长。使得教师在获得知识、技能的同时，有更多的精神愉悦和职业的快乐，从而实现中小学教育活动中师生的对话与和谐。

（二）符合培训过程的基本规律

1. 从教学目标而言，教师培训的教学目标是促进教师的自主发展。从有效教学和对话教学的角度，结合实际问题，以成人学习者需求为中心的教学理论为参照，树立教师是培训主体的思想，以教师专业发展的观点系统设计培训内容和方式，并更多依赖教师的反思，以及使评价成为培训教学的重要环节，最终使教学过程本身成为教师专业发展的内容。

2. 就教学内容而言，内容规范者的培训实践，对开展大范围的各类培训是有效的，但是在某种程度上制约了教师培训的创新。首先开展需求评估，斟酌培训内容的架构，提供中小学教师真正需要的培训内容，尽量减少外部强加或设定的内容。

3. 就教学策略而言，中小学教师培训应该更为教师提供各种有效的支持，一般认为，参与、研究、反思是教师培训主要的教学策略。参与是双向的，必须有针对性，参与方式应该是多样的，同时让研究成为教师培训的有机构成，并将之整合于整个培训过程之中；此外还需创设平等的反思氛围，注重合作与独立的结合。

每一次教师政策的变迁都是一个连续的过程，反映了教育改革自身文化内涵的历史变迁。事实上，教师专业发展政策的发生发展也不是一蹴而就的，其本身及过程都具有内在的发展轨迹和历程。

面对近70年的当代中小学教师专业发展政策发展史，由于对浩瀚历史的敬畏以及对自身本领的恐慌而时常不安，深感越深入政策本身，越发现诸多待研究的问题，笔者仅仅勾勒出中小学教师专业发展政策的变迁思路，以政策长河中的重要片段予以佐证，期待有学者进行更为系统的整体研究。

参 考 文 献

一 期刊类

1. 边国英：《科研过程、科研能力以及科研训练的特征分析》，《教育学术月刊》2008 年第 5 期。

2. 鲍尔：《管理学：一种道德技术》，生活·读书·新知三联书店 1999 年版。

3. 操太圣、卢乃桂：《教师专业发展新范式及其在中国的萌生》，《教育发展研究》2002 年第 11 期。

4. 蔡永红、肖艺芳：《日本教育公务员制度的特点及其对我国的启示》，《教师教育研究》2011 年第 6 期。

5. 常波：《西方反思型教师教育思潮兴起背景综述》，《外国教育研究》2000 年第 2 期。

6. 陈顺理：《教学能力初探》，《课程教材教法》1988 年第 9 期。

7. 陈向明：《实践性知识：教师专业发展的知识基础》，《北京大学教育评论》2003 年第 1 期。

8. 丁钢：《教师教育的使命》，《当代教师教育》2008 年第 1 期。

9. 郭飞君、杨清溪：《改革开放以来我国教师培训政策演变的回顾与反思》，《教育与职业》2012 年第 7 期。

10. 《国务院副总理李岚清、国家教委主任朱开轩、副主任柳斌等领导同志谈中小学教师队伍建设》，《中小学教师培训（中学版）》1996 年第 6 期。

11. 韩素兰：《中小学教师继续教育政策法规保障机制研究》，《中小学教师培训》2003 年第 7 期。

12. 贺来：《以人为本的社会发展观的哲学前提》，《哲学研究》2005 年第 1 期。

13. 巨瑛梅：《试析美国进步主义成人教育家林德曼和诺尔斯的成人教育思想》，《比较教育研究》1999 年第 3 期。

14. 劳凯声、蔡金花：《教师法律地位的历史沿革及改革走向》，《中国教育学刊》2009 年第 9 期。

15. 李方等：《教师培训热的冷思考》，《中小学管理》2004 年第 10 期。

16. 李瑾瑜：《论多维视野中的教师培训观》，《当代教育与文化》2009 年第 3 期。

17. 李瑾瑜、史俊龙：《我国中小学教师培训政策演进及创新趋势》，《西北师大学报》2012 年第 9 期。

18. 李更生、刘力：《走进教育现场：基于研修共同体的教师培训新模式》，《教育发展研究》2012 年第 8 期

19. 刘秀江、韩杰：《对教师专业发展内涵的诠释》，《教育科学研究》2003 年第 4 期。

20. 刘宇：《美国教师专业发展的范式转换及其启示》，《比较教育研究》2003 年第 4 期。

21. 马健生：《论教育改革方案的可接受性与可行性：公共选择的观点》，《北京大学教育评论》2004 年第 4 期。

22. 马立：《行动起来，率先投入中小学教师继续教育工程——充电加油，迈向新世纪》，《高等师范教育研究》2001 年第 1 期。

23. 毛晋平：《教师继续教育中的异化现象及其现代性的反思》，《大学教育科学》2006 年。

24. 南钢：《新中国中小学教师在职培训的回顾和前瞻》，《当代科学教育》2003 年第 9 期。

25. 宁虹：《"教师成为研究者"的理解与可行途径》，《比较教育研究》2002 年第 1 期。

26. 齐鹏飞：《试论中共党史 90 年的历史分期问题》，《教学与研究》2004 年第 7 期。

27. 覃兵：《论教师主体生命意义的消解与重构》，《教师教育研究》2005 年第 5 期。

28. 乔仁洁：《我国教师专业化的现状及发展策略探析》，《教师教育研究》2007 年第 9 期。

29. 单志艳：《中小学教师培训政策的价值取向变迁——基于 1986 年和 2011 年国家关于中小学教师培训〈意见〉的文本分析》，《教师教育研究》2013 年第 5 期。

30. 申继亮等：《知识、反思、观念——当前中小学教师教育的主要任务》，《中小学教师培训》2001 年第 3 期。

31. 沈伟：《教育政策制定过程分析：渐进调适的视角——以代课教师清退政策为例》，《教育发展研究》2010 年第 15 期。

32. 施软、郝宁、梁晚、李文君：《刻意训练在高中数学教师成长中的作用》，《海教育科研》2009 年第 6 期。

33. 孙绵涛：《关于教育政策分析若干理论问题的探讨》，《教育研究与实验》2002 年第 2 期。

34. 唐玉光：《教师专业发展的研究》，《外国教育资料》1999 年第 6 期。

35. 王建勤：《终身学习：教师专业化的根本要求》，《中国成人教育》2009 年第 12 期。

36. 王继平：《合理调整我国教师政策价值取向初探》，《教师教育研究》2005 年第 6 期

37. 王绍光：《中国公共政策议程设置的模式》，《中国社会科学》2006 年第 5 期。

38. 魏峰：《正义的教育政策：社群主义的视角》，《比较教育研究》2008 年第 3 期。

39. 王一涛：《教育产业化和教育公平》，《教育与经济》2002 年第 2 期。

40. 吴康宁：《教师是社会的代表者吗》，《教育研究与实验》2002 年第 2 期。

41. 吴卫东：《教师培训师：教师培训者的专业化目标》，《教育发展研究》2012 年第 8 期。

42. 吴文胜：《论教师政策变迁视野下的教师价值》，《教育理论与实践》2014 年第 11 期。

43. 吴文胜：《中小学教师政策知觉与政策满意度的关系研究》，《教育研究与实验》2015 年第 2 期。

44. 肖丽萍：《国内外教师专业发展研究述评》，《中国教育学刊》

2002 年第 5 期。

45. 徐今雅：《论新时期中国教师培训政策体系的构建》，《教育探索》2005 年第 5 期。

46. 徐庆江、陈国军：《我国教育政策制定过程与影响因素分析》，《绥化学院学报》2008 年第 10 期。

47. 徐维忠：《改革开放 30 年来教师教育政策法规浅析》，《现代教育科学——高教研究》2010 年第 2 期。

48. 杨柳：《我国中小学教师教育政策变迁研究》，《湖南师范大学学报》2007 年第 8 期。

49. 杨启亮：《教师继续教育中"唯学历"目标的终结》，《中国成人教育》2000 年第 1 期。

50. 杨天平：《论中国特色现代教师教育制度建设》，《国家教育行政学院学报》2009 年第 6 期。

51. 杨秀玉：《教师发展阶段论综述》，《外国教育研究》1999 年第 6 期。

52. 叶澜：《新世纪教师专业素质初探》，《教育研究与实验》1998 年第 1 期。

53. 叶文梓：《教师专业化制度建设的进展、问题与策略》，《教育研究》2006 年第 8 期。

54. 佚名：《教学能力》，《心理科学通讯》1988 年第 11 期。

55. 袁明旭等：《西部大开发中的少数民族地区教育政策的环境分析》，《内蒙古师范大学学报》2008 年第 7 期。

56. 袁振国：《政策型研究者和研究型决策者》，《教育研究》2002 年第 11 期。

57. 曾晓东、崔世泉：《OECD 对发达国家教师继续教育政策的分析：框架和主要结论》，《比较教育研究》2008 年第 3 期。

58. 张贵新：《我国中小学教师继续教育的发展阶段与走向》，《东北师大学报》2001 年第 1 期。

59. 张贵新：《发达国家中小学教师继续教育发展趋势及对我国的启示》，《外国教育研究》2000 年第 5 期。

60. 张乐天：《论教育政策观念的变革与更新》，《教育发展研究》2002 年第 11 期。

61. 张胜军、施光：《可持续发展视野下的教师继续教育政策建设与创新》，《成人教育》2008 年第 4 期。

62. 钟启泉：《教师"专业化"：理念、制度、课题》，《教育研究》2001 年第 12 期。

63. 朱连云：《关注教师实践性智慧》，《中小学管理》2003 年第 2 期。

64. 朱益明：《论中小学教师继续教育的内容和对策》，《上海高教研究》1998 年第 10 期。

65. 朱玉东：《反思与教师的专业发展》，《教育科学研究》2003 年第 11 期。

二　著作类

1. 保尔·郎格朗：《终身教育引论》，周南照、陈树清译，中国对外翻译出版公司 1985 年版。

2. 陈向明：《质的研究方法与社会科学研究》，教育科学出版社 2000 年版。

3. 陈友松主编：《当代西方教育哲学》，教育科学出版社 1982 年版。

4. 陈永明：《现代教师论》，上海教育出版社 1999 年版。

5. 陈永明：《教师教育研究》，华东师范大学出版社 2003 年版。

6. 陈振明：《政策科学——公共政策分析导论》，人民大学出版社 2003 年版。

7. 陈振明：《政策科学》，北京大学出版社 1997 年版。

8. 程晋宽：《"教育革命"的历史考察：1066—1976》，福建教育出版社 2001 年版。

9. 道格拉斯·C. 诺思：《经济史中的结构与变迁》，上海人民出版社 1980 年版。

10. ［德］德博尔诺夫：《教育人类学》，李其龙等译，华东师范大学出版社 1999 年版。

11. ［德］费迪南·费尔曼：《生命哲学》，李健鸣译，华夏出版社 2000 年版。

12. 邓小平：《邓小平文选：第三卷》，人民出版社 1993 年版。

13. 杜晓利：《教师政策》，上海教育出版社 2012 年版。

14. 杜威、赵祥麟、王承绪编译：《教育论著选》，华东师范大学出版社 1981 年版。

15. ［俄］吉姆·申林：《生态哲学》，莫斯科出版社 1993 年版。

16. 范国睿：《教育生态学》，人民教育出版社 2000 年版。

17. 范国睿：《决策与执行：制度视野下的学校变革》，教育科学出版社 2005 年版。

18. 弗朗西斯·福勒：《教育政策学导论·第二版》，许庆豫译，江苏教育出版社 2007 年版。

19. 郭朝红：《影响教师政策的中介组织》，天津教育出版社 2006 年版。

20. 郭笙：《新中国教育 40 年》，福建出版社 1989 年版。

21. 何东昌：《中华人民共和国重要教育文献（1949—1997）》，海南出版社 1998 年版。

22. 何东昌：《中华人民共和国重要教育文献（1998—2002）》，海南出版社 2003 年版。

23. 贺祖斌：《教师教育：从自为走向自觉》，广西师范大学出版社 2008 年版。

24. 华勒斯坦等：《学科·知识·权力》，生活·读书·新知三联书店 1999 年版。

25. 胡献忠：《当代中国政治文化与执政党政策选择》，黑龙江人民出版社 2009 年版。

26. 黄威：《教师教育体制国际比较研究》，广东高等教育出版社 2002 年版。

27. 贾谊：《新书·大政下》，上海古籍出版社 1989 年版。

28. 教育部师范教育司编：《教师专业化的理论和实践》，人民教育出版社 2003 年版。

29. 江山野：《中国教育事典（中等教育卷）》，河北教育出版社 1994 年版。

30. 康永久：《教育制度的生成与变革——新制度教育学论纲》，教育科学出版社 2003 年版。

31. 蒋纯焦、杜成宪：《共和国教育 60 年（第 2 卷）：山重水复（1966—1976）》，广东教育出版社 2009 年版。

32.《劳凯声中国教育改革 30 年（政策与法律卷)》，北京师范大学出版社 2009 年版。

33. 李琼：《教师专业发展的知识基础》，北京师范大学出版社 2009年版。

34. 林德布鲁姆：《决策过程》，竺乾威译，上海译文出版社 1988年版。

35. 刘复兴：《教育政策的价值分析》，教育科学出版社 2003 年版。

36. 刘良华：《校本行动研究》，四川教育出版社 2002 年版。

37. 马克思：《马克思恩格斯全集》第 40 卷，人民出版社 1982 年版。

38. 麦克尔·富兰：《变革的力量——透视教育改革》，教育科学出版社 2000 年版。

39.［美］查尔斯·E. 林布隆：《政策制定过程》，朱国斌译，华夏出版社 1988 年版。

40.［美］戴维·L. 韦默、［加］艾丹·R. 维宁：《政策分析——理论与实践》，戴星翼等译，上海译文出版社 2003 年版。

41.［美］弗兰克·费希尔：《公共政策评估》，吴爱明等译，中国人民大学出版社 2003 年版。

42.［美］亨廷顿：《变化社会中的政治秩序》，生活·读书·新知三联书店 1988 年版。

43.［美］米切尔·沃尔泽：《正义诸领域：为多元主义与平等一辩》，褚松燕译，译林出版社 2002 年版。

44.［美］约翰·克莱顿·托马斯：《公共决策中的公民参与：公共管理者的新技能与新策略》，孙柏瑛等译，中国人民大学出版社 2005 年版。

45.［美］詹姆斯·E. 安德森：《公共政策》，唐亮译，华夏出版社 1990 年版。

46. 宁虹：《教师成为研究者》，首都师范大学出版社 2002 年版。

47. 宁骚：《公共政策学》，高等教育出版社 2003 年版。

48. 钱再见主编：《公共政策学新编》，华东师范大学出版社 2006 年版。

49. 瞿葆奎：《教育学文集第 17 卷．中国教育改革》，人民教育出版社 1991 年版。

50. 宋锦洲：《公共政策：概念、模型与应用》，东华大学出版社

2005 年版。

51. 苏渭昌、雷克、章炳良主编：《中国教育制度通史》，山东教育出版社 2000 年版。

52. 孙立平：《博弈：断裂社会的利益冲突与和谐》，社会科学文献出版社 2006 年版。

53. 孙绵涛：《教育政策论》，华中师范大学出版社 2002 年版。

54. 坦纳等：《学校课程史》，崔允漷等译，教育科学出版社 2006 年版。

55. 王福生：《政策学研究》，四川人民出版社 1991 年版。

56. 王绍光：《多元与统一：第三部分的国际比较研究》，浙江人民出版社 1999 年版。

57. 吴鼎福、诸文蔚：《教育生态学》，江苏教育出版社 1990 年版。

58. 伍启元：《公共政策》，商务印书馆 1989 年版。

59. 吴文胜：《教师发展与政治文化研究——基于教师政策演变的分析》，浙江大学出版社 2013 年版。

60. 吴康宁、贺晓星、马维娜：《教育与社会：实践、反思、建构——博士沙龙百期集萃》，广西师范大学出版社 2008 年版。

61. 谢明：《政策透视——政策分析的理论与实践》，中国人民大学出版社 2004 年版。

62. 叶澜：《教师角色与教师发展新探》，教育科学出版社 2001 年版。

63. 袁小平：《从对峙到融通教师管理范式的现代转向》，湖南师范大学出版社 2004 年版。

64. 袁振国：《中国教育政策评论 2000》，教育科学出版社 2000 年版。

65. 袁振国：《教育政策学》，江苏教育出版社 2000 年版。

66. 查尔斯·林德布洛姆：《决策过程》，竺乾威、胡君芳译，中国人民大学出版社 2002 年版。

67. 詹姆斯·E. 安德森：《公共决策》，华夏出版社 1990 年版。

68. 詹姆斯·P. 莱斯特、约瑟夫·斯图尔特：《公共政策导论（第 2 版）》，中国人民大学出版社 2004 年版。

69. 赵中建：《全球教育发展的历史轨迹——国际教育大会 60 年建议书》，教育科学出版社 1999 年版。

70. 张国庆：《现代公共政策导论》，北京大学出版社 1997 年版。

71. 张健：《中国教育年鉴（1949—1981）》，中国大百科全书出版社 1984 年版。

72. 张继玺、杜成宪：《共和国教育 60 年（第 3 卷）：柳暗花明（1976—1992）》，广东教育出版社 2009 年版。

73. 张礼永、郭军、杜成宪：《共和国教育 60 年（第 1 卷）：筚路蓝缕（1949—1966）》，广东教育出版社 2009 年版。

74. 张金马主编：《政策科学导论》，中国人民大学出版社 1992 年版。

75. 郑金洲：《教育通论》，华东师范大学出版社 2002 年版。

76. 中华人民共和国教育部编：《共和国教育 50 年》，北京师范大学出版社 1999 年版。

77. 中央教育科学研究所：《中华人民共和国教育大事记（1949—1982）》，教育科学出版社 1983 年版。

78. 朱志宏：《公共政策》，三民书局 1991 年版。

79. 朱旭东：《教师专业发展理论研究》，北京师范大学出版社 2011 年版。

三　学位论文类

1. 毕正宇：《教育政策执行模式研究》，华中师范大学，2006 年。

2. 蒋媛媛：《1978 年以来我国中小学教师培训政策研究：价值观念的变迁及其启示》，东北师范大学，2004 年。

3. 李清臣：《基于专业发展的教师精神文化研究》，西北师范大学，2009 年。

4. 石长林：《中国教师政策研究——基于教师政策内容的视角》，华东师范大学，2005 年。

5. 史俊龙：《我国中小学教师培训政策的演进及趋势分析》，西北师范大学，2012 年。

6. 王大磊：《共和国中小学教师专业发展的政策研究》，华东师范大学，2011 年。

7. 辛朋涛：《教师工作动机研究》，西北师范大学，2007 年。

8. 徐今雅：《转型期间中国教师培训政策分析》，浙江师范大学，2004 年。

9. 于兴国：《转型期中国教师教育政策研究》，东北师范大学，

2002 年。

10. 赵昌木:《教师成长研究》, 西北师范大学, 2003 年。

四　外国文献类

1. Cochran, K. F., DeRtuter, J. A., & King, R. A.. Pedagogical content knowledge: an integrative model for teacher preparation, Journal of Teacher Education, 1993, 44 (4): 263 – 272.

2. D. Easton, The Political System, New York: Kropf, 1953: 129.

3. Elbaz, F. Teacher Thinking: A Study of Practical Knowledge, London: Croom Helm, 1983. 69.

4. Gail Yuen. Education reform policy and early childhood teacher education in Hong Kong before and after the transfer of sovereignty to China in 1997, Early Years: An International Research Journal, 2008 (28): 23 – 45.

5. Gronland. Measurement and Evaluation in Teaching, 1971. 转引自陈玉琨《教育评价学》, 教育科学出版社 1999 年版, 第 8 页。

6. H. D. Lasswell and A. Kaplan, Power and society, New Haven, Yale University Press, 1970: 71.

7. Hogwood W. Brian and Peters B. Guy, Policy Dynamics, New York: St. Martin's Press, 1983: 25.

8. Hu Wenbin. Thirty Years of Education in China Between Change and No Change —— A Comparative Analysis of Four Key Documents on Education Policy, Chinese Education and Society, 2012 (45): 84 – 94.

9. Janet Soler, Anna Craft, Hilary Burgess (editors): Teacher Development: Exploring Our Own Practice, The Open University 2001.

10. Jun Li. Analysis of the implementation of teacher education policy in China since the 1990s: a case study, University of Maryland College Park, 2006.

11. Leslie Nai – Kwai Lo, Manhong Lai & Lijia Wang. The Impact of reform policies on teachers' work and professionalism in the Chinese Mainland, Asia – Pacific Journal of Teacher Education, 2013 (41): 239 – 252.

12. Lorraine M Ling, Noella MacKenzie. The Professional Development of Teachers in Australia, European Journal of Teacher Education, 2001 (24).

13. Manhong Lai. Teacher development under curriculum reform: a case study of a secondary school in mainland China, International Review of Education, 2010（56）: 613 – 631.

14. Marilyn Cochran Smith. The Problem of Teacher Education , Journal of Teacher Education, 2004, 55（4）: 295 – 299.

15. National Commission on Teaching &America's Future. What matters most: Teaching for America's future ［R］. New York: National Commission on Teaching & America's Future, 1996.

16. Schwab, J. J.. The practical: A language for curriculum, School Review, 1969, 78（2）: 1 – 23.

17. Schon, D. A. The Reflective Practitioner, London: Basic Books, 1983: 69.

18. Shulman, L. S.. Those who understand: Knowledge growth in teaching, Educational Research, 1986, 15（4）: 9.

19. Svi Shapiro, H. （1980）"Education and the State in Capitalist Society: Aspects of the Sociology of Nicos Poulantzas", Harvard Education Review, 50, 3.

20. Villegas – Reimers Eleonora. Teacher professional development: an international review of the literature ［R］. UNESCO: International Institute for Educational Planning, 2003. www. unesco. org/iiep.

21. Zeichner, K. M. Alternative paradigms of teacher education, Journal of Teacher Education, 1983（3）.

五 其他文献类

1. 董奇:《关注教师发展, 改进教师培训》,《光明日报》2000 年。

2. 何伟:《办好半农半读学校促进农村教育革命》,《人民日报》1965 – 7 – 13。

3. 胡锦涛:《在省部级主要领导干部提高构建社会主义和谐社会能力专题研讨班上的讲话》,《人民日报》2005 – 6 – 27。

4. 江泽民:《在第三次全国教育工作会议上的讲话》,《中国教育报》1999 – 6 – 15。

5. 齐鹏飞:《90 年来关于"党史分期"问题的探讨和阐释》,《光明日报》2011 – 9 – 28。

6. 钱俊瑞：《在第一次全国教育工作会议上的总结报告》，《人民日报》1950 – 1 – 6。

7. 袁贵仁：《袁贵仁在中宣部等六部门举办的热点问题形势报告会上报告摘要》，《中国教育报》2011 – 2 – 25。

8. 赵小雅：《教师参与教研活动的政策依据》，《中国教育报》2014 – 3 – 5。

9. 张雯婧：《教师专业标准——什么样才能算是"好"老师?》，《天津日报》2011 – 12。

10. 《中共中央关于完善社会主义市场经济体制若干问题的决定》，《人民日报》2003 – 10 – 22。

11. 国家教委：《新的里程碑——全国教育工作会议文件汇编》，教育科学出版社1994年版。

12. 《中华人民共和国教师法》，1993年10月。

13. 中共中央　国务院：《中国教育改革和发展纲要》，1993年2月。

14. 中华人民共和国教育部令第七号：《中小学教师继续教育规定》，1999年3月。

15. 教育部《关于印发〈中小学教师继续教育工程方案（1999—2002年）〉及其实施意见的通知》，http：//www. chinalawedu. com/falvfagui/fg22598/36378. shtml。

16. 教育部：《面向21世纪教育振兴行动计划（摘要）》，http：//www. baidu. com/link? url = 0 _ 4ZdYg88jzyDfkW8Eb9QqDSD9MJF _ hP7s40vLkb_ N4_ VkG2ttcSYWbFQHKQe5hS0GB1lJlEhaxkP0EK8NFtIq。

17. 《国家中长期教育改革和发展规划纲要（2010—2020）》，http：//www. gov. cn/jrzg/2010 – 07/29/content_ 1667143. htm。